Bernhard Steins schönste

Modellbahnanlagen

und Dioramen

Bernhard Steins schönste
Modellbahnanlagen und Dioramen

**Franckh'sche Verlagshandlung
Stuttgart**

Mit 167 Farbabbildungen und einer SW-Abbildung vom Verfasser, mit Ausnahme von vier Aufnahmen der Firma Märklin im Kapitel: „Deutschlandanlage mit dem Intercitynetz in Spur Z".
27 einfarbige Zeichnungen von Hans-Hermann Kropf nach Vorlagen des Verfassers.

Umschlag von Kaselow-Design.
Das Titelbild stammt ebenfalls vom Verfasser und zeigt ein Detail aus einer Hochgebirgslandschaft mit Tunnel und Eisenbahnbrücke.

CIP-Kurztitelaufnahme der Deutschen Bibliothek

Stein, Bernhard:
[Schönste Modellbahnanlagen und Dioramen]
Bernhard Steins schönste Modellbahnanlagen und Dioramen. –
Stuttgart : Franckh, 1989
   ISBN 3-440-05960-X
NE: HST

Franckh'sche Verlagshandlung, W. Keller & Co., Stuttgart/1989
Printed in Germany / Imprimé en Allemagne
L 10 HU H ste / ISBN 3-440-05960-X
Satz: G. Müller, Heilbronn
Reproduktionen: Gerold Schmid, Stuttgart
Herstellung: Richterdruck, Würzburg

Meine schönsten Modelleisenbahnanlagen

Vorwort

Immer wieder werde ich gefragt, wie man zum Beruf des professionellen Modelleisenbahnanlagenbauers kommt, wohl in der Annahme, daß mir damit ein lang ersehnter Kindheitstraum in Erfüllung gegangen ist. Nun, ich bin nicht eben unglücklich über diese Art des „Brötchenverdienens", und ich müßte mich selbst verleugnen, wenn ich nicht zugeben würde, daß mir die Sache Spaß macht und ich außerdem auch recht stolz bin auf die Anerkennung, die meine Arbeiten in aller Welt finden. Allerdings war ich vordem nie Modelleisenbahner gewesen und hatte am Anfang meines Berufslebens auch nie die Absicht, einmal in dieses Geschäft einzusteigen.

Das Geheimnis meiner Karriere als Modelleisenbahnanlagenbauer liegt vielmehr rein zufällig in meiner beruflichen Laufbahn, die mit einer Malerlehre begann. Nach der Meisterprüfung spezialisierte ich mich als Kirchenmaler. Im Zuge dieser Ausbildung erlernte ich zahlreiche künstlerische Maltechniken und insbesondere auch den Umgang mit Modellgips als erste handwerkliche Voraussetzung für die Ausübung meiner jetzigen Tätigkeit. Danach sattelte ich um, wurde Berufsflieger und Fluglehrer. Hier lernte ich die Spantenbauweise kennen, die ich bei allen meinen Anlagen als tragendes Gerüst für die Trassen und Geländestrukturen anwende und die mich erst befähigte, jede beliebige Topografie dreidimensional nachzubilden. Und als Flieger letztlich übte ich hauptsächlich während der vergangenen zehn Jahre eine heutzutage nur noch selten praktizierte Art der Luftwerbung aus: das Bannerschleppen. In diesem Metier wird extrem langsam und in relativ niedrigen Höhen geflogen, wobei ich wie kaum ein anderer Gelegenheit hatte, über Tausende von Stunden hinweg Landschaften, Bahnanlagen, Städtebilder, Flußläufe und Gebirgsstrukturen aus der Vogelperspektive eingehend zu studieren. So ergab es sich auch, daß ich nicht nur beim Nachbau von bestimmten Streckenabschnitten wie dem der Geislinger Steige oder der Loreley nach Luftbildaufnahmen arbeitete, sondern auch bei der Planung von Details beim Bau frei gestalteter Landschaften. Wichtiger als die Fotos ist aber vor allem der Umstand, daß ich auch heute noch mit jedem Flug meine Augen im Sehen und Erkennen der Details zunehmend schule und es mir von Mal zu Mal besser gelingt, meine Eindrücke bei der Umsetzung ins Modell praktisch zu nutzen.

Eigentlich wollte ich Schriftsteller werden. Während meiner aktiven Fliegerzeit belegte ich zunächst einen Fernkurs in Journalistik und Werbung, um über ein zweites Standbein zu verfügen, sollte ich einmal den Fliegerberuf vorzeitig aufgeben müssen. Es war reiner Zufall, daß ich bereits im Jahre 1970 meine autodidaktisch erworbenen journalistischen Kenntnisse als Werbetexter im Dienste eines bekannten Modelleisenbahnherstellers nutzen konnte, mit allerdings zunächst nur mäßigem Erfolg; meine schon damals recht reformerischen Ideen in puncto Produktpräsentation, Modellpolitik und Interessentenwerbung für das Frei-

zeitmedium Modelleisenbahn fanden wenig Anklang. Damals nämlich war mir schon klar, daß ich mich mit dem, was an Anlagenbeispielen in den Herstellerkatalogen mit den ewig im Kreis herumfahrenden Bähnchen gezeigt und als das Nonplusultra gepriesen wurde, nicht identifizieren konnte. Ich hatte vielmehr die Bilder der Eisenbahnszenen in Erinnerung, wie ich sie vom Cockpit aus immer wieder erlebte. Und damals schien es mir unmöglich, mit den zur Verfügung stehenden Mitteln auch nur annähernd die Atmosphäre dieser Vorbildeindrücke ins Modell umzusetzen. Daß ich ein gutes Jahrzehnt später einmal zum Wegbereiter dieser Art Modellbaukunst werden sollte, daran dachte ich noch lange nicht, und ich verfolgte zunächst auch ganz andere Ziele, zumal ich allerorts, wo ich die Industrie für meine Idee zu gewinnen suchte, nur auf taube Ohren stieß.

Vielmehr faszinierten mich die damals schon sehr gut detaillierten und weitgehend ihren Vorbildern bis in alle Einzelheiten nachempfundenen Fahrzeugmodelle. Und ich fand sehr schnell heraus, daß es weltweit noch keinen Katalog gab, in dem alle diese schönen Modelle der einzelnen Hersteller zusammenfassend abgebildet und beschrieben waren. Diese Marktlücke zu schließen und ökonomisch zu nutzen, nahm ich mir fest vor. Zwischenzeitlich hatte ich auch gelernt, mit technischen Systemkameras umzugehen, so daß ich nicht nur die Texte zu einem solchen

Band, sondern auch die Fotos dazu liefern konnte. Unter meinem Namen erschien dann im Jahre 1977 der erste „Internationale Modelleisenbahnkatalog".

Nach dem Prestigeerfolg, den mir dieser Bildband als Autor und Fotograf einbrachte, dachte ich eigentlich nur noch daran, ähnliche Sachbücher zu schreiben, wobei ich mich zunächst dem Fachgebiet der Medizin zuwandte. Doch das Schicksal wollte es anders. Auf Grund meiner Referenzen beauftragte mich das Haus Faller mit der Neubearbeitung der Hefte aus der Serie „Modellbau leicht gemacht". Ich lieferte zunächst nur die Texte, die ich streng nach den Vorgaben des bekannten Zubehörherstellers verfaßte. Dies hinderte mich jedoch nicht, hie und da auch einige eigene Ideen mit einzubringen.

Auch diese erste journalistische Arbeit dieser Art war ein großer Erfolg. Der nächste Auftrag ließ daher nicht lange auf sich warten. Es war ein bekannter österreichischer Modellbahnhersteller, der sich ein Gleisplanheft wünschte. Da jedoch im Archiv dieses Auftraggebers keine Anlagenfotos vorhanden waren, die ich zur Illustration des Gleisplanheftes hätte verwenden können, war ich diesmal gezwungen, eine kleine Anlage zu bauen, um ein geeignetes beispielgebendes Motiv vor die Linse zu bekommen. Beim Bau dieser Anlage versuchte ich zunächst, die technischen Kenntnisse praktisch zu nutzen, die ich textlich im ersten Faller-Heft bearbeitet hatte. Ein rechter Erfolg stellte sich jedoch nicht ein. Die aus Papier gefertigten Berge spannten sich während des Trocknungsprozesses und gerieten völlig aus den ihnen zugedachten Formen, und auch die Trassen verzogen sich in alle Himmelsrichtungen unter dem Einfluß der Kleberfeuchtigkeit, so daß ein eleganter Zuglauf, so wie ich ihn mir vorstellte, nicht gegeben war. Zumindest aber die Farben traf ich als Fachmann einigermaßen realistisch. Und dabei machte ich eine für meine weiteren künftigen Arbeiten entscheidend wichtige Entdeckung, nämlich die, daß die in ihren Farben und Formen streng nach ihren Originalen nachgebildeten Modellbahnfahrzeuge optisch erst richtig zur Wirkung kommen, wenn Umfeld und Hintergrund nach den gleichen Kriterien gestaltet sind. Die harmonische Einheit zwischen Bahn und Landschaft in den naturgegebenen Farben und topografischen Geländeformen im Modell so darzustellen, wie sie mir aus der Cockpitperspektive in Erinnerung war, schien mir alleine das anzustrebende Ziel, um neue Interessenten für das Freizeitmedium Modelleisenbahn zu gewinnen, denn mit dem, was ansonst in der einschlägigen Fachliteratur jener Zeit als Gestaltungsbeispiele gezeigt wurde, konnte man ein anspruchsvolleres Publikum kaum begeistern. Ganz im Gegenteil: Schon damals ging der Trend im Freizeitverhalten der Menschen deutlich in Richtung Kreativität. Meiner Ansicht nach war es ein Gebot der Stunde, daß sich die Industrie in ihrer Werbung von ihrer Philosophie des „Ewig-im-Kreis-Herumfahrens" mit möglichst vielen Gleisen auf der Bildfläche und ein paar giftgrünen Kartoffelbäumen als angedeutete Landschaft endlich trennt. Für mich jedenfalls stand fest, daß meine Devise nur sein konnte: Weg vom Kitsch und hin zur Kunst! Nur unter diesem Motto konnte ich einen Sinn für meine weitere Tätigkeit in dieser Branche erkennen, zumal ich felsenfest davon überzeugt war, daß wohl in den meisten Menschen eine künstlerische Ader vorhanden ist,

die es zu aktivieren gilt. Außerdem wußte ich aus eigener Kindheitserfahrung, daß selbst bei sehr großen, rein technisch gestalteten Modellbahnanlagen der eigentliche Spieleffekt spätestens dann ausgereizt ist, wenn die ja stets mit den Anlagenrändern begrenzten Fahrbetriebsmöglichkeiten ausgeschöpft sind und die immer wiederkehrenden gleichen Zugbewegungen allmählich langweilig werden, ein Umstand übrigens, der auch heute oft noch dazu führt, daß die Modelleisenbahn eines Tages auf dem Dachboden landet und dort unter einer dicken Staubschicht in Vergessenheit gerät. Gelingt es hingegen, das Medium Modelleisenbahn in einen ganzen Komplex kreativer Betätigungsbereiche einzubinden, wie zum Beispiel in die künstlerische Landschaftsgestaltung, erhält auch dieses Hobby einen hohen Freizeitwert. Und in der Suche nach geeigneten, auch von Laien nachvollziehbaren, künstlerischen Gestaltungstechniken und der Verbreitung meiner dabei gewonnenen Erfahrungen erkannte ich nicht nur einen möglichen Sinn, meine Tätigkeit als Modellbahnjournalist fortzusetzen, sondern auch einen durchaus aufnahmefähigen Markt, der meine künftige Existenzsicherung garantieren konnte.

Inzwischen ist fast ein Jahrzehnt vergangen. Es dürften so an die 180 Anlagen, Schaustücke und Dioramen sein, die ich in dieser Zeit hergestellt und in alle Welt geliefert habe. Heute weiß die Industrie meinen Rat zu schätzen, und namhafte Firmen der Modellbahnbranche ließen sogar ihr Personal von mir im Anlagenbau schulen. Bei allen meinen Bemühungen, meine Ideen auf einer möglichst breiten Basis durchzusetzen, hatte ich und habe ich auch heute noch, den Fachhandel als Partner an meiner Seite, der mich durch den Verkauf meiner Bücher und Schriften wohlwollend unterstützt. Die zahlreichen Fachhändler, die mir ihr Personal zur Verkaufsschulung anvertrauen, sind ferner ein Beweis dafür, wie ernst es diese Firmen nehmen, ihren Modellbahnkunden auch auf technischem Gebiet eine optimale Beratung zu bieten.

Der vorliegende Band bietet in Wort und Bild eine chronologisch nach den Entstehungsdaten geordnete Sammlung der schönsten Anlagen und Dioramen, die in meinem Atelier entstanden sind, teilweise mit Gleisplänen, Maßangaben und technischen Erläuterungen. Darüber hinaus finden sich auch interessante Hinweise auf die historischen Hintergründe der betreffenden Anlagenmotive ebenso wie auf die Vorgaben meiner Auftraggeber. Und letztlich habe ich auch noch versucht, den Stoff durch Anekdoten aufzulockern, um dem Leser mit den Beschreibungen zu den einzelnen Stücken auch ein wenig von der prickelnd gespannten Atmosphäre zu vermitteln, die in meinem Atelier allgegenwärtig ist.

Ich wünsche, daß es mir auch mit diesem Bildband gelingt, möglichst vielen Modellbahnfreunden meine Philosophie der kreativen Anlagengestaltung nach dem Vorbild der Natur nahezubringen. Ich wünsche mir, daß sich möglichst viele Menschen in dieser Kunst versuchen und mit mir teilhaben können im Sehen und Erkennen der vielen schönen Dinge unserer Erde, die sich demjenigen offenbaren, der sie bewußt in sich aufnimmt, um sie durch seiner eigenen Hände Werk formend im Modell wiederzugeben.

Bernhard Stein

Mein Erstlingswerk:
Die Geislinger Steige

Nachdem meine ersten Schriften erschienen waren, die ich für das Haus Faller und einen österreichischen Modelleisenbahnhersteller verfaßt hatte, interessierte sich auch der Marktführer Märklin für meine Arbeiten, und so wurde ich eines Tages zu einem Gespräch in die dortige Chefetage gebeten. Die Marketingstrategen des Hauses waren der Meinung, wenn ich so schöne Schriften über den Anlagenbau machen könnte, müßte ich zwangsläufig auch ein exzellenter Anlagenbauer sein. Obwohl ich mir da selbst nicht so sicher war, widersprach ich zunächst nicht. Man informierte mich weiter, daß nun auch das Haus Märklin, im Gegensatz zu den bisherigen Gepflogenheiten, während der nächsten Spielwarenmesse im Jahre 1981 erstmals eine realistisch gestaltete Modelleisenbahnanlage ausstellen wollte. Dieses Schaustück sollte aber schöner, besser und realistischer sein als die Exponate, wie sie dort der Wettbewerb schon seit Jahren zur Schau stellte. Und mit der Planung und Herstellung dieses Schaustückes wollte man mich beauftragen.

Damals war die Märklin-mini-club-Bahn als die kleinste Modelleisenbahn der Welt schon einige Jahre am Markt. Sie fand jedoch anfänglich wohl der Winzigkeit ihrer Modelle wegen bei den ernsthaften Modelleisenbahnern kaum Beachtung und wurde auch von der einschlägigen Fachpresse fast gänzlich ignoriert. Als Werbeziel wurde mir deshalb vorgegeben, für das Schaustück ein Motiv zu wählen, das die mini-club-Bahn aufwertet und mit dem der Beweis erbracht wird, daß man auch im Nachbildungsmaßstab 1:220 ernstzunehmende Modelleisenbahnanlagen bauen kann. Daß mir dies auf eine so überzeugende Art und Weise gelingen sollte, wagte ich nicht einmal zu ahnen. Ganz im Gegenteil, ich hatte Angst vor meiner eigenen Courage, und die Märklin-Leute mußten mir gut zureden, doch zumindest einen Versuch zu unternehmen. Meine Auftraggeber konnten ja schließlich nicht wissen, daß ich, von einigen unbedeutenden Ausstellungsstücken abgesehen, über keinerlei praktische Erfahrung im professionellen Anlagenbau verfügte. Meine einzigen Referenzen bestanden aus den beiden erwähnten Broschüren, die zugegebenermaßen für die damaligen Verhältnisse viele neue Ideen enthielten, deren Stoff jedoch ansonsten dem damaligen allgemeinen Wissensstand entsprach und von mir lediglich journalistisch interessant aufbereitet war. Jedenfalls war ich mir darüber im klaren, daß ich diese Aufgabe mit den in diesen Heften beschriebenen Bauverfahren nicht lösen konnte. Für das Vorhaben standen mir eine Grundfläche von 8,00 × 0,75 m und knapp drei Monate Bauzeit zur Verfügung. Als mir schließlich eine Blaupause vom geplanten Messestand mit der eingezeichneten Grundfläche vorgelegt wurde, die für den Standort der Anlage vorgesehen war, fiel mir plötzlich ein, daß es mir bei dem Flächenangebot und in Verbindung mit diesem kleinen Nachbildungsmaßstab doch gelingen könnte, eine Eisenbahnlandschaft im Modell so darzustellen, wie ich es mir

schon immer insgeheim gewünscht hatte, wenn ich die Welt aus der Cockpitperspektive sah. Die Märklin-Leute jedenfalls waren von meiner Idee begeistert und nannten mir auch gleich die Geislinger Steige als einen beachtenswerten Streckenabschnitt, der als Vorbild die denkbar besten Voraussetzungen bieten würde. Zwar hatte ich zu diesem Zeitpunkt noch keine Vorstellung, in welcher Technik ich das Vorhaben realisieren sollte, aber ich war recht zuversichtlich, daß mir schon etwas einfallen würde. Und so nahm ich den Auftrag an, zumal wir uns auch über das Honorar schnell einigten.

Ich tat zunächst das, was man in einer solchen Situation als erstes zu tun pflegt: Ich studierte die Streckenpläne, die mir die Deutsche Bundesbahn in dankenswerter Weise zur Verfügung stellte. Ich vertiefte mich einige Tage in die mir verfügbare Literatur, stöberte in Archiven und Bibliotheken und versuchte möglichst alles Wissenswerte über den knapp zwei Kilometer langen Streckenabschnitt zu erfahren, der mir, bezogen auf die Topographie und Trassenführung, am geeignetsten erschien. Zu meiner Überraschung konnte ich in kurzer Zeit eine Fülle von Material zusammentragen: Berichte, Protokolle und Anekdoten, die mir ein recht anschauliches Bild der wechselvollen Geschichte dieser Strecke vermittelten. Dabei kam ich immer mehr zu der Erkenntnis, daß die Nachbildung eines bestimmten Streckenabschnittes zum aufregenden Abenteuer werden kann, wenn man sich neben den topographischen Studien auch etwas mit der Geschichte befaßt. Dann nämlich werden für den Künstler Formen und Konturen am werdenden Werk zu lebender Materie.

Meine Recherchen ergaben, daß dieser die Schwäbische Alb überwindende Streckenabschnitt der Eisenbahnlinie Stuttgart – Ulm zwischen den Stationen Geislingen und Amstetten, der landläufig mit „Geislinger Steige" bezeichnet wird, während der Jahre 1845 bis 1850 unter der Leitung von Oberbaurat Knoll erbaut

Silhouette der ehemaligen C-Alb-Lokomotive der Königlich Württembergischen Staatsbahn.

wurde. Die Planung und Realisierung des Projektes zählte zu den großartigsten Ingenieurleistungen jener Zeit.

Der Höhenunterschied zwischen den beiden nur 5,6 km voneinander entfernt liegenden Bahnhöfen beträgt 112 Meter. Mit einer Steigung von rund 20‰ ist die Geislinger Steige auch heute noch eine der steilsten Hauptstrecken Europas, die ohne Zahnradeingriff befahren wird. Ursprünglich wurde speziell für den Betrieb auf dieser Strecke von der Maschinenfabrik Esslingen ein besonders schwerer und leistungsfähiger Lokomotiventyp entwickelt, da die vordem ausschließlich aus England importierten Dampflokomotiven den hier gestellten Bedingungen nicht mehr entsprachen. Die neuen, sogenannten „C-Alb-Lokomotiven" hingegen bewährten sich auf der schwierigen Strecke hervorragend und blieben bis 1880 im Einsatz.

Am 29. Juni 1850 wurde die Geislinger Steige dem öffentlichen Verkehr übergeben und damit die wichtige Verbindungslinie des württembergischen Staatsbahnnetzes vom Neckartal über die Hauptstadt Stuttgart bis zum Bodensee vervollständigt. Die Baukosten beliefen sich auf 600 000 Gulden.

Abgesehen von den üblichen, technisch bedingten Neuerungen werden die Bahnanlagen auch derzeit noch in nahezu unverändertem Zustand durch die Bundesbahn als Teilstrecke der stark frequentierten Ost-West-Achse Stuttgart – München genutzt. Doch ungeachtet aller Modernisierungen, der schon seit langem erfolgten Elektrifizierung und des Einsatzes hochleistungsfähiger Triebfahrzeuge erfordert die ungewöhnlich starke Steigung bei schweren Güterzügen immer noch Doppeltraktion oder eine zusätzliche Schiebelokomotive am Zugschluß.

So informiert brannte ich natürlich darauf, auch die Örtlichkeiten meiner Recherchen zu besichtigen. In Begleitung eines ortskundigen Führers – eines mir befreundeten Chirurgen, der ebenfalls Modellbahner ist und aus Geislingen stammt –, mit der Kamera bewaffnet und der Genehmigung der DB zur Streckenbegehung in der Tasche, machten wir uns auf den Weg, den zum Nachbau im Modell ausgesuchten Streckenabschnitt entlang der Gleise abzuwandern. Kaum hatten wir uns von der talseits parallel führenden Straße aus einige Meter durch das dichte Gestrüpp der Böschung gekämpft, war auch schon die Trasse erreicht. Ich war geradezu fasziniert von der Schönheit dieser Landschaft und von dem, was es hier auf den Spuren der ehemaligen Eisenbahnpioniere Interessantes zu entdecken gab. Wie in den Aufzeichnungen aus dem Archiv beschrieben, fand ich unmittelbar vor der Kilometermarke 64,0 den kleinen Brunnen im Gewölbebogen der alten, moosbepolsterten Bruchsteinstützmauer. Während der Bauzeit hat sich hier der Eingang zu einem Stollen befunden, in dem das zum Sprengen der Felsen benötigte Schwarzpulver gelagert war. Hier konnte es feucht gehalten werden, denn bekanntlich ließ sich durchfeuchtetes Schwarzpulver besser in die Bohrlöcher und Felsritzen stopfen und erbrachte außerdem auch eine höhere Sprengwirkung. Später hat man den Stollen zugemauert und in die verbliebene Nische einen Brunnen gesetzt. Selbstverständlich fotografierte ich jedes Detail links und rechts der Strecke; die Aufnahmen benötigte ich als Arbeitsunterlagen. Dabei suchte ich stets die alle einhundert Meter aufgestellten, schwarz/weiß beschrifteten Kilometermarken mit in den Ausschnitt zu bringen. Auf diese Weise beugte ich späteren Verwechslungen der Motive vor.

Ein Stück weiter aufwärts, zwischen den Kilometermarken 64,1 und 64,2, trat der Berghang von der Trasse zurück. In der durch eine Felspartie rückseitig gesäumten Mulde hatten während der Bauzeit das Magazin und die Feldschmiede der einstigen Streckenbauer gestanden und vermutlich zeitweise auch die Blockhütte der Bauleitung. Eine der hier vielerorts vorhandenen Quellen hatte man zu einem Versorgungsbrunnen gefaßt. Als im Jahre 1909 das zu Ehren des Erbauers vor dem Bahnhof in Geislingen errichtete Knoll-Denkmal im Zuge baulicher Erweiterungen abgetragen werden mußte und hier seinen endgültigen Platz gefunden hatte, war eine schöne Anlage mit Springbrunnen unmittelbar neben den Gleisen entstanden, dessen meterhohe Fontäne auch heute noch aus dem quellreichen Bergreservoir kräftig gespeist wird. Der damals sicherlich mit sehr viel Liebe gehegte kleine Park ist inzwischen verwildert. Offenbar läßt man es absichtlich an Pflege mangeln, um nicht unnötig viele Besucher in die Gefahrenzone der Bahnanlagen zu locken.

Der Springbrunnen mit Knoll-Denkmal bei der Kilometermarke 64,2.

Ein paar Minuten rasteten wir an diesem lauschigen Plätzchen. Wir genossen die frische Kühle des plätschernden Wasserspiels, den Duft der wilden Rosen, die an den sonnenwarmen Steinen emporkletterten, und verfolgten dabei vergnügt den regen Zugverkehr. Wieder auf dem Weg, näherten sich dann Bahn und Straße zusehends, bei allerdings immer noch beträchtlichem Höhenunterschied. So wurde die talseitige Böschung merklich steiler. Das Buschwerk wuchs hier spärlicher, und bald eröffnete sich uns ein herrlicher Blick über ein ganzes System kühn konstruierter Betonwände hinweg in das dicht bewaldete Rohrachtal hinunter. Hangseits schlängelte sich zunächst noch die alte Stützmauer der Trasse entlang, stellenweise gekrönt von schwerem Zaunwerk aus eingerammten Eisenbahnschienen und längsversetzt aufgeschichteten Schwellen. Solche sogenannten Fangwehre findet man häufig an Gebirgsstrecken zum Schutz der Gleise gegen abrollendes Gestein.

Der mini-club-TEE umrundet den „Alten General".

In der Nähe der Kilometermarke 65,0 angekommen, unmittelbar hinter der letzten sich in das Gebirge hineinweitenden Mulde, standen wir dann vor dem sich auftürmenden Rest des „Alten General", so hatte man den mächtigen Berg genannt, bevor er dem Bau der Trasse weichen und gesprengt werden mußte. Hier begann der wildromantische, für die Geislinger Steige charakteristische Streckenabschnitt. Unmittelbar neben der Trasse hangseits schroff aufragende Felswände aus dem albtypischen, eisendurchsetzten Jurakalkgestein im Wechsel mit kunstvoll, oft kaminartig hochgezogenen Stützmauern und verwaschenem Beton beherrschten hier die Szene. Diese eigenwillige, durch Menschenhand dergestalt veränderte Landschaft war entstanden im jahrelangen Kampf gegen die Tücken des Berges. Das poröse, durch die einstigen Sprengungen seiner schützenden Erddecke beraubte Sedimentgestein war von da an unaufhaltsamer Verwitterung preisgegeben, größtenteils bedingt durch die Einwirkung der Luftkohlensäure in Verbindung mit den aggressiven schwefelsauren Agenzien, die sich im Laufe des über ein Jahrhundert lang während Dampfzugverkehrs als Verbren-

Der mini-club-TEE albaufwärts in Höhe der heute abgerüsteten Signalbrücke.

nungsrückstände der Kohle an den Felswänden niedergeschlagen hatten. Und letztlich hatte dann auch noch das in die Felsspalten eingedrungene Regenwasser immer wieder Frostabsprengungen verursacht. Wie die Chronik berichtet, waren schon wenige Jahre nach der Inbetriebnahme dieses Streckenabschnittes mehrere Arbeitskolonnen ständig damit beschäftigt, die Gefahr drohender Felsstürze durch den Bau von Stützmauern abzuwenden. Da man aber damals nur Tonziegel und Kalkmörtel zur Ausführung dieser Arbeiten zur Verfügung hatte, Werkstoffe also, die kaum eine höhere Resistenz gegen die einwirkenden Medien aufzuweisen hatten als das Naturgestein, hielten auch die damit ausgeführten Mauern nur eine kurze Zeit, so daß fortgesetzte Reparaturarbeiten notwendig waren, um die Stützmauern ihrerseits zu erhalten.

Erst in diesem Jahrhundert, als der Beton und die entsprechenden Verarbeitungstechnologien zur Verfügung standen, war eine dauerhafte Sanierung der kritischen Felspartien gelungen. Große Teile der unmittelbar die Sicherheit des Bahnkörpers bedrohenden Wände wurden im Zuge dieser Maßnahmen einfach mit Beton übergossen. Um das sich hinter den sperrenden Betonschichten stauende Druckwasser abzuleiten und eventuellen Spätschäden vorzubeugen, mußten unzählige Drainagerohre mit eingegossen werden, wie sie auch in meinem Modell andeutungsweise wiedergegeben sind. Die alten Stützmauern hatte man allerdings nur teilweise zubetoniert. In der Nähe der Kilometermarke 65,4 beispielsweise, wo noch die alte, inzwischen abgerüstete Signalbrücke stand, fanden sich Betonflächen, Naturgestein und Tonziegelmauerwerk dicht gedrängt und dennoch in harmonischem Nebeneinander.

Bei der Kilometermarke 65,5 ließen wir die Felsen hinter uns. Vor uns weitete sich flächig grün die Alb. Hier berührten sich jetzt die

Mini-club-Nahverkehrsgüterzug albabwärts bei der Kilometermarke 65,5.

beiden Verkehrswege fast; Bahnkörper und Straße waren nur noch durch verstärkte Leitplanken voneinander getrennt. Dann aber wandte sich die Straße wieder jäh ab, um weiter ansteigend die Eisenbahnlinie hinter der Kilometermarke 65,9 in stumpfem Winkel zu überkreuzen. Die Bahngleise hingegen schnürten mit allmählich abnehmender Steigung und in elegant geschwungenem Bogen unter der Brücke hindurch dem auf der Höhe der Albplatte gelegenen Bahnhof Amstetten zu.

Unsere Exkursion war zu Ende. Auf der Brücke stehend, noch ganz im Banne des Erlebten, schweifte mein Blick nochmals zurück bis zu jener Stelle, wo die weit gezogenen Gleisbögen hinter dem dichten Buschwerk verschwanden. Eben in diesem Augenblick tauchte der TEE auf. Majestätisch und kraftstrotzend legte sich die vorgespannte 103 in die leicht geneigte Kurve, so als hät-

te das, was sie hinter sich die Alb heraufzog, überhaupt kein Gewicht. Fast lautlos näherte sich das im Radius der Gleise folgsam gekrümmte gelbrote Band, um dann im gewaltigen Sog seiner eigenen Luftwirbelschleppe unter unseren Füßen hindurchzurauschen. In diesem Augenblick hatte ich nur noch einen Wunsch: Diese eben erlebte Szene ins Modell zu übertragen. Als wir den Rückweg antraten, war ich beseelt von den Gedanken an die mir übertragene Aufgabe. Und noch überwältigt von den Eindrücken, die ich von der Geislinger Steige mit nach Hause nehmen konnte, war ich jetzt meiner Sache sicher: Diese Arbeit würde mir gelingen.

Beim Auswerten der während der Streckenbegehung gemachten Aufnahmen stellte ich fest, daß mir die aneinandergereihten Fotos zwar ein lückenloses Bild aller in Streckennähe gelegenen Details lieferten, aber als vollständige Information für die Streckenplanung nicht ausreichten. So war ich gezwungen, mir die Übersicht von oben zu verschaffen. Ich charterte mir ein Sport-

13

Luftaufnahme von der Brücke kurz vor dem Bahnhof Amstetten bei der Kilometermarke 65,9.

flugzeug und fotografierte die Geislinger Steige aus der Luft. Mit diesen Aufnahmen hatte ich schließlich alle nötigen Unterlagen für die Planung zusammen.

Meine ersten Überlegungen zur Planung galten dem Umstand, daß die Anlage sicherlich nicht nur während der Spielwarenmesse als Ausstellungsstück genutzt werden würde und ich sie entsprechend stabil und transportfreundlich konzipieren mußte. Die acht Meter lange Anlage konnte ich also nicht in einem Stück bauen. Eine Unterteilung in vier Segmente zu je zwei Metern war außerdem nötig, weil ich damals – das war im Spätjahr 1980 – noch keine Werkstatt hatte und mir lediglich ein kleiner Kellerraum in meinem Wohnhaus als Werkraum zur Verfügung stand. Des weiteren war ich mir darüber im klaren, daß ich die beiden Enden der doppelgleisigen Strecke über verdeckt verlegte Wendeschleifen miteinander verbinden und außerdem auch für den automatischen Zugwechsel mindestens einen unterirdischen Speicherbahnhof (Schattenbahnhof) einplanen mußte. Dieser unterführenden Strecken wegen mußte ich auch mein ursprüngliches Konzept aufgeben, die Landschaft aus großen Hart-

schaumblöcken zu formen. Wie ich erst später erfuhr, wäre es außerdem auch aus feuerpolizeilichen Gründen nicht erlaubt gewesen, ein derart großes Schaustück aus Polystyrolhartschaum in einer geschlossenen Halle auf einer öffentlichen Messe auszustellen.

Wie so manchmal der Zufall spielt, hatte ich in jener Zeit, als ich mir über den konstruktiven Aufbau des Modells den Kopf zerbrach, meinen Flugschülern im theoretischen Unterricht den technischen Aufbau von Rumpf und Tragflügeln zu vermitteln. Und während ich mich noch zu Hause auf den durchzunehmenden Stoff vorbereitete, kam mir plötzlich eine Idee, die wohl die entscheidendste für meine künftige Karriere als Modelleisenbahnanlagenbauer war. Wenn man, so sagte ich mir, mit einem Gerippe aus Holmen und Spanten so komplizierte Gebilde wie Flugzeugrümpfe und Tragflächen in allen nur erdenklichen Formen und millimetergenau nach Plan bauen kann, dann muß es auch gelingen, ein stabiles tragendes Gerüst für jede beliebige Geländeform nach diesem Konstruktionsprinzip herzustellen. Anstelle der Holme konnte man ja auch einen Kastenrahmen wählen, dessen Leistengitter als Befestigungsbasis für die formgebenden Spanten dient. Und indem ich den Faden weiterspann, erinnerte ich mich an meine Zeit als Kirchenmaler, als wir durch Kriegseinwirkungen beschädigte Säulen und Altäre mit

Modellgips ausbesserten. Mit einer Armierung aus Drahtgeflecht, an dem sich die aufgetragenen Gipsschichten verankern konnten, erzielten wir damals einen sehr bruchfesten und tragfähigen Untergrund für die nachfolgenden Marmorimitationen. Das Spantengerippe also mit einer Drahtgewebearmierung überziehen und die Landschaft mit Modellgips formen, das war die richtige Lösung. Ich konnte mit der Planung beginnen.

Ich entschied mich für die im Plan gezeigte Lösung, die mir auch als Anregung für den Nachbau recht praxisnah erschien, beispielsweise unter anderen Voraussetzungen als Heimanlage in eine Schrankwand integriert. Bei einer Tiefe von nur 70 cm durchaus machbar, auch dann, wenn man die Gesamtlänge auf sechs Meter reduzieren würde. Da es beim Vorbild keine Tunnels gab, in die man hätte die Streckenenden hineinlaufen lassen können, kam es mir auch nicht in den Sinn, vorbildwidrig Tunnelportale dort anzubringen, wo die sichtbaren Streckenbereiche endeten. Vielmehr faßte ich das Ganze wie eine Art Vitrine auf, in deren beiden kästchenartigen Seitenteilen die Züge durch nur wenig auffällige rechteckige Öffnungen einfahren konnten. In die unteren Etagen der beiden äußeren Elemente plante ich die beiden unterirdischen Ausweichbahnhöfe ein, die für den Zugwechsel bei dem vorgesehenen vollautomatischen Streckenbetrieb erforderlich waren.

Um die Straße unangeschnitten auf der gesamten Länge des Geländeausschnittes mit ins Bild bringen zu können, bei gleichzeitig ausreichender Fläche für eine realistisch wirkende Gebirgsgestaltung gegen den Hintergrund zu, mußte ich stellenweise die Böschung zwischen Straße und Bahnkörper erheblich steiler konzipieren. Ebenso mußte ich als weiteren Kompromiß an einer Stelle im ersten Viertel der Anlage einen Felsvorsprung mit einplanen, wo in Wirklichkeit keiner war, um eine ausreichende Durchfahrtshöhe für den unterführenden Wendeverkehr zu erhalten. Heute weiß ich, daß diese unschönen Zugeständnisse nicht nötig gewesen wären, wenn ich anstelle der Wendeschleifen die Doppelstrecke auf der Nullebene hinterführt und den Schattenbahnhof in der Anlagenmitte viergleisig installiert hätte. Diese Erfahrung konnte ich schon bei meiner nächsten Messeanlage nutzen.

Nach Fertigstellung des im Maßstabsverhältnis 1:10 gezeichneten Gleisplanes übertrug ich die Geometrie in den Originalmaßstab auf Packpapier. Die so entstandene Werkpause diente mir dann als Schablone zum exakten Zuschnitt der Bahn- und Straßentrasse. Auch das Aufzeichnen der Vertikalspanten, die, wie bereits vermerkt, mir als Trassenauflagen und rohrformgebende Befestigungssegmente für das Drahtgewebe dienten, gelang mühelos mit Hilfe dieser Packpapierpause. Die Basisrahmen fertigte ich aus 16 mm starkem Tannenholz. Für die Spanten und Trassen verwendete ich Sperrholz in Stärken von 10 bzw. 5 mm. Letzteres Maß erwies sich allerdings für die Trassen der Bahnlinie als zu gering. Unter den ständig wechselnden Luftfeuchtigkeitsverhältnissen während der Transporte zu den einzelnen Ausstellungen verzogen sich die Trassen mit der Zeit merklich. Insbesondere bei den späteren Ausstellungen machten sich diese Verzugserscheinungen in Form von sich ständig verschlechternden Zuglaufeigenschaften unangenehm bemerkbar. Das war übrigens der Grund dafür, daß die „Geislinger Steige" als ein-

Die Anlage während der Rohbauphase: das Spantengerippe ist bereits mit Aluminiumgewebe überzogen, und das Gelände ist teilweise mit Modellgips vorgeformt.

stiges Paradepferd der Märklin-Exponate nur über eine Saison hinweg auf den internationalen Ausstellungen gezeigt wurde. Heute verwende ich für den Bau der gleistragenden Trassen mehrfach verleimtes Sperrholz in einer Stärke von acht Millimetern.

Eine millimetergenaue Planung der gesamten Anlage und die exakte Übertragung der Werkzeichnung auf die zum Zuschnitt vorgesehenen Holzplatten waren übrigens eine Grundvoraussetzung für das Gelingen des Werkes, denn der Zusammenbau erfolgte in einem kleinen Kellerraum von nur vier Metern Länge.

Ich konnte immer nur an einem Element arbeiten und nur zur Kontrolle der Paßgenauigkeit der Verbindungen das nächstfolgende anfügen. Aus Platzmangel konnte ich auch außer einer Bohrmaschine und einer Stichsäge keine Maschinen einsetzen. Das millimetergenaue Verlegen der Gleise, wie es hier unbedingt erforderlich war, gelang mir ohne Schwierigkeiten, weil ich beim Übertragen der Zuschnittlinien von der Werkpause auf die für die Trassen vorgesehenen Holzplatten die Gleismittelachsen als Bezugslinien für die Verlegearbeit mit aufgezeichnet hatte. Die Gleise selbst verlegte ich damals noch, in Ermangelung von Kork-

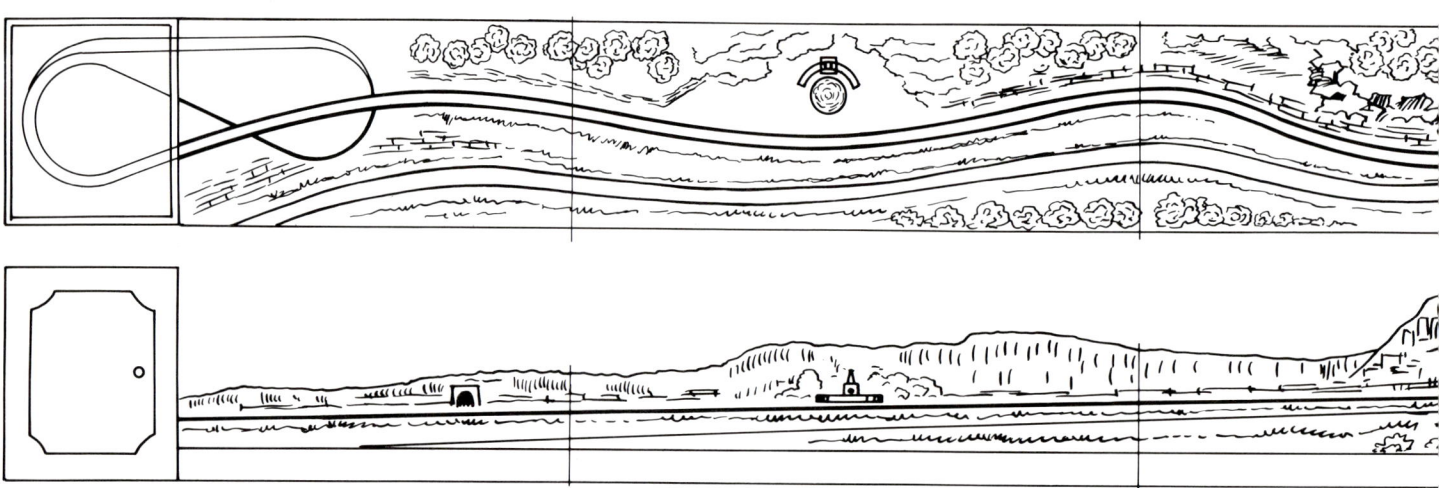

Ausführung der Lasurtechnik an einem Jurakalkfelsen.

gleisbettstreifen, wie man sie heute hat, in Schaumstoffbettungen, die ich zuvor zweimal mit verdünntem Kunstharzbinder festigte und außerdem innerhalb des sichtbaren Anlagenbereichs auch vorschotterte. Vorversuche hatten nämlich ergeben, daß jede Art von elastischer Gleisbettung eine exakte Gleisverlegung unmöglich macht und somit das spätere Zuglaufverhalten stark beeinträchtigt. Und gerade bei der mini-club-Bahn kommt es ganz besonders auf möglichst verwindungsfrei verlegte Strekken an, wenn die Züge mit der insbesondere beim Ausstellungsbetrieb geforderten Laufruhe verkehren sollen.

Bei der anschließenden Gestaltung der Geländeformen verwendete ich als Trägermaterial das leicht zu formende Fliegengewebe, an dem sich der Modellgips ausgezeichnet verankern läßt. Die Felsstrukturen, Stützmauern und Betonkonstruktionen arbeitete ich aus den frisch aufgetragenen, aber bereits erstarrten Gipsschichten unter Verwendung der verschiedensten Schneide-und Stechwerkzeuge heraus. Die endgültig verfestigten Gipsflächen ermöglichten es mir außerdem, für die mehr als zweitausend Steckfichten Löcher zu bohren und auf diese Weise zumindest die Nadelwälder in einer relativ rationellen Arbeitsmanier zu gestalten. Auch für die anschließende Beflockung mit Grasfaser boten die glatten Gipsflächen einen idealen Untergrund. Zur farbigen Gestaltung der Felsen und Stützmauern wendete ich eine Maltechnik an, die schon im Mittelalter beim Bemalen von Figuren in der Kirchenmalerei praktiziert wurde, um die Schattenschläge in den Falten der Gewänder zu imitieren: die Lasurtechnik im Wischverfahren. Hierbei wird stets die hellste Farbe deckend als Malgrund aufgetragen und nach deren Trocknung die dunkelste Farbe dünn darüber gestrichen. Dieser zweite Auftrag wird anschließend, noch vor seiner Trocknung, mit einem nassen Schwamm überwischt, wobei die dunkle Farbe konzentriert lediglich in den Vertiefungen der Struktur verbleibt, während die erhabenen Teile mehr oder weniger stark lasieren. Unter dem Begriff „lasieren" versteht man in der Malerfachspra-

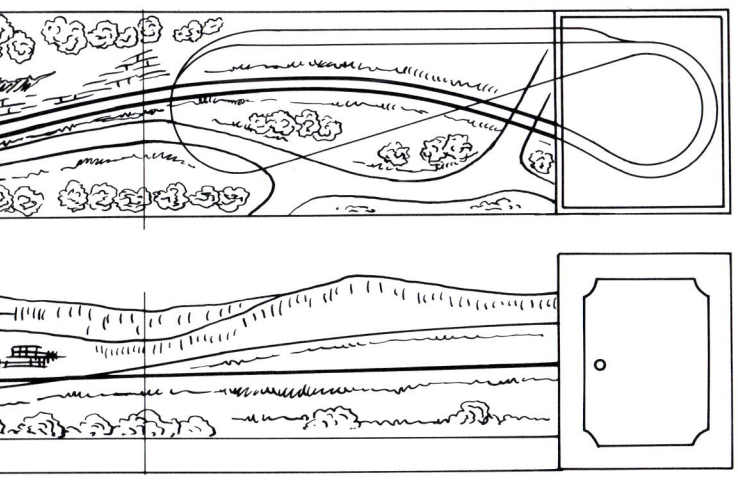

Streckenplan und Frontansicht der „Geislinger Steige" in der Nenngröße Z (Maßstab 1:220); Anlagengrundfläche: 8,00×0,70 m.

che die Eigenschaft einer Farbe, den Untergrund in seiner Eigenfarbe mehr oder weniger intensiv durchscheinen zu lassen.

Probleme gab es beim Gestalten der Straßendecken. Ich verwendete damals die vielgepriesenen elastischen Straßenbänder und erlebte damit einen ärgerlichen Reinfall insofern, als sich die elastischen Folien samt Aufgedrucktem in den weitgezogenen Kurven stark verformten. Ferner ließen sie sich in den engeren Kurven der Brückenauffahrten mit dem besten Willen nicht faltenfrei verlegen. Nur in zeitraubender Arbeit und unter Zuhilfenahme aggressiver Chemikalien war es möglich, die elastischen Fahrbahnteile wieder von der Straßentrasse zu entfernen. Die Straßendecken samt Markierung habe ich anschließend mit Dispersionsfarbe aufgemalt. Auf Grund dieser Erfahrung habe ich bei meinen späteren Arbeiten elastische Straßendecken nie mehr verwendet und auch in meiner Literatur an keiner Stelle mehr empfohlen.

Weitere Probleme gab es auch bei der Gestaltung der Vegetationsflächen. Gelang es mir noch hinreichend, durch Mischungen der damals handelsüblichen Grasfasern der verschiedenen Hersteller, einigermaßen realistische Grüntöne zu erzielen, so fand ich doch im gesamten Angebot des Fachhandels weder Bäume noch sonstige Artikel zur Landschaftsdekoration, die unverändert hätten übernommen werden können. Die Steckfichten und Tannen gab es nur in der gedrehten Zuckerhutform und dazu noch in den damals üblichen giftgrünen Farbtönen. Und was ich an Laubbäumen fand, war unmodifiziert erst recht nicht zu gebrauchen, so daß ich gezwungen war, Hecken- und Laubwaldflächen mit selbstpräpariertem Islandmoos zu gestalten, mit allerdings nur mäßigem Erfolg. Wie die Bilder zeigen, erbrachte auch die farbige Nachbearbeitung der industriell hergestellten Bäume kein optimales Ergebnis, da ich bei den nahezu dreitausend verwendeten Exemplaren nicht jedes einzelne in Handarbeit verändern hätte können, so wie dies eigentlich notwendig gewesen wäre. Aber dazu reichte einfach die Zeit nicht, das waren Aufgaben für zukünftige Projekte. Dennoch, trotz dieser Pannen und Unzulänglichkeiten, konnte ich die Anlage zum vorgegebenen Zeitpunkt fertigstellen.

Nun, bezogen auf die damaligen Verhältnisse im Jahre 1981 war die Geislinger Steige als Messeanlage für das Haus Märklin und natürlich auch für mich als Hersteller des Schaustückes ein voller Erfolg. Mit dieser ersten, nach realistischen Kriterien gestalteten und öffentlich gezeigten Anlage konnte ich nicht nur vor aller Welt den Beweis erbringen, daß es auch auf einer begrenzten Fläche möglich ist, eine vorbildnahe Eisenbahnlandschaft zu gestalten. Wie sich in den folgenden Monaten nach dieser Spielwarenmesse erweisen sollte, hatte ich mit diesem meinem Erstlingswerk „Geislinger Steige" ein deutliches Signal für die zukünftige Entwicklung im Anlagenbau gesetzt.

Fotografieranlage für das Haus Faller:
Romantische Flußlandschaft mit Durchgangsbahnhof

Obwohl es mir mein Auftraggeber der „Geislinger Steige" nicht gestattete, meine Arbeit zu signieren, und man zumindest am Anfang in der Chefetage des Hauses Märklin darauf bedacht war, daß der Name des Urhebers möglichst geheimgehalten wurde, sprach es sich doch allmählich in der Branche herum, wer der Erbauer war, denn schon bald nach der Spielwarenmesse 1981 kamen Anfragen aus aller Welt auf mich zu. Da auch die Konkurrenz Interesse bekundete, wollte Märklin einen Ausschließlichkeitsvertrag mit mir abschließen, was ich jedoch ablehnte, da ich mich ja der Firma Faller bereits verpflichtet hatte, die Hefte-Serie „Modellbau leicht gemacht" neu zu bearbeiten, und damit war ich noch einige Monate beschäftigt. Dies schloß eine Zusammenarbeit mit dem Haus Märklin nicht aus. Vertraglich binden wollte ich mich aber damals noch nicht.

Da ich von Märklin schon wenige Wochen nach der Spielwarenmesse 1981 weitere Aufträge erhielt, unter anderen auch die nächste Messeanlage und die Erarbeitung des neuen H0-Gleisbuches, entschloß ich mich, ein neues Atelier mit Zeichenraum und Lager zu bauen. Damit waren die Weichen für meinen künftigen Beruf als professioneller Modelleisenbahnanlagenbauer gestellt. Daß dieser Beruf viele Jahre später einmal im Bayerischen Fernsehen Lembkes Rateteam beschäftigen sollte, zählt heute mit zu den schönsten Erinnerungen meines erlebnisreichen Weges durch die achtziger Jahre.

Bevor ich jedoch in die neue Werkstatt einziehen konnte, mußte ich eine zweite mini-club-Anlage für das Haus Faller bauen. Faller hatte mit einem interessanten Programm an Auffahrten und Brückenbausätzen im Maßstabsverhältnis 1:220 die Initiative ergriffen, seine Marktposition auch im Wettbewerb um das Zubehör für die neue Z-Spur zu sichern. Gleichzeitig erhielt ich den Auftrag, speziell für diese Modellbahn-Nenngröße ein eigenes Heft im Rahmen der Serie „Modellbau leicht gemacht" zu erarbeiten. Und da ich zur Illustration dieses Heftes Fotos sowohl von den einzelnen Bauphasen als auch von fertig gestalteten Details benötigte, war ich gezwungen, eine Anlage zu bauen, die vom Thema und Motiv her alle Möglichkeiten bot, den Einsatz der Faller-Z-Neuheiten möglichst vorteilhaft und praxisnah zu demonstrieren.

Ungeachtet der strengen Vorgaben meines Auftraggebers im Hinblick auf die verkaufsfördernden Aspekte, die ich bei der Erstellung des Heftes zu berücksichtigen hatte, war ich entschlossen, den nun einmal mit der „Geislinger Steige" eingeschlagenen Kurs zum realistischen Anlagenbau gehobenen Niveaus fortzusetzen, obwohl ich dabei nicht immer auf die Gegenliebe meiner Auftraggeber stieß. Die Gegner meiner Philosophie vertraten die Auffassung, daß der weitaus größte Teil der Modellbahnkunden sich lediglich eine elektrische Eisenbahn zum Spielen wünscht und eher vor dem Bau einer Modelleisenbahnanlage zurückschreckt, wenn sie meine, ihrer Ansicht nach

viel zu aufwendig gestalteten Schaustücke betrachten. Wie es sich schon wenige Jahre später herausstellen sollte, war dies ein fataler Irrtum, unter dessen Folgen einige Firmen der Modellbahnzubehörbranche noch heute bitter zu leiden haben. Der Trend zu mehr Kreativität beim Modelleisenbahnanlagenbau war schon damals programmiert, alleine die Marktforscher jener Zeit glaubten offensichtlich nicht so recht daran.

Die Flußlandschaft aus der Vogelperspektive.

Selbstverständlich ist es nicht jedermanns Sache, einen bestimmten Ausschnitt einer Eisenbahnlandschaft so konsequent nachzubauen, wie ich dies mit der Geislinger Steige demonstriert habe, denn zum einen wird es meistens an den geeigneten Räumlichkeiten für ein solches Vorhaben fehlen, und zum zweiten bieten solche Anlagen einfach zu wenige Betriebsmöglichkeiten. Für die geplante Faller-Anlage wählte ich daher ein Motiv meiner eigenen Phantasie, das aber unter allen Umständen so weit als nur möglich nach den naturgegebenen Kriterien konzipiert sein sollte. Um das komplette Z-Brückenprogramm auf diesem einen Schaustück einsetzen zu können, die Anlage sollte ja auch später auf Ausstellungen gezeigt werden, entschied ich mich für eine romantische Flußlandschaft mit Durchgangsbahnhof.

Die Strecke plante ich doppelgleisig in Form einer sich in zwei Ebenen kreuzenden Acht. Wie die Aufnahmen zeigen, liegt jedoch nur knapp die Hälfte der Gleise innerhalb des sichtbaren Bereichs. Die beiden jeweils ca. 60 cm langen Brückenkonstruktionen, die aus dem gesamten neuen Brückenbausatzprogramm zusammengesetzt waren, ließen mir keine Wahl für einen anderen Entwurf, der mit mehr Gleisen mehr Fahrbetrieb geboten hätte. So imposante Brücken können ja nur glaubhaft wirken, wenn auch ein entsprechend breites Tal vorhanden ist, das ihre Spannweiten rechtfertigt. Da ich das doch recht breite Flußbett

auf das Null-Niveau des Rahmens legte, mußte ich die Trassen der Verbindungsstrecken im nicht einsehbaren hinteren Anlagenteil auf dem gleichen Höhenniveau durchführen. Daher konnte nicht gleichzeitig auch das Flußbett quer die Anlage durchschneiden. Mit einem großen Wasserfall gelang es mir, das in einem Kessel gegen den hinteren Anlagenrand endende Tal einigermaßen glaubhaft darzustellen.

Auch diese Anlage, für die mir eine Grundfläche von 3,60 x 1,20 m zur Verfügung stand, konzipierte ich in zwei teilbaren Elementen. Die beim Bau der Geislinger Steige bereits bewährte Spantenbauweise wendete ich auch hier an. Ebenso formte ich das Gebirge aus Modellgips, der auf Aluminiumgewebe als Trägerbasis aufgebracht wurde. Erstmals versuchte ich es hier mit der Nachbildung von Sandsteinfelsen, deren Strukturen mir jedoch nur hinlänglich gelangen. Da ich auch bei dieser Anlage unter starkem Zeitdruck arbeiten mußte, blieb mir einfach zu wenig Zeit, um mich im Ausformen dieses speziellen Gesteins hinreichend zu üben. Wie es die Erfahrungen beim Formen ähnlicher Gebirge bei späteren Anlagen zeigten, versäumte ich es hier, auf den Verlauf der geologischen Schichtlinien zu achten. Schließlich gelang es mir aber dann doch noch, mit der Lasurfarbe ein optisch befriedigendes Gesamtbild zu erzielen. Relativ gut gelungen ist hingegen der im linken Anlagenteil dargestellte ehemalige Steinbruch mit der Lößauflage auf dem Urgestein. Solche Lehmanschnitte über den Steinbrüchen lieferten in früheren Zeiten oft den Ton für die Töpfereien der näheren Umgebung.

Den Flußlauf gestaltete ich durch Unterkleben der hierfür vorgesehenen Ausschnitte in der Basis mit Polystyrolhartschaumplatten, deren Oberflächen ich mit Nitroverdünnung etwas anlöste und anschließend mit blaugrauer Dispersionsfarbe bemalte. Entlang der Uferzonen streute ich in den noch nassen Anstrich feinen Rheinsand. Nach erfolgter Trocknung nahm ich die Abdeckung mit Faller-Seefolie vor, die allerdings damals nur in relativ kleinen Tafeln lieferbar war. Um sichtbare Ansätze an den Überlappungen zu vermeiden, plante ich Staustufen ein, wie sie auch in Wirklichkeit bei derart gekrümmten Flußläufen zu finden sind. Staustufen dieser Art wurden früher von Menschenhand angelegt, um die Strömung in Flußkrümmungen zu beruhigen. Auf diese Weise wurde das Abspülen der Uferböschungen bei Hochwasser vermindert. Die Staustufen selbst gestaltete ich mit Sandsteinsplittern, die ich in sandhaltige Kunstharzspachtelmasse (Moltoflexofill) einbettete. Den Schwall des Wasserfalls fertigte ich ebenfalls aus Faller-Seefolie, die ich in Streifen schnitt und mit UHU-Alleskleber verfestigte.

Den viergleisigen Kopfbahnhof plante ich im linken hinteren Anlagenteil auf der sogenannten geologischen Platte. Seine Einfahrt liegt unmittelbar hinter der Turmbrücke. Die Ausfahrt mündet in eine weit gezogene Kurve, die mit leichtem Gefälle die Strecke auf Gegenkurs wendet, wo sie über die Stahlbogenbrücke in einer langen Geraden dem Tunnel am vorderen rechten Anlagenrand zuschnürt. Ich will gerne zugeben, daß nicht unbedingt alle Details links und rechts der Gleisanlagen mit den üblichen Vorbildsituationen der Großtechnik übereinstimmen, insbesondere was die Signalisierung anbetrifft. In dieser Anfangszeit meiner Anlagenbaukarriere legte ich zunächst noch mehr Wert auf eine harmonisch ausgewogene Landschaft. Das änderte sich jedoch schon bald: Als ich mich mit der Erarbeitung des neuen Märklin-H0-Gleisbuches befaßte, war ich gezwun-

Die Anlage im Rohbau – das Spantengerippe und der Flußlauf sind bereits fertiggestellt.

Die Anlage im Rohbau – das Spantengerippe ist mit Aluminiumgewebe überzogen.

Das Auftragen des Modellgipses mit dem Palettmesser.

gen, meine Kenntnisse auch in den rein eisenbahntechnischen Dingen zu vervollständigen.

Auf Grund meiner nicht allzu guten Erfahrungen mit elastischen Gleisbettungen entschied ich mich hier für Korkstreifen, die ich mir allerdings in Ermangelung eines entsprechenden Angebotes aus Naturkorkplatten zurechtschneiden mußte, was einer Sisyphusarbeit gleichkam. Es war außerdem auch außerordentlich schwierig, an Korkplatten in 3 mm Stärke heranzukommen. Die guten Ergebnisse, die ich mit diesen Korkgleisbettungen erzielte, veranlaßten mich übrigens einige Monate später, diese Korkstreifen mit 45-Grad-Kante als Unterlage für die Modellgleise ohne angeformte Schotterbettungen in allen meinen künftigen Veröffentlichungen zu empfehlen, so auch im Märklin H0-Gleisplanbuch. Dies wurde mir allerdings nur unter der Bedingung

gestattet, daß sich zumindest ein Hersteller der Zubehörbranche findet, der solche Korkstreifen herstellt und am Markt anbietet. Als erste der großen Firmen hat sich Faller bereit erklärt, Korkgleisbettungen für die Nenngrößen H0 und N in das Lieferprogramm aufzunehmen.

Erstmals an dieser Anlage habe ich die auf die Korkstreifen verlegten Gleise schwimmend eingeschottert. Unter Aussparung der beweglichen Teile an den Weichen brachte ich mit Hilfe einer Injektionsspritze verdünnten Holzleim in die Zwischenräume der Schwellenbänder ein, der mir als Bindemittel zum Einbetten des Faller-N-Schotters diente. Dieser sehr fein ausgemahlene, organische Modellbahnschotter, den ich auch für alle meine späteren Modelleisenbahnanlagen in der Nenngröße Z verwendete, eignete sich hervorragend. Die mini-club-Oberleitung wurde für die

Der mini-club-TEE auf der vorderen Brücke. Im Hintergrund erkennt man den alten Steinbruch mit der Lößauflage auf dem Urgestein.

Fahrstromübertragung nicht genutzt und nur innerhalb des sichtbaren Anlagenteils installiert. Unter der Anlage verkehrten die Elektrolokomotiven mit voll ausgefahrenen Dachstromabnehmern, die erst unmittelbar vor der Ausfahrt durch sogenannte Fangbügel auf das Fahrdrahtniveau heruntergedrückt wurden. Diese Fangbügel entstanden durch einfaches Hochbiegen der Fahrdrahtenden hinter den Tunnelröhren. Um eine ausreichende Stabilität zu erzielen, wurden die Fangbügel an eine quer in die Tunnelkonstruktion auf Fahrdrahthöhe eingezogene mini-club-Schiene angelötet. Insbesondere bei Ausstellungsanlagen muß man nämlich daran denken, daß die Schienenprofile auch im Untergrund öfters gereinigt werden müssen – die gelegentliche Durchfahrt des Schienenreinigungsbusses reicht in keinem Falle aus. Eine funktionsfähige und damit auch innerhalb der unterfüh-

renden Streckenbereiche konsequent installierte Oberleitung würde die Zugänglichkeit zu den im Untergrund verlegten Gleisen stark einschränken. Auch bei allen meinen späteren Modellbahnanlagen, die ich in den kleinen Spurweiten N und Z gebaut habe, wurden die elektrischen Fahrleitungen (Oberleitungen) lediglich funktionsunfähig installiert, und nie waren diese Fangbügel hinter den Tunneleingängen Ursache von Betriebsstörungen.

Auch bei dieser Anlage befriedigte mich die Vegetationsgestaltung nicht ganz. Die Serienbäume waren mir immer noch zu uniform. Laubbäume, die ein einigermaßen naturnahes Aussehen gehabt hätten, gab es damals noch nicht. Und das ebenfalls in viel zu giftigen Farbtönen eingefärbte Islandmoos versuchte ich durch zusätzliches Beflocken mit Streulaub, wie es damals Preiser herstellte, abzumildern, was allerdings nur leidlich gelang. Dennoch, die Anlage konnte sich einigermaßen sehen lassen. Sicherlich habe ich mit den mir damals zur Verfügung stehenden Mitteln das Beste daraus gemacht. Doch ganz befriedigt hat

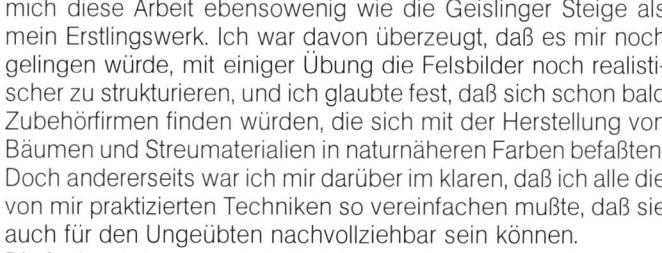

Hinteres Tunnelportal mit Signal.

Der Bahnhof auf der „geologischen Platte" mit Betonstützmauer zur Talseite hin.

mich diese Arbeit ebensowenig wie die Geislinger Steige als mein Erstlingswerk. Ich war davon überzeugt, daß es mir noch gelingen würde, mit einiger Übung die Felsbilder noch realistischer zu strukturieren, und ich glaubte fest, daß sich schon bald Zubehörfirmen finden würden, die sich mit der Herstellung von Bäumen und Streumaterialien in naturnäheren Farben befaßten. Doch andererseits war ich mir darüber im klaren, daß ich alle die von mir praktizierten Techniken so vereinfachen mußte, daß sie auch für den Ungeübten nachvollziehbar sein können.

Die fertige Anlage wurde lediglich von mir als Fotoobjekt zur Illustration meines Heftes „Modellbau leicht gemacht für Z" genutzt und nie öffentlich gezeigt. Der Grund: Ungeachtet der exakt verlegten Gleise gelang es nicht, einen einwandfreien Betriebsablauf über eine längere Zeitspanne hinweg herbeizuführen, so wie

es für Ausstellungszwecke erforderlich gewesen wäre. Schuld daran waren die unzuverlässig arbeitenden Magnetspulenrelais in den Signalen und Schaltern, die immer wieder zu Fehlschaltungen führten, so daß die Zugautomatik ständig durcheinanderkam. Auch ich zog meine Konsequenzen aus dieser Erfahrung: Unter Umgehung der signaleigenen Schalter und handelsüblichen Modellbahnspulenrelais verwendete ich künftig nur noch Industrierelais zum Schalten von Ausstellungsanlagen. Bistabile Relais in Industriequalität waren aber damals, bevor es zuverlässig arbeitende elektronische Schaltungen gab, Mangelware und selbst bei den bekannten Markenfirmen wie Siemens nicht immer erhältlich.

Die hier gezeigte Anlage ist heute sozusagen als museales Liebhaberstück in Privatbesitz.

Die Flußkrümmung mit dem alten Steinbruch im Hintergrund.

Der Fluß mit vorderer Stahlbogenbrücke.

Der Gleisplan zur „Romantischen Flußlandschaft". Anlagenmaße: 3,60 × 1,20 m.

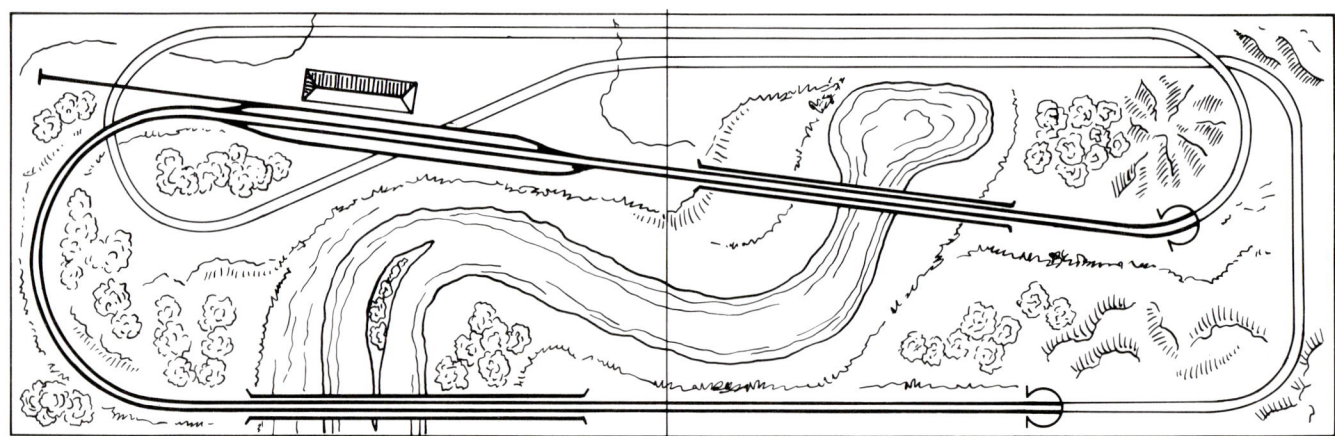

Deutschlands schönster Streckenabschnitt im Modell:
Die Bahnlinie 3603 zwischen Roßstein und Loreley

Die Loreley-Anlage im Rohbau.

Ursprünglich im Jahre 1852 erhielt die Wiesbadener Eisenbahngesellschaft von der nassauischen Regierung die Genehmigung zum weiteren Ausbau der rechtsrheinischen Bahnlinie von Wiesbaden nach Niederlahnstein. Die langwierigen Verhandlungen vor allem mit den Weinbauern über den Ankauf der für den Trassenbau erforderlichen Grundstücke verzögerte jedoch das Vorhaben um mehr als zwei Jahre, so daß mit den Bauarbeiten erst im Jahre 1854 begonnen und das erste Teilstück von Wiesbaden nach Rüdesheim im Spätjahr 1856 in Betrieb genommen werden konnte.

Die horrenden Summen, die die Weinbauern für ihre Grundstücke forderten und letztlich auch erhielten, leerten die Kassen der Eisenbahngesellschaft schneller als erwartet. Im Jahre 1857 schließlich mußten die weiteren Bauarbeiten eingestellt werden, da mit dem Betrieb auf dem vorhandenen kurzen Streckenstück nicht einmal eine Kostendeckung des Aufwandes zu erwirtschaften war. So sah sich die Wiesbadener Eisenbahngesellschaft gezwungen, ihren Besitz an den nassauischen Staat für 2,62 Millionen Gulden zu veräußern. Die Regierung setzte dann

aber im Jahre 1859 den weiteren Ausbau zügig fort. In optimistischer Erwartung regen Verkehrsaufkommens nach Fertigstellung der Verbindung Wiesbaden-Koblenz wurde die Trasse von Anfang an für die Aufnahme von zwei Gleisen geplant, das Planum jedoch zunächst nur eingleisig belegt.

Auf Grund seiner günstigen Topographie und Bodenverhältnisse bot sich das rechtsrheinische Ufer für die Trassenführung förmlich an. Lediglich zwei größere natürliche Hindernisse standen den Eisenbahningenieuren im Weg: die steil aufragenden und von den alten Rheinschiffern so gefürchteten Felsnasen des Roßsteins und der Loreley! Mit den seinerzeit noch ohne jegliche maschinelle Hilfe recht schwierig durchzuführenden Durchbrüchen hatte die Wiesbadener Eisenbahngesellschaft schon zuvor begonnen. Wegen Kapitalmangel mußten aber die Arbeiten eingestellt werden. Mit der Übernahme der Strecke durch den nassauischen Staat und unter zusätzlichem Einsatz von Militär und Strafgefangenen gelangen dann die Durchbrüche in wenigen Monaten. Die strategische Bedeutung dieser rechtsrheinischen Strecke als direkte Verbindung von Frankfurt zur Festung Ehren-

Die vordere Felspartie des Loreley-Felsens mit den beiden Tunneleingängen.

Die Roßstein-Tunnelportale mit Weichenheizungsbunker im Vordergrund.

breitstein an der Moselmündung bei Koblenz dürfte wohl im Hinblick auf den drohenden Krieg mit Frankreich entscheidend für den ungewöhnlich raschen Baufortschritt gewesen sein, denn schon am 22. Februar 1862 konnte der zunächst eingleisig ausgeführte Streckenabschnitt zwischen Rüdesheim und Koblenz dem Verkehr übergeben werden. Der zweigleisige Ausbau erfolgte im Jahre 1872 unter Verwendung von Reparationsgeldern, die nach dem gewonnenen Krieg 1870/71 gegen Frankreich reichlich flossen und vorrangig für den Ausbau von Bahnanlagen mit strategischer Bedeutung verwendet wurden.

Die rechtsrheinische Bahnlinie Frankfurt – Niederlahnstein mit der amtlichen Nummer 3603 gilt als Deutschlands schönste Eisenbahnstrecke. Die berühmten Fernschnellzüge allerdings, die Vater Rhein ihre berühmten Namen verdanken, verkehrten

auf der Strecke des jenseitigen Ufers, denn die rechtsrheinische Strecke kann, bedingt durch ihre zahlreichen engen Kurvenradien, nur mit einer Höchstgeschwindigkeit von 110, abschnittsweise sogar nur mit 90 km/h befahren werden.

Mit der hier beschriebenen, im Auftrag des Hauses Märklin gebauten mini-club-Modelleisenbahnanlage habe ich nun zum zweiten Mal den Versuch unternommen, einen Eisenbahnstreckenabschnitt weitgehend originalgetreu nachzubilden. Die Wahl des Landschaftsausschnittes blieb mir freigestellt. Gebunden hingegen war ich an die vorgegebenen Grundflächenmaße von 8,00 × 0,85 m, denn die Anlage war wiederum als Schaustück für die Internationale Spielwarenmesse 1982 in Nürnberg fest eingeplant.

Zunächst versuchte ich, die Landschaft mit dem Auto zu erkun-

Der TEE in Höhe des Überholbahnhofs – beim Vorbild eine sehr seltene Situation, die praktisch nur im Falle einer Betriebsstörung der linksrheinischen Strecke vorstellbar wäre.

den. Da die Bundesstraße B 42, die parallel zur Bahntrasse verläuft, einige Meter tiefer liegt, konnte ich mir aber auf diese Weise keinen ausreichenden Überblick für eine Entscheidung hinsichtlich des nachzubildenden Landschaftsausschnittes verschaffen. Erst als ich mit dem Sportflugzeug den gewaltigen Loreley-Felsen umkreiste, das Rheintal von St. Goarshausen bis Kaub mehrmals in unterschiedlichen Höhen überflog und schließlich die dabei gemachten Luftbildaufnahmen auswertete, konnte ich die Wahl treffen. Ich entschied mich für den Streckenabschnitt zwischen Roßstein und Loreley.

Die Tunnelportale an den Anlagenenden boten hierbei die willkommene Gelegenheit, die Gleise zur Ringstreckenrückführung auf natürliche Weise im Bergesinnern verschwinden zu lassen. Außerdem befindet sich in dem gewählten Streckenabschnitt ein

interessanter viergleisiger Betriebsbahnhof. Und letztlich hielt sich auch die Anzahl der Bauwerke, die ich ja in zeitraubender Kleinarbeit nachbilden mußte, in den Grenzen des noch Durchführbaren, denn auch diesmal standen mir für den Bau dieser Anlage nur knapp zwei Monate zur Verfügung.

Obwohl die aus geringer Höhe aufgenommenen Luftbilder Strecken- und Umfelddetails in allen Einzelheiten erkennen ließen und mich in Verbindung mit den von der Deutschen Bundesbahn erhaltenen Streckenplänen in die Lage versetzten, den Gleisplan für das Modell zu zeichnen, entschloß ich mich doch, den ausgewählten Streckenabschnitt auch noch zu begehen. Ohne die persönlichen Eindrücke vor Ort aufgenommen zu haben, wollte ich mit der Detailgestaltung nicht beginnen. Das zuständige Bundesbahnbetriebsamt in Wiesbaden stellte mir dann auch einen sehr sachkundigen Beamten zur Verfügung, der mich begleitete; es war der Ingenieur, unter dessen Leitung zwei Jahrzehnte zuvor die zweiten Tunnelröhren in die beiden Berge getrieben worden waren.

Die Loreley-Portale mit Straße und Uferanschnitt.

konnte. Auf diese Weise blieben die schönen, aus blauem Basalt und rotem Sandstein gemauerten Tunnelportale des Roßsteins und der Loreley der Nachwelt erhalten. Das einige Meter vorgebaute, betont schlicht gestaltete Portal der bergseitigen Roßstein-Röhre fügt sich unauffällig und harmonisch in das durch Wildwuchs und verwaschenes Schiefergestein geprägte Landschaftsbild.

Schon wenige Schritte auf unserem Weg nordwärts, in Höhe der Kilometermarke 88,7, vereinigen sich die Schotterbettungen der aus den Tunnels führenden Gleise. Und hier begann bereits mit dem Einfahrsignal am rechten und der ersten Weiche am linken Gleis das Areal des Betriebsbahnhofs mit der amtlichen Bezeichnung „Überholbahnhof Loreley". Um Überholungen der vorwiegend von Güterzügen stark frequentierten Strecke zu ermöglichen, wurde die Strecke schon im Jahre 1930 zwischen den Kilometermarken 88,9 und 90,9 um zwei Gleise und den entsprechenden Weichen zu einem sogenannten „Betriebsbahnhof" erweitert. Die Weichen werden auch heute noch im Regelfalle durch den Fahrdienstleiter vom Bahnhof St. Goarshausen aus über ein Gleisbildstellwerk gestellt. Im Falle von Störungen oder Bauarbeiten können sie aber auch von dem sich in Höhe der Kilometermarke 90,0 befindlichen Behelfsstellwerk aus bedient werden. Unmittelbar links neben diesem Stellwerksgebäude liegt der überdachte Vorratstank der gasbetriebenen Weichenheizungen. Kurz vor der Kilometermarke 90,4 entdeckten wir ein kleines schmuckloses Bauwerk, einer Trafostation sehr ähnlich. Es beherbergte einen sogenannten „Kuppler" für die elektrische Fahrleitung.

Allmählich näherte sich unser Fußmarsch dem Ende. Vor uns wuchs der 138 Meter hohe, von den Dichtern vielbesungene Loreleyfelsen wie eine von Riesenhänden erbaute Festung in den Himmel. Die beiden Tunneleingänge zu Füßen des Berges, in die die Gleisstränge hineinliefen, erschienen uns wie zwei winzige Mauslöcher im Bild dieser gewaltigen Szenerie aus verwittertem Rotschiefer und üppig wucherndem Grün.

Im Gegensatz zu der legendären Jungfrau, die als Schöpfung überschießender Dichterphantasie den Berg so berühmt werden ließ, ist der alte Loreleytunnel mit seinen einzigartigen Portalen ein Stück wirkliche Geschichte. Der Durchstich der 347 m langen Röhre durch das harte Urgestein bei einer Fehlerquote von nur wenigen Bogensekunden war, bezogen auf die damaligen Verhältnisse, eine sensationelle Ingenieurleistung. Die beiden Portale der alten Röhre zählen außerdem zu den schönsten und erhaltenswertesten Tunneleingängen der Welt. Wie die Roßstein-Portale sind auch die von 1859 bis 1860 erbauten Loreley-Portale aus blauem Basalt und rotem Sandstein gemauert. Charakteristisch für alle vier dieser historisch bedeutenden Tunnelportale sind die Zinnen und Türmchen, die von den einstigen Erbauern als echte Bewehrungen ebenso wie die zahlreichen Quergänge im Innern der Röhren in das Verteidigungskonzept der Festung Ehrenbreitstein einbezogen waren.

Erstmals zur Ausführung der Bauarbeiten an dieser Anlage stand mir das neu erbaute Atelier zur Verfügung. Obwohl ich diesmal an dem vollständig zusammengesetzten Modell arbeiten konnte, plante ich das 8 m lange Schaustück in vier steckbare Teile von je 2 m, und ich wählte auch hier die beim Bau der beiden vorangegangenen Anlagen bestens bewährte und von mir inzwischen weiterentwickelte Spantenbauweise. Da, wie mir mein Auftrag-

Unsere Exkursion begann am Roßstein bei der Kilometermarke 88,5. Wir stiegen die Treppe von der Bundesstraße 42 zu der etwa 3 m höher gelegenen Bahntrasse hinauf. Rechts im Blickfeld türmte sich über den beiden Tunnelportalen das verwitterte und üppig mit Buschwerk überwucherte Schiefergestein des mächtigen Roßsteinfelsens. Er bildet die Grenze zwischen den Gemarkungen St. Goarshausen und Kaub. Ursprünglich führte nur eine knapp 400 m lange Tunnelröhre durch den Berg, in der beide Gleise verlegt waren. Ihr lichter Querschnitt reichte jedoch später nicht aus, um auch die elektrische Fahrleitung (Oberleitung) für die beiden Gleise aufzunehmen. Da eine Erweiterung der Röhre die Einstellung des Zugverkehrs über mehrere Monate hinweg bedingt hätte und außerdem auch nicht die kostengünstigste Lösung gewesen wäre, entschied man sich im Zuge der Streckenelektrifizierung für den Bau einer zweiten, parallel geführten Tunnelröhre, die 1961 dem Verkehr übergeben werden

Der TEE in Höhe des Behelfsstellwerks.

geber verriet, die Loreley-Anlage auch für zahlreiche andere, nach der Spielwarenmesse stattfindende Ausstellungen vorgesehen war, zählte die transportfreundliche Teilbarkeit zu den verbindlichen Vorgaben. Den Anlagenrahmen fertigte ich aus verzugsfestem Apachiholz. Die Spantenabstände plante ich in Abhängigkeit des Rahmengitterrasters mit 31 cm ein, und für die Bahn- und Straßentrasse verwendete ich diesmal mehrfach verleimtes Sperrholz in einer Stärke von 8 mm.

Um die gestellten Forderungen nach einem ununterbrochenen, vollautomatisch gesteuerten Streckenverkehr in beiden Richtungen zu erfüllen, plante ich ferner zwei in sich geschlossene Ringstrecken, die jedoch im Gegensatz zu denen der Geislinger Steige nicht durch Wendeschleifen miteinander verbunden waren. Hier hinterführte ich beide Strecken über die gesamte Anlagenlänge hinweg auf dem Basisniveau. Da auch die Strecken innerhalb des sichtbaren Anlagenbereichs auf dem gleichen Niveau lagen, war eine andere Lösung nicht möglich. Der viergleisige Schattenbahnhof, der sich über die Elemente 3 und 4 erstreckte, gestattete einen vollautomatischen Zugwechsel, wie er beim Ausstellungsbetrieb erforderlich ist, um eine Überhitzung der Fahrzeugmotoren zu vermeiden. Durch das unmittelbar hinter dem sichtbaren Bahnkörperbereich der Loreleystrecke schroff ansteigende Gebirge blieb ausreichend Platz im hinteren Anlagenteil für den großzügig angelegten Schattenbahnhof samt den rückführenden Strecken. Das Innere des Roßsteinfelsens bot sogar noch genügend Platz zur Aufnahme der Steuerzentrale. Um die Zugänglichkeit zu den im Untergrund verlegten Gleisen zu erleichtern, wurde auf die Installation einer funktionsfähigen elektrischen Fahrleitung verzichtet. Wie bei der vorangegangenen Faller-Anlage sorgten hinter den Tunneleingängen angebrachte Fangbügel dafür, daß die Dachstromabnehmer der im Untergrund mit ausgefahrenen Pantographen verkehrenden Elektrolokomotiven auf das Fahrdrahtniveau der Oberleitung im sichtbaren Anlagenteil heruntergedrückt wurden. In jedem der beiden

Die Loreleystrecke zwischen den Kilometermarken 91,3 und 92,4 mit Straße und Ufer.

Berge war ferner auch noch ein Tonbandgerät untergebracht, das, ausgelöst über einen Schaltkontakt, den Originalpfiff einer Elektrolokomotive ertönen ließ, sobald sich ein Zug der Tunneleinfahrt näherte.

Der Betriebsablauf auf dieser Anlage war relativ einfach. Der in den Schattenbahnhof einfahrende Zug startete mit Überfahren des Schaltgleises unmittelbar vor dem stromlos geschalteten Streckenabschnitt den auf dem anderen Gleis wartenden Zug und schaltete gleichzeitig die Einfahrtsweiche auf Einfahrtstellung in jenes Gleis, das der startende Zug verließ. Dieser wiederum schaltete nach dem Überfahren der Ausfahrtweiche das verlassene Gleis stromlos. Das Schaltgleis wirkte hierbei in glei-

cher Weise auf beide Bahnhofsgleise. In Anlehnung an die Vorbildsituation waren die beiden Hauptstrecken innerhalb des sichtbaren Anlagenteils in zwei Selbstblockabschnitte unterteilt. Trotz dieser einfachen Schaltung war die Loreley-Anlage während ihrer zahlreichen Einsätze im Ausstellungsbetrieb sehr störanfällig und bedurfte der ständigen personellen Betreuung. Schuld daran waren vor allem die mechanisch arbeitenden Schaltgleise, die immer wieder hängenblieben und die Automatik durcheinanderbrachten.

Bei der Übertragung des Gleisplanes in den Originalbaumaßstab der Werkpause sowie beim Zuschnitt der Trassen und Vertikalspanten ging ich vor wie bei meinen beiden vorangegangenen Anlagen. Die Gleise verlegte ich jedoch hier auf Korkbettungen, die ich zuvor beschotterte. Für den Streckenbau verwendete ich ausschließlich Flexgleise. Allerdings erforderte die Verlegearbeit der weitgezogenen Gleisbögen insbesondere innerhalb des

Ausschnitt der Anlage mit Loreleyfelsen.

vierspurig geführten Bahnhofsbereichs sehr viel Sorgfalt. Da es mit mini-club-Gleisen bei derart großen Radien auf Anhieb kaum gelingt, Bögen optisch befriedigend auszurichten, fixierte ich sie zunächst mit Stecknadeln. So konnte ich noch kleine Korrekturen vornehmen. Erst nachdem das Ergebnis befriedigte, tauschte ich Stück für Stück die Stecknadeln gegen die Originalgleisnägel aus. Auch die Gleisanschlüsse an den Trennfugen der Anlagenteile bereiteten ungeachtet der großen Anzahl an Gleisverbindungen keine Schwierigkeiten. Ich verwendete hier die ausziehbaren mini-club-Gleise, mit deren Hilfe ich die Verbindungen nach erfolgter Montage der Anlagenteile durch einfaches Ausziehen und Unterschieben der Verbindungslaschen in die Schie-

nen der weiterführenden Gleise bequem herstellen konnte. Da sich auch diese ausziehbaren Gleise geringfügig biegen ließen, waren solche Verbindungen auch innerhalb der weit gezogenen Radien möglich.

Zur Gestaltung der Landschaftsformen wählte ich wiederum Modellgips und das leicht verformbare Aluminiumgewebe als Träger. Da es keinen anderen Werkstoff gab, der sich so rationell in einem Arbeitsgang und in beliebiger Schichtdicke auftragen ließ, stand eine andere Technik nicht zur Diskussion, zumal ich auch bei dieser Anlage die Felsstrukturen, Mauern und Uferbefestigungen tief aus der aufgetragenen Substanz herausarbeiten mußte. Hierbei benutzte ich alle möglichen Schabe-, Schneide- und Stechwerkzeuge wie Stechbeitel, Sgraffitoschlingen und verschiedene Schnitzmesser. Ungeachtet der inzwischen erlangten Routine in der Herstellung der unterschiedlichsten Felsstrukturen bedurfte es zahlreicher Vorversuche an Probeaufbau-

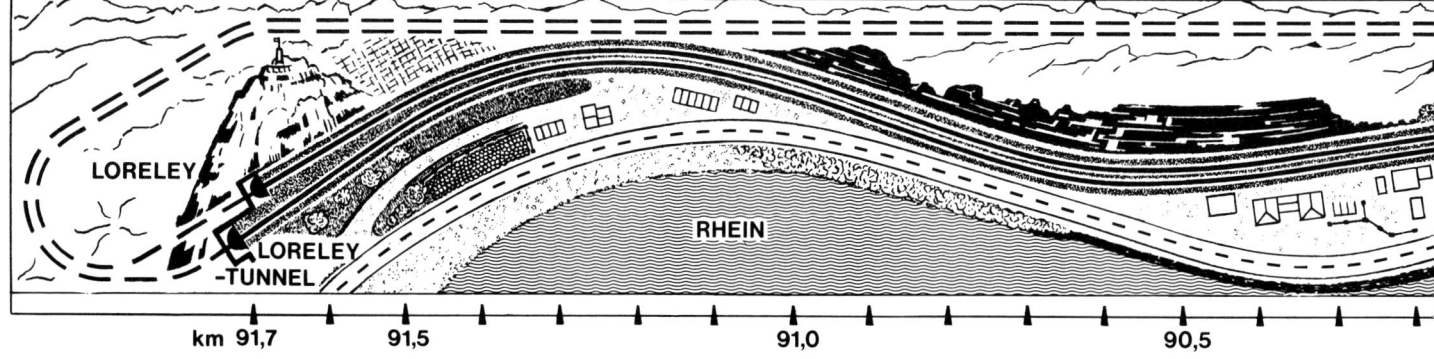

km 91,7 **91,5** **91,0** **90,5**

Der Gleisplan zur Loreley-Anlage im Maßstab 1:220. Anlagenmaße: 8,00×0,85 m.

ten außerhalb der Anlage, bis das Nachformen des nicht gerade einfach darzustellenden Schiefergesteins hinreichend befriedigend gelang. Die größte Schwierigkeit hierbei lag in der sehr differenzierten Zersetzungsstruktur des Originalgesteins, die eine routinierte Werkzeugführung beim Herausarbeiten der Modellfelsen nicht zuließ. Die zweite, noch größere Schwierigkeit ergab sich beim Ausmischen der Grund- und Lasurfarben auf Dispersionsbasis, da das Originalgestein ungewöhnlich hohe Blauanteile in der Verwitterungspatina enthielt, der mehr oder weniger stark durchscheinende Grundton gleichzeitig aber in warmem Rot dominierte, was wiederum einen hohen Gelbanteil erforderte, der sich aber mit dem Blauanteil der Lasur nicht zu Grün vermischen durfte. Die Lasur gelang schließlich, indem ich nach vielen Versuchen die warmen Rottöne mit der Grundfarbe auftrug und die kühlen Blaumischungen mit dem Schwamm aufwischte. Um den gewünschten Effekt zu erzielen, waren an verschiedenen Felspartien bis zu sieben Arbeitsgänge erforderlich.

Das nächste Experiment galt der Gestaltung des im Anschnitt darzustellenden Rheinstromes. In den Luftaufnahmen präsentierte sich der Wasserspiegel schmutziggrau. Einen solchen Farbton konnte ich mit dem besten Willen nicht in das Modell übernehmen. Ich zog daher Luftaufnahmen zu Rate, die ich bei ungetrübter Himmelsspiegelung von anderen Gewässern gemacht hatte. So kam ich auch hier erst nach zahlreichen Vorversuchen zu einem fast reinen Blauton, der lediglich mit Braun etwas abgestumpft wurde. Da der Tiefe des Stromes wegen schon aus mäßiger Vogelperspektive Grundschattierungen selbst in Ufernähe nicht mehr zu erkennen waren, konnte ich auf eine plastische Gestaltung des Gewässergrundes verzichten; es genügte ein einfacher Anstrich. Die Abdeckung nahm ich dann mit feingenopptem Plexiglas vor, das ich im Abstand von etwa 10 mm zum Grund in die vorbereiteten Aussparungen einpaßte. Originalglas mit entsprechender Oberflächenstruktur hätte vielleicht einen noch besseren Effekt erbracht, doch der beim Zuschnitt erforderliche Kurvenschnitt wäre in Anbetracht der zu wählenden Glasstärke ein unüberwindliches Hindernis gewesen. Aber auch der Zuschnitt von Plexiglas erforderte viel Erfahrung. Voraussetzung für das Gelingen war ein feingezahntes Sägeblatt, eine in der Hubgeschwindigkeit stufenlos auf den Optimalwert einstellbare Stichsäge, geringster Vorschub beim Sägevorgang und eine sichere Auflage des zu bearbeitenden Werkstückes. Bei unsachgemäßer Bearbeitung springt nämlich

Plexiglas fast ebenso leicht wie Originalglas. Übrigens: Bei der Herstellung von Gewässern dieser Art, wo Folien oder Glas zur Abdeckung verwendet werden, muß man auch daran denken, daß sich beim Anstrahlen mit Scheinwerfern durch den Wärmestau in dem verbliebenen Hohlraum Kondenswasser an den Unterseiten bilden kann und die Gewässerflächen dann einen milchig weißen Schimmer zeigen. Um dies zu verhindern, empfiehlt es sich, an nicht einsehbaren Stellen der betreffenden Gewässergründe Luftlöcher anzubringen. Eine solche Hinterlüftung verhindert das Beschlagen der transparenten Gewässerabdeckungen.

Auch sämtliche auf der Anlage befindlichen Bauwerke sind ihren Originalen weitgehend maßstabtreu nachgebildet. Vorwiegend fanden hierbei Dach-, Wand- und Mauerteile aus Märklin-mini-club-Gebäudebausätzen Verwendung, die allerdings teilweise völlig umgearbeitet werden mußten. Das Türmchen des Loreley-Südportals entstand aus einem Fabrikschornstein und die Eingangsblenden sämtlicher Tunnelportale aus Kibri-Z-Mauerplatten.

Einiges Kopfzerbrechen bereitete die Gestaltung der Vegetationsflächen. Zum Glück fand ich im Zubehörangebot einige Modellbäume in der entsprechenden Größe, mit denen ich nach erfolgter Handbearbeitung und Umlackierung in ein einigermaßen erträgliches Grün den Auwald unterhalb der Straße realistisch darstellen konnte. Die Beflockung der Grünflächen erfolgte hier erstmals durch Aufpusten der Streufasern mit Hilfe einer Spülmittelflasche, deren Düse ich auf 8 mm aufgebohrt hatte. Die mit dem Luftstrom ausgeschleuderten Fasern stellten sich hierbei aufrecht in das mit grüner Dispersionsfarbe vorbereitete Klebebett. Mit diesem Beflockungsverfahren erzielte ich den gleichen Oberflächeneffekt wie mit handelsüblicher Grasmatte. In gleicher Weise beflockte ich auch das Buschwerk aus Islandmoos mit Streulaub, das damals die Firma Preiser im Sortiment führte. Mit dem gleichen Laub gestaltete ich auch die aus Stahlstiften, Nähseide und Baumäste-Spritzlingen hergestellten Rebzeilen. Die auf der Straße gezeigten Automodelle waren die ersten aus dem Tröger-Sortiment, und die Figuren stammten aus dem Preiser-Z-Programm.

Genau zwei Monate arbeitete ich an dem Modell. Zwei Zentner Modellgips, ca. 20 kg Dispersionsfarbe, 16 m Aluminiumgewebe und rund 22 m² Sperrholz wurden dabei verarbeitet.

Die Loreley-Anlage verhalf der mini-club-Bahn zur endgültigen

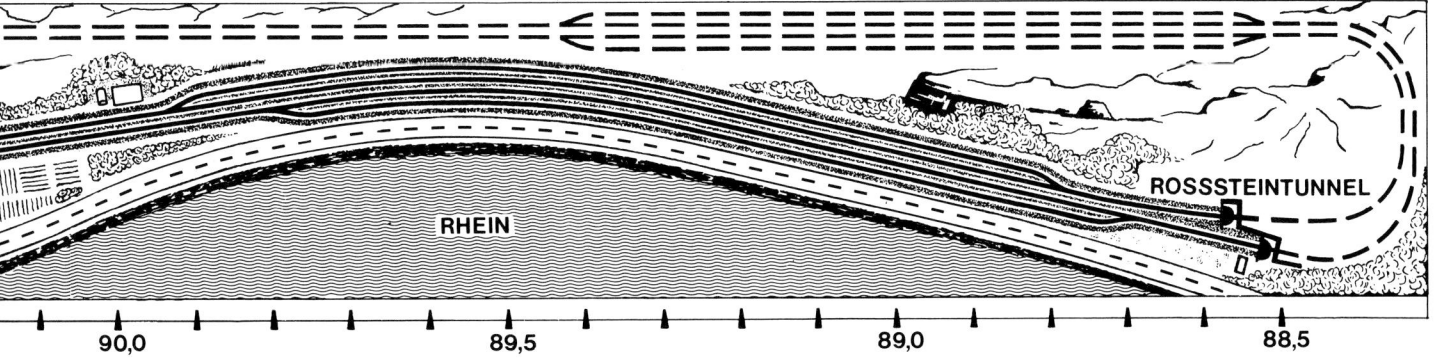

RHEIN

ROSSSTEINTUNNEL

90,0 89,5 89,0 88,5

Anerkennung auch in Fachkreisen. Jedenfalls berichtete die gesamte Fachpresse mit weniger Zurückhaltung, als dies noch bei der Geislinger Steige der Fall gewesen war. Ungeachtet der durchweg positiven Kritik meines Werkes in den verschiedenen Fachmedien, die so ziemlich einstimmig meine Loreley-Anlage als die konsequent maßstabgetreue Nachbildung eines Streckenabschnittes priesen, bedarf es doch der Richtigstellung, daß ich das Modell hätte doppelt so lang planen müssen, nämlich etwas mehr als 16 m, wenn ich die Absicht gehabt hätte, den Nachbildungsmaßstab von 1 : 220 genau einzuhalten. Um keine negative Werbung für mein eigenes Werk zu betreiben, ließ ich die Leute jedoch im Glauben, denn zu jener Zeit, als gerade die Maßstabfrage so heiß diskutiert wurde, wäre es mir sicherlich recht schwergefallen, ein breites Publikum davon zu überzeu-

gen, daß derartige Verkürzungen nicht nur wegen Platzmangel, sondern auch aus Gründen der Überschaubarkeit zwingend notwendig sind. Da ich bis dato solche Anlagen nur in diesem kleinen Baumaßstab gestaltet hatte, konnte ich ja den Beweis noch nicht erbringen, daß man nicht nur mit der kleinsten Modellbahn der Welt, sondern auch mit solchen der größeren Spuren und erheblich einschneidenderen Verkürzungen ebenso realistisch wirkende Modellbahnszenen gestalten kann.

Als Schaustück hat meine Loreley-Anlage alle Rekorde gebrochen. Mehr als einhundert Mal wurde sie anläßlich der verschiedensten Ausstellungen und Messen im In- und Ausland gezeigt. Und sie war wohl die berühmteste Modelleisenbahnanlage und vielleicht sogar auch die schönste jener Jahre, die in der Öffentlichkeit gezeigt wurde.

Meine ersten Anlagen und Dioramen in der Nenngröße H0.

Da auch die zweite Messeanlage, die ich für das Haus Märklin gebaut hatte, ein großer Publikumserfolg wurde, bekam ich endgültig den Auftrag, das neue Gleisbuch 0700 zu erarbeiten. Eine nicht eben einfache Aufgabe, die ich zuerst überhaupt nicht übernehmen wollte, zumal man es mir auch hier entgegen der üblichen Regel nicht gestattete, meinen Namen als Autor offiziell zu nennen. Da ich aber damals noch nicht völlig mit Aufträgen ausgelastet war und mir außerdem eine Reihe weiterer Aufträge in ähnlicher Größenordnung, ja sogar eine freiberufliche Zusammenarbeit auf Lebenszeit in Aussicht gestellt wurde, unterschrieb ich letztlich den Vertrag.

Ich hatte zwar schon zwei Gleisbücher für andere Kunden gemacht, aber es fehlte mir dennoch an Erfahrung im Zeichnen von Gleisplänen, und am Anfang fiel es mir nicht leicht, ohne jegliche fremde Hilfe auf Anhieb mehr als zwei Dutzend geeigneter Entwürfe zu finden. An das Vorhandene konnte ich mich dabei nicht anlehnen, denn ich wollte auch hier einen neuen Weg einschlagen und versuchen, in das Werk ein wenig von meiner Philosophie der realistischen Modelleisenbahnanlagengestaltung hineinzulegen.

Mit zu meiner Aufgabe gehörte auch das Erstellen der Texte und des gesamten Bildmaterials. Solche Anlagen aber, wie ich sie mir vorstellte, konnten zu jener Zeit in der hausinternen Modellbauabteilung noch nicht hergestellt werden. Dort galt immer noch die Regel: möglichst viele Gleise auf einer Basisplatte, kein Tunnel und keine Unterführung durften tiefer sein, als es die Zugänglichkeit von den beiden Eingängen aus erlaubte. An Schattenbahnhöfe und an eine Spantenbauweise mit unterführenden Strecken wagte man damals noch nicht einmal zu denken. Deshalb war ich gezwungen, die Exponate in meinem Atelier selbst zu bauen, um die zur Illustration des Buches erforderlichen Motive vor die Linse zu bekommen. 30 Gleispläne waren vorgegeben, realisierbar mit Märklin-H0-Metall- und -Kunststoffgleisen. Knapp neun Monate standen mir für die Arbeit zur Verfügung. So versteht es sich von selbst, daß ich innerhalb dieser kurzen Zeitspanne nicht alle 30 Anlagen genau nach meinen Plänen hätte fix und fertig bauen können, nur um über die erforderlichen Fotomuster zu verfügen. So einigte ich mich mit meinem Auftraggeber, daß nur einige der kleineren Anlagen von mir komplett gebaut werden mußten und ich bei den größeren Anlagen motivbezogene Dioramen als Fotomuster verwenden konnte.

Bei meinen ersten Überlegungen zu den Gleisplanentwürfen ging ich davon aus, daß die Menschen durch das damals schon weit verbreitete Farbfernsehen und nicht zuletzt auch durch das stetig steigende Qualitätsniveau der farbigen Abbildungen in den einschlägigen anderen Medien bereits sehr verwöhnt waren im Sehen und Aufnehmen von bildhaften Darstellungen. Auf Grund

dieser Tatsache kam ich zu dem Schluß, daß ein Gleisbuch nur dann bei einem breiten Publikum Anerkennung finden konnte, wenn die darin gezeigten Anlagenbeispiele dem allgemeinen Geschmacksniveau entsprechen. Neben den technischen Details schienen mir ein ausgewogenes motivbezogenes Verhältnis zwischen Bahn und Landschaft und eine harmonische Farbgebung die wichtigsten Kriterien zu sein. Und darüber hinaus hielt ich es für wichtig, daß jeder einzelne Entwurf dem Benutzer möglichst viele Anregungen für eigene kreative Initiativen bot. Eine kleine Auswahl von Motiven aus diesem Gleisbuch, die aber typisch sind für die Entwicklung meines Baustils, findet sich in diesem Abschnitt. Sicherlich fällt dabei auf, daß die Farben in den hier abgebildeten Einzelmotiven zunehmend harmonischer werden und auch nunmehr Laubbäume zu finden sind, die in ihren Farben und Formen immer mehr ihren natürlichen Vorbildern entsprechen. Die Ursache hierfür liegt in einer für mich schicksalsentscheidenden Bekanntschaft, die ich während der Spielwarenmesse 1982 machte. Als ich durch die Messehallen schlenderte, entdeckte ich am Stand eines kleinen, damals noch unbedeutenden Zubehörherstellers einen zumindest in seiner Form sehr schönen Modellbaum. Ich betrachtete diesen Baum näher und sagte zu dem verdutzten Inhaber des Unternehmens, daß dieser Baum mit weitem Abstand der schönste auf der ganzen Spielwarenmesse sein könnte, wenn er nicht so kitschig giftgrün wäre. Als ich mich schließlich als der Erbauer der am Märklin-Stand ausgestellten „Loreley-Anlage" zu erkennen gab, erklärte sich der Geschäftsführer des Unternehmens bereit, mir jeden Baum in Farben und Formen nach meinen Wünschen herzustellen, unter der Bedingung allerdings, daß die nach meinen Angaben entwickelten Produkte in das eigene Liefersortiment übernommen werden dürfen. Ich willigte sofort ein, und unter der Marke HEKI-Meisterprogramm entstand in gemeinsamer Entwicklungsarbeit eine ganze Serie von Modellbäumen, die dem Unternehmen schon in wenigen Jahren zur Weltgeltung verhalfen. Mit den Erzeugnissen dieser gemeinschaftlichen Entwicklungen, die sich später auch auf anderes Modellbahnzubehör erstreckten, gelang es mir leichter und vor allem auch rationeller, meine neuen Ideen in den für das Märklin-Gleisbuch benötigten Exponaten zu verwirklichen.

Natürlich mußte ich mich bei der Konzeption zum Märklin-H0-Gleisbuch zunächst einmal in den größeren Nachbildungsmaßstab H0 (1:87) hineindenken. Es war mir klar, daß ich hier bestimmte Eisenbahnlandschaften nicht so konsequent ins Modell umsetzen konnte, wie ich dies bisher mit den Z-Bahnen praktiziert hatte, schließlich konnte ich nur Anlagenvorschläge bringen, die in normalen Wohnräumen realisierbar waren. Doch schon mit den ersten Versuchen fand ich beim Skizzieren der Entwürfe her-

Anlage Nr. 1 aus dem Märklin-HO-Gleisbuch 0700 als Beispiel eines Schmuckstücks auf kleinstem Raum.

aus, daß es hauptsächlich darauf ankommt, die Szenen funktional richtig unter Berücksichtigung der naturgegebenen Gesetze zu gestalten. Und wenn das Platzangebot beschränkt ist, muß man sich eben auch im Thema entsprechend beschränken, wenn das Motiv glaubhaft wirken soll.

Wie das Anlagenbeispiel Nr. 1 zeigt, kann schon auf einer extrem kleinen Fläche von 1,25 × 1,00 m ein beachtenswertes Schmuckstück entstehen. Die Gleisfigur besteht nur aus einem Oval mit Ausweichgleis. Durch die Wahl der raumsparenden Bogenweichen sind aber die Bahnhofsgleise, bezogen auf die kleine Anlagengrundfläche, recht großzügig ausgebildet, so daß realistische Nebenbahnzüge mit Längen bis zu 70 cm im Wechsel verkehren können. Im Vordergrund der Anlage befindet sich das Empfangsgebäude im betont ländlichen Stil. Die Bahnsteige sind höhengleich mit dem ungesicherten Übergang und dem Bahnhofsvorplatz ausgebildet. Die Szenerie ist beherrscht von dem

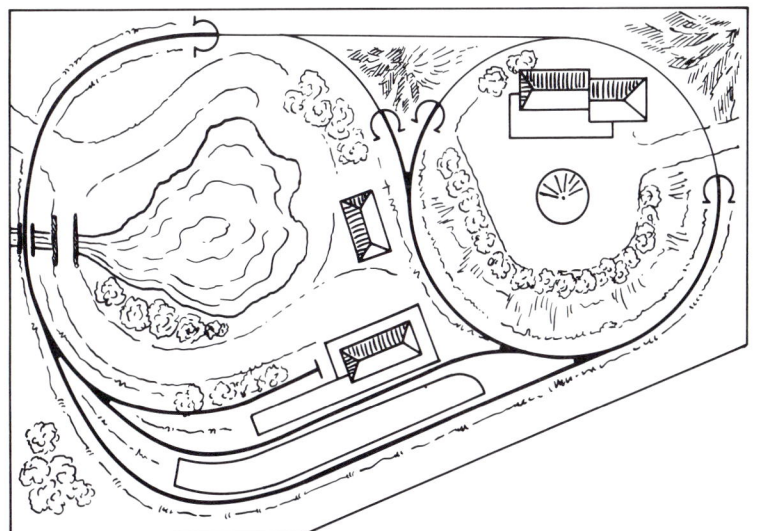

Gleisplan zur Anlage Nr. 5 im Märklin-HO-Gleisbuch 0700.

Ausschnitt der Anlage Nr. 5 aus dem Märklin-H0-Gleisbuch 0700 mit dem kleinen Karsee in Herbststimmung.

links auf der Anhöhe gelegenen Luxusferienhotel mit Parkplatz und Freiterrasse. Im Anlagenzentrum davor liegt der romantische Karsee, an dessen flachem Moränenstrand reger Badebetrieb herrscht. Sicherlich, es ist nur eine Anfänger-Spielanlage, dennoch wirkt sie weder kitschig noch überladen.

Bei Beispiel Nr. 5 handelte es sich um einen Entwurf zu einer kleinen Eckanlage mit den Grundmaßen 2,00 × 1,40 m. Das Gleisbild zeigt eine Ringstrecke, deren linke Schleife zu einem Kreis geschlossen ist. Es besteht ferner auch noch eine Verbindung zwischen Kreis und äußerer Ringstrecke, wobei sich die Figur eines Gleisdreieckes ergibt. Der sehr kleine Bahnhof verfügt über verhältnismäßig lange Bahnsteige, da die Einfahrt unmittelbar hinter dem aus dem Tunnel kommenden geraden Streckenabschnitt im Bogenanfang beginnt. Aus diesem Bogen zweigt fer-

ner noch das Ortsgütergleis ab. Ungeachtet der Tatsache, daß alle Gleise in einer Ebene verlegt sind und an sich kein Zwang zur Untertunnelung bestehen würde, habe ich hier bewußt eine Gebirgslandschaft zum Thema gewählt. So konnte ich mit diesem Vorschlag demonstrieren, wie sehr viel weiträumiger und letztlich auch vorbildnäher eine Anlage wirkt, wenn man einen Teil der Streckenverbindungen in den Untergrund verlegt. Zwangsläufig entsteht durch das ansteigende Gebirge der Eindruck eines Talkessels mit Gletschersee, dessen Abfluß von der Bahnlinie überkreuzt wird. Vom Bahnhofsvorplatz weg windet sich die Straße zu dem auf dem Berg gelegenen Hotel. Die Anlage war gleichzeitig Studienobjekt für eine neue Modellbaumserie in Herbstfarben. Die Gewässeroberfläche wurde durch Abdeckung mit handelsüblicher Seefolie imitiert.

Mit dem Anlagenvorschlag Nr. 7 ging es mir darum, ein Beispiel der vorbildorientierten Nutzung eines Ortsgütergleises mit Rampe anzuführen. Auffallend an diesem Gestaltungskonzept ist der große Vorplatz, der eine so realistische Szenengestaltung wie die

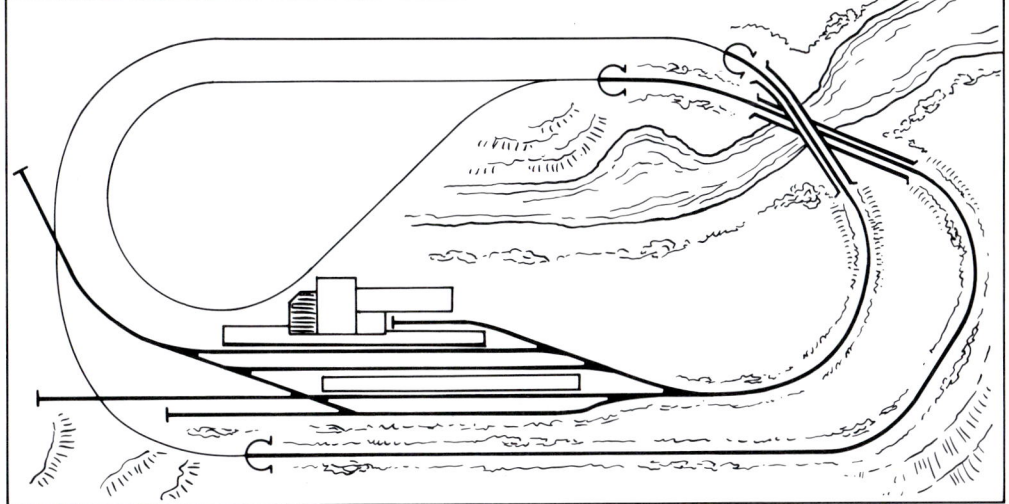

Oben:
Ausschnitt der Anlage Nr. 7 aus dem
Märklin-HO-Gleisbuch 0700 mit der
Zuckerrübenverladung am Ladegleis
der Ortsgüteranlage.

Rechts:
Gleisplan zur Anlage Nr. 12 im
Märklin-HO-Gleisbuch 0700.

Ausschnitt der Anlage Nr. 12 aus dem Märklin-HO-Gleisbuch mit Bahnhof.

hier gezeigte Zuckerrübenverladung ermöglicht. Senfkörner dienten dabei als Ladegut.

Während ich am Gleisbuch arbeitete, erhielt ich zusätzlich vom Hause Märklin den Auftrag, die interne Modellanlagenbauabteilung in den von mir praktizierten Techniken zu schulen. Die zur Demonstration des Anlagenvorschlages Nr. 12 von mir gebaute Winterlandschaft diente dabei als Schulungsobjekt. Mit der Kopie dieser Anlage, die übrigens den Märklin-Modellbauern sehr gut gelang, entstand erstmals in dieser Abteilung ein Schaustück, das über unterführende Strecken und einen Schattenbahnhof verfügte und dessen tragende Rohbaukonstruktion aus einem Spantengerippe bestand. Die Anlage selbst, die Märklin von mir übernahm, wurde in die USA verkauft.

Bei dem Gleisplan zu dieser Anlage handelt es sich nicht um eine in sich geschlossene Ringstrecke, sondern um ein typisches Ne-

benstreckenmotiv mit vorbildgetreu gestaltetem Endbahnhof. Das andere Streckenende der Gleisfigur ist in der untersten Ebene als Kehrschleife ausgebildet. Eine Ausweichstelle befindet sich in dem in der mittleren Ebene installierten zweigleisigen Schattenbahnhof. Ein gutes Drittel der verlegten Gleise befindet sich im Untergrund. Auf diese Weise entstand ein realistisches Verhältnis zwischen Landschaft und bahntechnischen Einrichtungen. Im Vordergrund der 2,70 × 1,35 m großen Anlage dominiert der Bahnhof mit Empfangsgebäude, weiträumig angelegtem Vorplatz und kleiner Versorgungsbasis für eine Tenderlokomotive. Das Festungsstädtchen am Hang des jenseitigen Ufers ist über eine überdachte Holzbrücke erreichbar. Weiter flußabwärts stürzt ein Wasserfall in die sich cañonartig verengende Schlucht. Die zahlreichen Staustufen und letztlich auch der Wasserfall waren bei dieser Anlagenkonzeption zwingende Er-

Gesamtaufnahme der Anlage Nr. 12 aus dem Märklin-HO-Gleisbuch 0700.

Ausschnitt der Anlage Nr. 12 aus dem Märklin-HO-Gleisbuch 0700 mit über-dachter Holzbrücke und historischem Festungsstädtchen.

fordernisse, um die für die Streckenunterführungen unter dem Fluß im linken Anlagenteil und die Überfahrt im rechten Anlagen-teil erforderlichen Höhenunterschiede glaubhaft darzustellen. Gebirgsbach, Staustufen und Wasserfall entstanden unter Ver-wendung von Seefolie. Die Schneeauflage erfolgte mit weißer Dispersionsfarbe, in die Glasdiamantin eingestreut wurde. Diese Winterlandschaft stellt eine Situation dar, wie sie typisch ist für eine Hochdruckwetterlage nach vorausgegangenen starken Schneefällen. Straßen und Gleise sind geräumt und weisen nur leichte Verwehungen auf. Speziell bei der Verwendung von Mit-telleiterpunktkontaktgleisen ist eine andere Version nicht mög-lich, da die in den Schwellenmitten eingelassenen Punktkontakte die Gestaltung eines Schneepolsters zwischen den Schienen verbieten.

Hinweis: In meinem Bildband „Die hohe Schule der Modellbahn-

gestaltung" (Franckh-Kosmos-Verlag, erscheint 1991) finden sich ausführliche Anleitungen zur Gestaltung von Winterland-schaften.

Bei den Dioramen, die ich als Fotomuster für die Illustrationen zu den größeren Anlagenentwürfen baute, legte ich besonderen Wert auf die Darstellung möglichst vorbildgetreuer Details. Mit der Abbildung zum Anlagenvorschlag Nr. 18 beispielsweise zeig-te ich das Verladegleis unter einem Zerkleinerungswerk eines Steinbruchs. Die Strukturen des Felsabbruchs entstanden durch Ausarbeiten der zuvor aufgetragenen und erstarrten Modellgips-auflage mit dem Stechbeitel. Das Brechwerk und die Arbeiterba-racke wurden mit hellgrauer Mattlackfarbe (Humbrol) patiniert. Zur Ausschmückung dieses Dioramas wurden erstmals die un-ter meiner Mithilfe neu entwickelten Tannen aus dem HEKI-Mei-sterprogramm verwendet.

Ausschnitt der Anlage Nr. 12 aus dem Märklin-HO-Gleisbuch 0700 mit Fluß und Straße.

Ausschnitt der Anlage Nr. 20 aus dem Märklin-HO-Gleisbuch 0700 mit Wasserkraft-Sägewerk.

Auch das zum Anlagenvorschlag 20 gebaute Diorama zeigt als Detail ein Ladegleis, diesmal mit Wasserkraft-Sägewerk. Interessant ist hier der vorbildgetreu gestaltete Bachlauf. Bei Studien an einer ähnlichen Vorbildszene im Schwarzwald habe ich nämlich festgestellt, daß solche unterschlächtigen Wasserräder stets über einen parallel geführten Kanal mit dem zum Antrieb erforderlichen Wasserfluß versorgt werden, der je nach Bedarf mit Hilfe von Schiebern reguliert oder zum Beispiel bei Reparaturarbeiten ganz abgestellt werden kann. Um jederzeit eine ausreichende Wasserversorgung sicherzustellen, müssen ferner vor und hinter dem Einlaufkanal größere Wehre vorhanden sein, mit denen der Bachlauf selbst während regenarmer Tage nachts angestaut werden kann. Und letztlich muß man auch bei derartigen Betrieben stets an eine ausreichend breite Zufahrt denken.

Mit dem Diorama schließlich, das ich zum Anlagenentwurf Nr. 24 baute, wählte ich eine Flachmoorlandschaft zum Vorbild, wie man sie in den Voralpenregionen und im Schwarzwald als Eiszeitrelikte vorfindet. Die sich verzweigende Bahnlinie führt über den Ablauf, der durch ein Stauwehr gesichert ist, um dem Verlandungsprozeß Einhalt zu gebieten. In der Gewässermitte befindet sich eine Binsenwraseninsel. Auch die niederwüchsige Spirkenzone am Ufer und die vom Gletscher blankgeschliffenen Felsreste aus Urgestein sind typisch für das Umfeld solcher, heute unter strengem Naturschutz stehender Biotope.

Insbesondere die beiden letzten Beispiele zeigen, wie sehr beim ernsthaften Anlagenbau der Gestalter gezwungen wird, sich mit den verschiedensten Wissensgebieten auseinanderzusetzen, wenn er seine Motive den Gesetzen der Natur entsprechend bis

Ausschnitt der Anlage Nr. 18 aus dem Märklin-H0-Gleisbuch 0700 mit Steinbruch und Brechwerk.

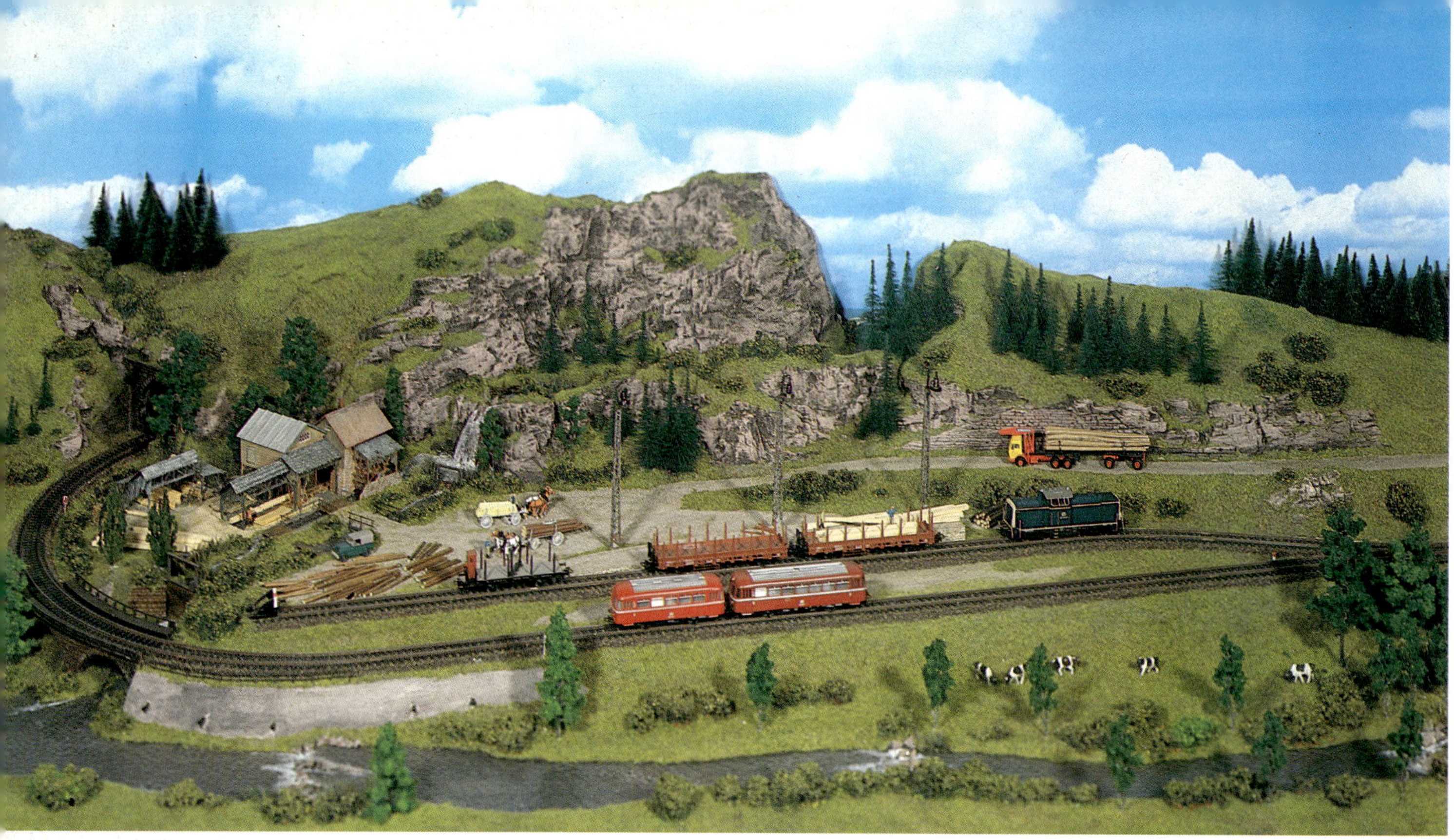

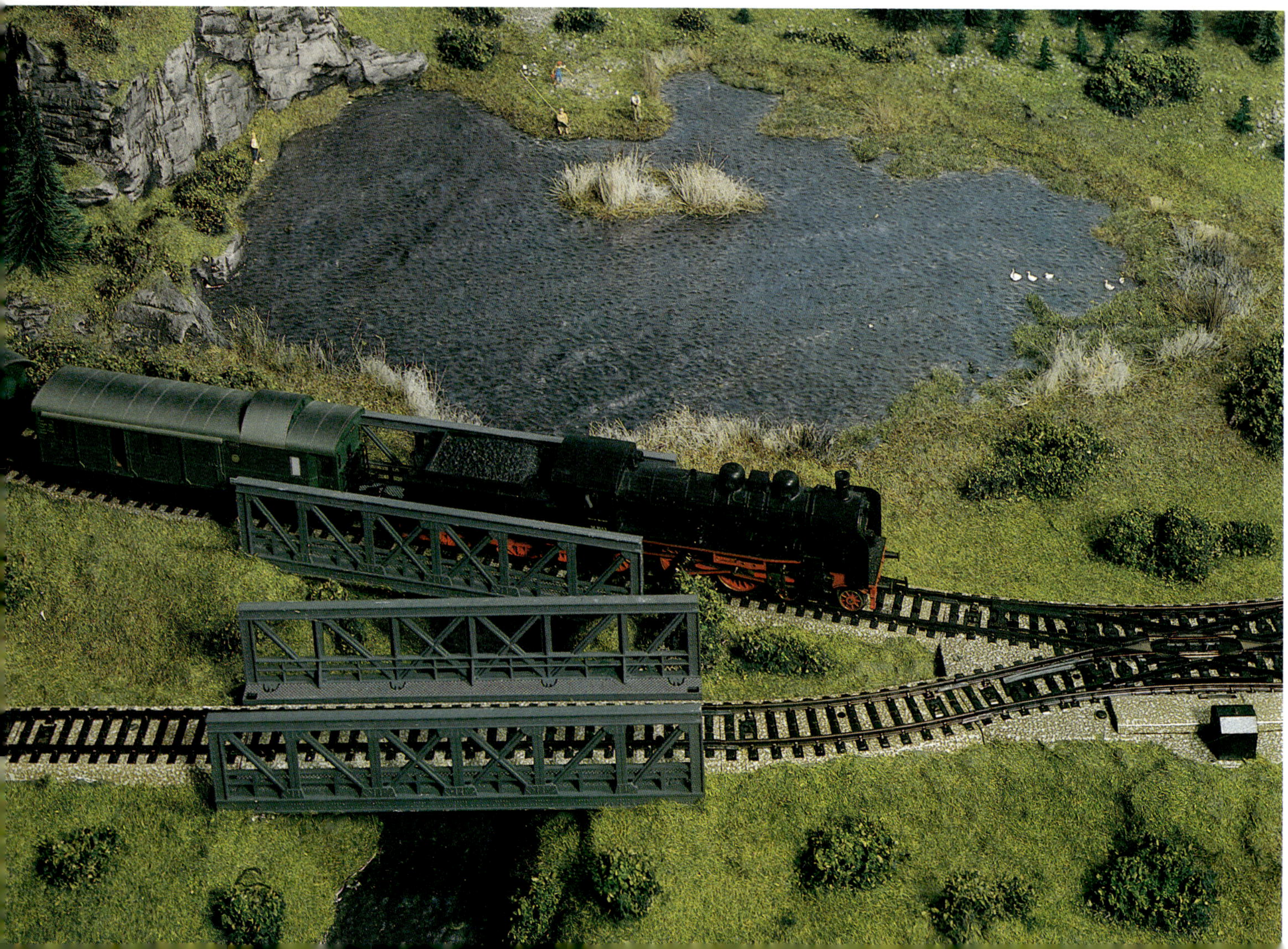

Links oben:
Ausschnitt der Anlage Nr. 20 aus dem Märklin-HO-Gleisbuch 0700, Detail mit Ladegleis, Sägewerk und Wasserfall.

Links unten:
Ausschnitt der Anlage Nr. 24 aus dem Märklin-HO-Gleisbuch 0700, Detail mit Hochmoor und Spirkenzone.

Oben:
Ausschnitt der Anlage Nr. 24 aus dem Märklin-HO-Gleisbuch 0700 – das Hochmoor aus der Vogelperspektive.

in die letzten Details getreu im Modell nachbilden will. Aber gerade das ist es, was dem Freizeitmedium Modelleisenbahn weit über die rein fahrbetriebstechnischen Möglichkeiten hinaus ein so hohes Maß an schöpferischen Reizen bietet. Und ein Fehler wäre es grundsätzlich, würde man die Sorgfalt bei der Ausgestaltung der Details nur auf die bahntechnischen Einrichtungen links und rechts der Gleise beschränken und das übrige Umfeld vernachlässigen. Eine nach solchen Gesichtspunkten gestaltete Anlage könnte ihren Besitzer über eine längere Zeitspanne hinweg sicherlich nicht befriedigen.

Vorbildgerechter Fahrbetrieb in realistischer Landschaft:
HO-Anlage St. Katharina

Auch 1983, im dritten Jahr unserer Zusammenarbeit, blieb Märklin bei dem Konzept, am Stand der Internationalen Spielwarenmesse eine realistisch gestaltete Anlage aus meinem Atelier zu zeigen. Vorgegeben war ein Grundriß von 7,75 × 1,10 m. Diesmal sollte es allerdings eine HO-Anlage sein. Erstmals während jener Messe nämlich sollten die neu entwickelten Elektronikfahrgeräte 6600 vorgestellt und deren Funktionen wie automatisches Anfahren und Bremsen, Zugaufenthalt, lastabhängiger Geschwin-

nach eigenen Entwürfen nicht in Frage. Außerdem mußte ich mich auf solche Gestaltungstechniken beschränken, die ich in einigermaßen rationeller Arbeitsweise durchführen konnte. Ein Modellbahner, der sich für den Bau einer solchen Anlage ein oder zwei Jahre Zeit läßt, könnte sicherlich die Details gründlicher ausarbeiten und wesentlich bessere Ergebnisse erzielen.
Mittelpunkt der Szene war also die Bahnhofsanlage im hinteren mittleren Anlagenteil, die fast ein Drittel der gesamten Grundflä-

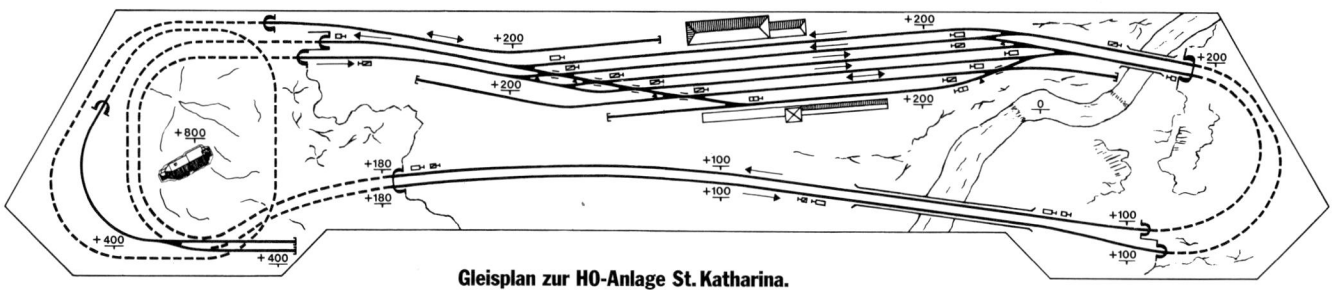

Gleisplan zur HO-Anlage St. Katharina.

digkeitsausgleich und automatischer Fahrtrichtungswechsel am Beispiel dieser Anlage demonstriert werden. Neu am Markt waren außerdem die mit Vollprofilschienen hergestellten Kunststoffgleise, die Flexgleise und die schlanken 15-Grad-Weichen. Die weitgehende Verwendung dieses Gleismaterials war eine weitere Forderung meines Auftraggebers.
In vielerlei Hinsicht war diese Anlage für mich eine neue Herausforderung. Es galt nämlich nicht nur im Hinblick auf die zahlreichen Vorgaben ein geeignetes Landschaftsgestaltungskonzept zu finden, darüber hinaus mußte ich auch vor einem kritischen Publikum beweisen, daß im Vergleich mit den beiden vorangegangenen Märklin-Messeanlagen in der Nenngröße Z bei annähernd gleichem Platzbedarf auch eine realistische Landschaftsgestaltung in der maßstäblich größeren HO-Spur möglich ist. Und nicht zuletzt wollte ich mir selbst beweisen, daß es auf dieser, durchaus in Hobbyräumen unterzubringenden Anlagengrundfläche gelingen kann, auch im Nachbildungsmaßstab 1:87 ein Konzept zu verwirklichen, das vorbildnah lange Fahrstrecken und einen großzügig angelegten Bahnhof vorsieht, in dem bis zu 2 m lange Züge ohne Beeinträchtigung des Durchgangs- und Rangierverkehrs anhalten können.
Als Anlagenthema wählte ich den Talausschnitt einer Vorgebirgslandschaft. Eigentlich wäre mir eine Hochgebirgslandschaft mit imposanten Viadukten lieber gewesen. Dieses Vorhaben scheiterte jedoch an dem damals noch mangelnden Angebot an stilgleichen Bausatz-Gebäudemodellen. Und da ich auch zum Bau dieser Anlage kaum mehr als zwei Monate einschließlich der Planung zur Verfügung hatte, kam ein Selbstbau von Gebäuden

che einnahm. Durch geschickte Höhenstaffelung des vorgelagerten Umfeldes und Untertunnelung der links und rechts weiterführenden Kehren gelang jedoch eine optisch befriedigende Trennung des Bahnhofsbereichs von der vorderen Trasse. Der Bahnhof selbst bestand aus drei Bahnsteiggleisen, einem Güterzugumfahrgleis und einer kleinen Ortsgüteranlage mit Güterschuppen, Gleiswaage, Lademaß, Freilade-, Auszieh- und Rangiergleis. Außerdem führte eine eingleisige Nebenstrecke, die von einem Schienenbus im Pendelverkehr befahren wurde, vom im Zentrum gelegenen Bahnhof über eine verdeckte Wendel zur Bergstation „St. Katharina" hinauf.
Da keine Einfahrmöglichkeit von der Nebenstrecke in das Hauptstreckennetz bestand, ein gemeinsamer Bahnsteig aber im Talbahnhof genutzt wurde, handelte es sich strenggenommen nicht um einen Durchgangsbahnhof, sondern um den Typ eines Anschlußbahnhofs. Insofern hätte man auch für diese Nebenstrecke eine Schmalspurbahn in der Nenngröße HOm (Meterspur) oder HOe (Engspur) zum Thema wählen können. Da Märklin jedoch eine solche Bahn nicht im Programm führt, konnte ich diese Möglichkeit nicht in Betracht ziehen.
Der Endbahnhof der Bergstation war auf Wendezugverkehr ausgelegt. Er verfügte lediglich über eine Weiche und ein Abstellgleis. Die Existenz dieser Nebenbahnlinie war durch die auf der Anhöhe gelegene Wallfahrtskirche und den damit verbundenen Pilgerreiseverkehr gerechtfertigt.
Im vorderen Anlagenteil dominierte die doppelgleisige Hauptstrecke. In elegant geschwungenem Bogen kreuzte sie das Tal. Erstmalig sah man auf einer Märklin-HO-Anlage einen solchen,

Der Durchgangsbahnhof aus der Vogelperspektive.

Rechts: Der Gebirgsbahnhof mit Wallfahrtskirche.

von der vorgegebenen Gleisgeometrie des Systems abwei-
chenden Bogen, dessen Ausbildung mit den damals neu auf den
Markt gebrachten flexiblen Metergleisen möglich wurde. Damit
waren auch beim Märklin-H0-Gleissystem die Voraussetzungen
für eine dynamischere Gleisplanung gegeben.
Die vom Bahndamm der Paradestrecke aufgeschüttete Trasse
war vom linken Tunnel bis zu der waagrecht gelagerten Stahlträgerkastenbrücke als Gefällstrecke mit einer Neigung von 40‰
ausgebildet. Sie bot daher eine willkommene Gelegenheit, die
lastabhängige Geschwindigkeitsregulierung der zu Berg und Tal
fahrenden Züge besonders eindrucksvoll zu demonstrieren. Das
Verfolgen der unverändert gleichmäßigen Zugfahrten an den
Übergängen von den Ebenen in die Neigungen und umgekehrt
war eine regelrechte Augenweide.
Die Basis des Geländeausschnittes bildete der mehrfach angestaute Gebirgsbach, der wie bei allen vorangegangenen Anlagen mit durchsichtiger Seefolie gestaltet war. Zwei Märklin-
H0-Doppelbrücken überspannten die tief in das Urgestein ein-
gegrabene Senke. Rechts stieg das Ufer in Form natürlicher
Felsausläufer steil an. Sehr wirklichkeitsnah gestaltet war auch
die Betonmauer, die den Bahnkörper gegen Bergrutsche und
Felsabbrüche sicherte. Die Stützmauer entstand aus Modellgips,
und zur Imitation der Drainagerohre verwendete ich handelsübli-

che Plastiktrinkhalme, die ich in entsprechend vorbereitete Bohrungen einleimte. Gerade an diesem Beispiel zeigt sich wieder einmal mehr der Vorteil eines Geländebaumaterials mit hoher Festigkeit, das an jeder beliebigen Stelle wie Holz angebohrt werden kann und den verschiedensten Objekten, wie beispielsweise auch Modellbäumen am Hang, einen sicheren Befestigungsgrund bietet. Das Stauwehr entstand nach eigenen Plänen unter Verwendung von Teilen aus dem Faller-H0-Profilesortiment und Balsaholz.

Die in realistisch weitem Bogen verlegte Paradestrecke.

Gegen den vorderen Anlagenteil hin, mitten in der sich weitenden Aue des rechten Ufers, lag eine alte Ziegelei. Dem Vorbildthema entsprechend wäre sie wahrscheinlich schon lange vor der Eisenbahnlinie dagewesen, denn im umgekehrten Falle hätte sie sicherlich nicht mehr an diesem Ort errichtet werden dürfen. Bevor es aber das Transportmittel Eisenbahn gab, fand man Ziegeleien häufig in solchen Flußauen, da die feinen Lößablage-

rungen dort an Ort und Stelle reichlich Rohstoff für die Ziegelherstellung boten. Die durch den Tonabbau lädierten Hänge, die in den näheren Sicherungsbereich der Bahnanlagen einbezogen wurden, bedurften, wie in dem Anlagendetail gezeigt, erheblicher Sicherungseinrichtungen in Form von Mauern, Betonübergüssen oder Fangwehren.

Auch in Verbindung mit dieser Anlage gibt es eine interessante Anekdote. Auf Anweisung meines Auftraggebers sollte ich die Märklin-K-Gleise in aus Polystyrolhartschaum vorgeformte Bettungen verlegen, die seinerzeit von einem kleinen Hersteller angeboten wurden. Ich selbst kam aber mit diesem Material einfach nicht zurecht. Vor allem mit dem Einpassen der Teile an den Weichenverbindungen hatte ich große Schwierigkeiten, und durch die leichte Verformbarkeit der Bettungen gelang es mir außerdem auch nicht, eine dauerhaft vollkommen plane Gleislage zu erzielen, so wie ich dies von meiner bisher praktizierten Gleisbettungsmethode gewöhnt war. Ich erklärte mich schließlich nur unter der Bedingung zur Verwendung dieser Gleisbettungen bereit, daß ein Angestellter der Herstellerfirma die Einbettungsarbeit an der Anlage vornimmt.

Tatsächlich kam der Erfinder persönlich, um die Arbeiten auszuführen, ein liebenswerter Mann übrigens, mit dem ich mich auf Grund seines früheren Berufes als Flugmeteorologe auf Anhieb gut verstand. Zu meiner Überraschung brachte er mir einige sehr gut gleitfähige Segelflugmodelle mit. Er hatte sie aus dünnen Platten selbst zusammengeklebt, die aus dem gleichen Material bestanden wie seine vorgeformten Gleisbettungen. Nach dieser Demonstration verriet er mir, daß sich der Werkstoff mit relativ einfach herzustellenden Heißdrahtvorrichtungen in Platten von nur wenigen Millimetern Stärke schneiden läßt. Die geringe Druckfestigkeit dieses dichtgeschäumten Kunststoffes, die ich, bezogen auf die Gleisbettungen, eher als Nachteil wertete, bot jedoch den Vorzug einer extrem leichten Bearbeitung, sei es beim Schneiden mit dem Skalpell oder beim Strukturieren der Oberflächen durch einfaches Prägen mit selbstgefertigten Stempeln. Außerdem ließen sich die nur wenige Millimeter dicken Platten ausgezeichnet biegen. Sofort war mir klar, daß diese Platten die vielseitigsten Verwendungsmöglichkeiten boten, insbesondere beim Gestalten von Bauwerken nach eigenen Plänen. Schon meine ersten Versuche, eine Mauerwerksstruktur mit Hilfe eines Falzbeins einzudrücken, waren so erfolgreich, daß ich das Dreifachtunnelportal im linken hinteren Anlagenteil und das versetzte Doppelportal im rechten vorderen Anlagenteil mit diesen selbstgefertigten Mauerplatten verkleidete.

Ermutigt durch diesen Erfolg entwarf ich verschiedene Stempel zur rationellen Oberflächenprägung. Als auch diese Versuche die besten Ergebnisse brachten, schlug ich der Firma HEKI vor, eine Auswahl solcher Strukturplatten in einheitlicher Größe und einheitlichen Stärken in das Lieferprogramm aufzunehmen. So entstanden die unter der Marke HEKI-dur inzwischen zu einem festen Begriff gewordenen Modellbauplatten.

Die vorgeprägten Gleisbettungen aus Polystyrolhartschaum hingegen hatten mich seinerzeit nicht überzeugt. Zwar war die Verlegearbeit etwas einfacher als mein traditionelles Einschotterungsverfahren, aber eben bedingt durch die geringe Druckfestigkeit der Hartschaumgleisbettungen gelang es selbst dem versierten Fachmann nicht, die Gleise völlig plan zu verlegen, was sich letztlich beim späteren Ausstellungsbetrieb durch

Die Anlage St. Katharina im Rohbau.

Aufbringen der Modellgipsschicht auf das Aluminiumgewebe.

Die rechten Tunnelportale mit Lößbruch.

einen unruhigen Zuglauf bemerkbar machte. Die Hartschaumgleisbettungen habe ich auf Grund dieser Erfahrung nie mehr verwendet.

Auch das Grundgerüst zu dieser Anlage entstand in der von mir nun schon fast zur Perfektion weiterentwickelten Spantenbauweise. Ebenso formte ich die gesamte Geländestruktur einschließlich die der Berge mit Alabastergips, der auf ein Aluminiumträgergewebe aufgebracht wurde. Und wie bei den vorangegangenen Anlagen habe ich auch hier die Felsstrukturen mit scharfgeschliffenen Stechbeiteln herausgearbeitet und anschließend mit Dispersionsfarbe lasiert. Ähnlich ging ich auch bei der Gestaltung des Lößbruchs hinter der Ziegelei vor; mit Hilfe eines Schwämmchens wischte ich die Ockertöne in die noch

nasse, helle Grundfarbe ein. Zur Gestaltung des Werksumfeldes verwendete ich echtes Ziegelmehl, das ich in den entsprechend eingefärbten, noch nassen Dispersionsanstrich einstreute.

Für die Gestaltung des Flusses wählte ich 2 cm dicke Hartschaumplatten (Styrodur 2000 – Hersteller BASF). Nachdem ich die Flußbettform aus der Grundplatte ausgeschnitten hatte, unterklebte ich die Hartschaumplatte und ätzte die Gewässerstruktur mit Nitroverdünnung ein. Danach wischte ich etwas abgestumpfte blaue Dispersionsfarbe lasierend über. Die Gewässerabdeckung erfolgte, wie bereits erwähnt, mit feingenoppter Seefolie (Faller). Die Schaumkronen unter dem Stauwehr und vor der hinteren Gefällstufe entstanden durch Aufträufeln von UHU-Alleskleber.

Vordere Aue mit Ziegelei.

Die sehr realistisch wirkenden, dichten Grünflächen erzielte ich mit synthetischen Grasfasern, die ich erstmals bei dieser Anlage im elektrostatischen Auftragsverfahren in grün eingefärbte und mit Tapetenkleister etwas verdickte Dispersionsfarbe einbettete. Damit erreichte ich eine perfekt senkrechte Einbettung der Fasern bei gleichzeitig geringstem Zeitaufwand. Die damals in der Dekobranche üblicherweise verwendeten elektrostatischen Beflockungsgeräte waren aber sehr teuer und außerdem nicht allerorts erhältlich. Inzwischen werden recht preiswerte Kleingeräte angeboten.

Bei der Endgestaltung der Anlage legte ich besonderen Wert auf eine ausgewogene, dezente Farbenzusammenstellung. Reine Tönungen verwendete ich sehr vorsichtig dosiert. Vor allem aber

mußte ich die Dachflächen der Modellgebäude mit einer Alterspatina überziehen, da sie unbehandelt zu viel Unruhe ins Bild gebracht hätten.

Wie bereits erwähnt, erfolgte die Steuerung der Anlage vollautomatisch über sechs Elektronikfahrgeräte 6600. Die doppelgleisige Hauptstrecke wurde von drei Personenzügen und einem Güterzug in gegenseitig abhängigem Wechselverkehr befahren. Unter Nutzung der stromführenden elektrischen Fahrleitung (Oberleitung) konnte jeder Zug über ein eigenes Regelgerät gesteuert werden. Auf diese Weise gelang es, auch Anfahr- und Bremswege der Züge über die Elektronikfahrgeräte optimal einzustellen. Als einzige meiner Anlagen, die ich bis jetzt gebaut habe, wurde diese mit einer funktionsfähigen Oberleitung ausge-

Ausschnitt des linken Anlagenteils mit den Tunneleingängen.

stattet. Zur Demonstration der Überspannungsimpulssteuerung wurde über das fünfte Regelgerät eine Lokomotive mit Telex-kupplung auf den Bahnhofsnebengleisen gesteuert, die im Pen-delverkehr einen Güterwagen rangierte. Das sechste Regelgerät schließlich war der Gebirgsnebenstrecke zugeordnet, auf der ein Schienenbus im Pendelverkehr eingesetzt war.

Auf Grund der nicht eben besten Erfahrungen mit mechanischen Schaltkontakten und der damals noch handelsüblichen Modell-bahnschalter beim Betrieb der vorangegangenen Messeanla-gen wurden an dieser Anlage Schutzgasrohrkontakte und Sie-

mens-Industrierelais verwendet. Abgesehen davon, daß es im-mer wieder einmal mit den Schaltmagneten, die an den Lokomo-tivunterseiten angebracht waren, Ärger beim Überfahren der Weichen gab, lief die Anlage im Messebetrieb relativ störungs-frei. Von der Funktion der neuen elektronischen Regelgeräte war ich hell begeistert, da es endlich auch bei Märklin-H0 eine systemkonforme Möglichkeit gab, die Züge automatisch vor dem Haltesignal realistisch langsam abzubremsen und bei Fahrtfreigabe auch wieder langsam anfahren zu lassen. Vom ästhetischen Standpunkt aus betrachtet waren für mich diese

Der sich quer durch die Anlage ziehende Flußlauf.

beiden Dinge genauso wichtig wie das Umfeld, in dem die Züge verkehren.

So entstand alles in allem auch mit dieser ersten Märklin-H0-Messeanlage ein vielbeachtetes Schaustück, das sich vor allem durch das ausgewogene Verhältnis zwischen bahntechnischen Einrichtungen und Landschaft von den damals noch üblichen Exponaten, die nach der herkömmlichen Auffassung gestaltet waren, recht deutlich absetzte.

Rund zwei Jahre lang wurde diese Anlage durch das Haus Märklin in unveränderter Form als Schaustück auf zahlreichen Aus-

stellungen im In- und Ausland genutzt. Als Märklin aber dann zwei Jahre später die digitale Zugsteuerung auf den Markt brachte, wurde die Steuerung auch an dieser Anlage auf Märklin-Digital umgestellt. Die äußere Form blieb jedoch unverändert erhalten. Inzwischen wurden die Märklin-Elektronik-Regelgeräte 6600 wieder aus dem Programm gestrichen.

Die Anlage St. Katharina war die letzte Messeanlage, die ich für das Haus Marklin bauen durfte.

Eine H0-Schaufensteranlage im Winterkleid:
Hochgebirgslandschaft mit Ringstrecke und Endbahnhof

Diesmal galt es, für einen Spielwarenhändler eine H0-Anlage in Wechselstromausführung passend für sein Schaufenster herzustellen. Vorgegeben war ein äußerst ungünstiger Grundriß in L-Form mit einer Gesamttiefe von 1,80 m und einer Gesamtlänge von 2,57 m. Im Ausstellungsbetrieb sollten mindestens zwei Züge vollautomatisch gesteuert verkehren, und da die Anlage an ihrem vorgesehenen Standort im Schaufenster nur von hinten zugänglich gemacht werden konnte, sollte die Bahn möglichst störungssicher laufen. Schließlich war noch beabsichtigt, die Anlage nach dem Wechsel der Schaufensterdekoration zu verkaufen. Damit sie dann als Heimanlage genutzt werden konnte, sollte sie letztlich auch manuell steuerbar sein.

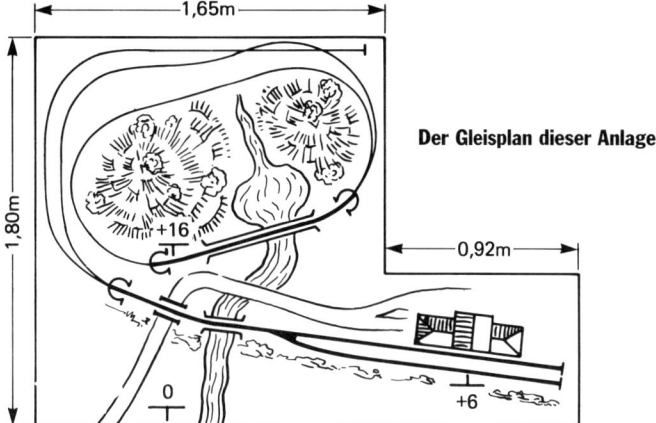

Der Gleisplan dieser Anlage.

Zuerst wollte ich passen, weil ich glaubte, daß auf einer so kleinen, kaum für ein einfaches Gleisoval ausreichenden Grundfläche die genannten Forderungen nicht realisierbar seien und schon gar nicht, wenn gleichzeitig auch noch eine vorbildorientierte Landschaftsgestaltung in meiner inzwischen zum festen Begriff gewordenen Handschrift verlangt würde. Nachdem ich mich jedoch eingehender mit der Sache befaßte, fand ich in dem hier vorliegenden Entwurf eine ausgezeichnete Lösung, und ich war selbst überrascht, welche Ergebnisse auch bei geringstem Platzangebot zustande kommen können, wenn man sich nur die Mühe macht, etwas länger nachzudenken.

Als Anlagenthema wählte ich eine Hochgebirgslandschaft, die mir die Gelegenheit bot, das Motiv mit einer Trassenführung in zwei Ebenen zu gestalten. Das Gleisbild setzte sich zusammen aus einem einfachen Oval in der oberen Ebene und einer offenen Strecke mit zweigleisigem Endbahnhof in der unteren Ebene. Beide Gleisfiguren waren durch eine weitere Strecke miteinander verbunden. Im Ausstellungsbetrieb konnten zwei Züge unab-

hängig voneinander verkehren, der eine auf der oberen Ringstrecke mit regelbarem Aufenthalt im nicht einsehbaren Streckenbereich und der andere im Wendezugbetrieb auf der unteren offenen Strecke. Insofern hätte man die Verbindungsstrecke nicht benötigt. Sie war vielmehr für die ebenfalls geforderte manuelle Steuerung vorgesehen, damit auch vom Bahnhof aus in die Ringstrecke der oberen Etage eingefahren werden konnte. Die vollautomatischen Betriebsvorgänge auf beiden Strecken wurden damals über zwei Märklin-Elektronik-Regelgeräte 6600 in Verbindung mit Schutzgas-Rohrkontakten (Reed-Kontakten) und Siemens-Relais gesteuert. Damit waren auch die Voraussetzungen für einen sicheren Ausstellungsbetrieb gegeben. Heute würde ich eine solche Anlage mit elektronischen Gleisschaltkontakten ausstatten.

Die Konzeption einer Hochgebirgslandschaft war allerdings nur möglich, indem ich fast zwei Drittel der Strecken außerhalb des einsehbaren Bereichs plante. Um aber überhaupt einen Teil der oberen Strecke zeigen zu können, mußte ich zwangsläufig eine Schlucht vorsehen, die die Darstellung einer Brücke gerechtfertigte. Die nicht einsehbare Streckenhinterführung in dieser zweiten Etage stellte sich hier zunächst als Problem in den Weg, da ich unter keinen Umständen die enge Schlucht mit drei Eisenbahnbrücken überspannen wollte. Als Lösung ergab sich schließlich ein Wasserfall, der es mir gestattete, das Gebirgsmassiv gegen den hinteren Anlagenrand zu so weit hochzuziehen, daß für die Durchfahrt der Bahn genügend Raum geschaffen werden konnte. Ein Wasserschwall in freiem Fall über die gesamte Höhendifferenz hinweg hätte jedoch ein recht unwirkliches Bild ergeben. Deshalb unterteilte ich das Gefälle in kaskadenähnliche Stufen, wie man sie auch in der Natur häufig vorfindet.

Wieder einmal mehr zeigte sich bei der Umsetzung dieser Anlagenidee der Vorteil der Spantenbauweise, die alleine es mir ermöglichte, ein so hohes Gebirge mit dem ausreichenden Innenraum für den Verkehr im Untergrund aufzubauen. Gleichzeitig bot sie mir allerorts ausreichende Befestigungsmöglichkeiten für das Aluminium-Gewebe, das mir auch hier als Trägerarmierung für den Modellgips diente. Mauern, Brückenpfeiler und Tunnelportale entstanden aus den neuen, seinerzeit noch in der Praxiserprobung befindlichen HEKI-dur-Modellbauplatten.

Die elektrische Fahrleitung war auch bei dieser Anlage nicht stromführend. Schon im Interesse einer möglichst unbehinderten Zugänglichkeit zu den im Gebirgsinnern verlegten Gleisen habe ich dort auf die Fahrdrahtüberspannungen verzichtet. Die Dachstromabnehmer der Elektrolokomotiven wurden bei der Ausfahrt durch die unmittelbar hinter den Tunnelportalen zu

Der Bahnhof mit Alpenfototapete als Hintergrund.

Fangbügeln hochgebogenen Fahrdrahtenden auf das Fahrdrahtniveau heruntergedrückt.

Erstmals mit dieser Anlage habe ich den Versuch unternommen, eine Diorit-Felsenstruktur nachzubilden, wie sie in den Faltengebirgslandschaften der Alpen vorzufinden ist. Beim Studium solcher Felsbilder in der Natur erkannte ich, daß es hier vor allem darauf ankommt, die Charakteristik der stets in bestimmten Winkeln zum Horizont verlaufenden geologischen Schichtlinien richtig zu treffen, was mir allerdings erst nach einigen Vorübungen an einem Probestück außerhalb der Anlage gelang. Als größte Schwierigkeit erwies sich hierbei, daß man mit zunehmender Routine beim Strukturieren in eine gewisse Gleichmäßigkeit verfällt, die es aber beim Vorbild nicht gibt und daher auch im Modell zu einem sehr unbefriedigenden Ergebnis führt. Ganz im Gegen-

teil muß man beim Formen der Felsbilder zwar peinlich darauf achten, daß die Schichtlinien in gleichem oder annähernd gleichem Winkel verlaufen, dabei aber gleichzeitig jegliche Regelmäßigkeit in der Strukturierung vermeiden. Hat man sich aber erst einmal in eine bestimmte Felsenstruktur eingearbeitet, kann man beim Ausstechen der vormodellierten Gipsflächen kaum noch etwas falsch machen. Die Farbgebung der Felsen erfolgte durch Überlasieren mit stark verdünnter Dispersionsfarbe, die mit Oxydrot und Blau ausgemischt wurde.

Wie bei den vorangegangenen Anlagen habe ich auch hier eine feingenoppte Seefolie (Faller) für die Gewässergestaltung benutzt. Als Untergrund verwendete ich dichtgeschäumte Polystyrolhartschaumplatten (Styrodur 2000 – BASF), deren Oberflächen mit Nitroverdünnung angelöst und mit blauer Dispersions-

Bahnübergang mit Tunnel.

farbe überwischt wurden. Auch die Wasserschwälle der Natur-kaskaden stellte ich aus entsprechend zugeschnittener Seefolie her. Durch Wärmeeinwirkung wurden die zuvor eingepaßten Wasserschwälle entsprechend geformt, indem ich sie einzeln mit einem Leinentuch über ein Rundholz spannte und kurz mit dem heißen Eisen überbügelte. Auf diese Weise blieben sie formstabil.

Selbstverständlich war auch das Winterkleid von Anfang an ge-plant. Die Geländeflächen, die Schneeauflagen erhielten, muß-ten daher etwas sorgfältiger geglättet werden, als dies üblicher-weise bei einer Grasfaserbeflockung nötig gewesen wäre. Da-nach genügte ein zweimaliger Anstrich mit weißer Dispersions-Fassadenfarbe, in deren letzte, noch auftragsfeuchte Schicht weißes Glasdiamantin eingestreut wurde, das den durch die Lichtbrechung der Schneekristalle hervorgerufenen Glitzereffekt imitierte. Allerdings konnte man die Szene nur nach dem Vorbild einer mäßig zugeschneiten Landschaft gestalten, da die hier ver-wendeten Märklin-K-Gleise der Mittelleiterpunktkontakte wegen nicht mit einem Schneepolster versehen werden konnten. Statt dessen wurden die Gleise lediglich mit dünner Mattlackfarbe überhaucht und danach die Schienenköpfe unter Verwendung von Wasserschleifpapier der Körnung 360 wieder blankgeschlif-fen. Um ein Verkleben der Weichenzungen zu verhindern, wur-den sie in Mittelstellung fixiert und Schaumstoffstreifen dort dazwischengeklemmt, wo die Teile farbfrei zu halten waren. So ergab sich ein ziemlich realistisches Bild, wie es für Gleise typisch ist, die nach leichtem Schneefall durch den Fahrbetrieb freigefegt wurden.

Wichtig für das realistische Bild einer Winterlandschaft ist ferner, daß grundsätzlich alle, auch noch so kleine Flächen mit Neigun-gen bis zu 45 Grad, wo normalerweise auch in der Natur der Schnee liegen bleibt, konsequent eine Schneeauflage erhalten. Und dies gilt nicht nur für Dächer, Baumäste, Mastspitzen und Fenstergesimse, sondern auch für alle Felsvorsprünge. Bei dem

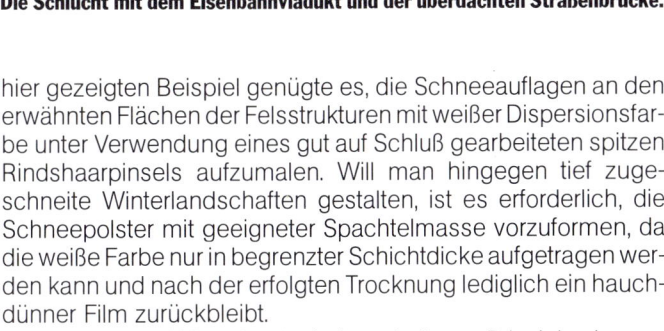

Die Schlucht mit dem Eisenbahnviadukt und der überdachten Straßenbrücke.

Die Schlucht mit den Wasserfällen aus der Vogelperspektive.

hier gezeigten Beispiel genügte es, die Schneeauflagen an den erwähnten Flächen der Felsstrukturen mit weißer Dispersionsfarbe unter Verwendung eines gut auf Schluß gearbeiteten spitzen Rindshaarpinsels aufzumalen. Will man hingegen tief zugeschneite Winterlandschaften gestalten, ist es erforderlich, die Schneepolster mit geeigneter Spachtelmasse vorzuformen, da die weiße Farbe nur in begrenzter Schichtdicke aufgetragen werden kann und nach der erfolgten Trocknung lediglich ein hauchdünner Film zurückbleibt.

Wenn man eine Winterlandschaft nach diesen Prinzipien konsequent gestaltet, wirkt sie keineswegs kitschig und hat nichts von dem an sich, was Spötter oft als „Zuckerbäckerstil" bezeichnen, wie die Abbildungen dieser Anlage beweisen. Man sollte allerdings darauf achten, daß mindestens ein Viertel der Ansichtsflächen schneefrei bleibt. Straßen beispielsweise sollte man geräumt darstellen, und nicht unbedingt müssen die Dächer der Schienen- und Straßenfahrzeuge ebenfalls mit Schneepolstern

versehen sein, denn zu viel Weiß bringt zwangsläufig auch eine Monotonie mit sich, die einer vorteilhaften Gesamtwirkung eher abträglich sein wird. Für die Winterlandschaft spricht, daß die Züge in einem solchen, weniger bunt gestalteten Umfeld ungleich besser zur Geltung kommen als in einer Sommerlandschaft, die in saftigem Grün steht. Sicherlich ist die Winterlandschaft etwas staubempfindlicher. Doch wenn sie außerhalb der Betriebszeit mit dünner Folie abgedeckt und überdies regelmäßig abgesaugt wird, hält sie sich meinen Erfahrungen nach über Jahre hinweg ansehnlich. Außerdem ist eine Auffrischung mit weißer Farbe in drei- bis vierjährigem Turnus keine allzu zeitaufwendige Sache.

Über eines sollte man sich jedoch im klaren sein, wenn man das Thema Winterlandschaft in Erwägung zieht: Es ist eine Entscheidung, die nachher nicht mehr rückgängig gemacht werden kann; ebensowenig wird es gelingen, eine bereits grünbunt gestaltete Sommerlandschaft in eine ernstzunehmende Winterlandschaft

Ein Schweizer Schnelltriebwagen ist in den Bahnhof eingefahren.

zu verwandeln, so etwa, wie man einen Tapetenwechsel vornimmt. Und erst recht rate ich davon ab, eine grüne Landschaft mit irgendwelchen weißen Pulvern zu bestreuen, um schnell einmal ein Foto von einer Winterlandschaft schießen zu können. Das, was bei einer solchen Manipulation zustande kommen würde, wäre auch nicht annähernd mit den hier gezeigten Bildern zu vergleichen, und selbst der stärkste Industriestaubsauger wäre danach nicht in der Lage, die Spuren wieder restlos zu beseitigen.

Zum Vorführen einer elektronischen Modellbahnsteuerung:
Z-Anlage mit Gleisdreieck und Durchgangsbahnhof

Von einem Hersteller, der im Jahre 1983 eine neuartige elektronische Modellbahnsteuerung auf den Markt brachte, erhielt ich den Auftrag, eine Z-Anlage zu bauen, die zum Testen der Geräte und zur Demonstration auf Messen und Ausstellungen gleichermaßen geeignet sein sollte. Vorgegeben war eine durchgehende zweigleisige Strecke mit viergleisigem Durchgangsbahnhof und einem Gleisdreieck im sichtbaren und einem Speicherbahnhof mit Wendeschleife im verdeckt liegenden Anlagenbereich. Das landschaftliche Umfeld sollte zwar harmonisch, aber sonst eher zurückhaltend gestaltet sein, damit das Interesse der Zuschauer nicht allzusehr von der eigentlichen Fahrbetriebsdemonstration abgelenkt wird. Als Grundfläche standen mir 3,00×1,25 m zur Verfügung.

Zuerst versuchte ich meinen Auftraggeber davon zu überzeugen, daß für die Demonstration der Modellbahnsteuerung in Form von programmierten Betriebsabläufen eine abstrakte Anlage, ähnlich einer Dünenlandschaft und in einem Uni-Farbton gehalten, wesentlich vorteilhafter sei. Doch er bestand darauf, daß es ein realistisch gestaltetes Modell wird, das dem Publikum auf Anhieb meine Handschrift verrät. Ob mir dies hier tatsächlich in dem Maße gelingen würde wie bei den vorangegangenen Anlagen, bezweifelte ich zunächst. Da aber schon zu jener Zeit die Aufträge von Märklin nicht mehr im Umfang der ersten beiden Jahre eingingen, war ich damals auf jede Arbeit angewiesen. Viel lieber hätte ich auf den Auftrag verzichtet, da ich befürchtete, daß mir unter den gegebenen Voraussetzungen dieses Werk nicht so wie die anderen gelingen würde und meinem damals noch nicht so sehr bekannten Namen eher schaden könnte. So nahm ich dennoch die Arbeit in Angriff.

Da das Gleisdreieck nun einmal vorgegeben war, wollte ich es auch zeigen und machte es bei der Planung zum Mittelpunkt der Szene. Erst nach vielen Versuchen gelang die im Plan gezeigte Konstellation. Das schwierigste dabei war, eine Figur zu finden, die nicht allzu streng geometrisch wirkte. Auch den im Vordergrund plazierten viergleisigen Bahnhof knickte ich um 15 Grad. Auf diese Weise gelang es mir, wenigstens ein wenig Dynamik ins Bild zu bringen. Gleichzeitig fanden dabei auch die elektronischen Regelgeräte in der linken vorderen Ecke Platz.

Etwas eigenwillig war die Streckenführung in der unteren Ebene, die in dieser Form vom Auftraggeber gewünscht wurde. Die zweigleisige Strecke endete hier in einer Wendeschleife, so daß die Züge, die hier einführen, zwangsläufig mit der Zugspitze voraus auf dem Gegengleis wieder ausfuhren. Die schneckenhausförmig den Anlagenrändern entlang verlegte, mehrfach elektrisch getrennte Strecke ermöglichte es, bei vollautomatischem Betrieb, bis zu neun Züge in der Reihenfolge ihrer Einfahrten zu speichern. Die Gleisfigur in der oberen Ebene hingegen konnte durch die mit dem Gleisdreieck gebotene Wendemöglichkeit in beliebigen Richtungen durchfahren werden. Unter Nutzung des

Ausziehgleises im Durchgangsbahnhof konnte man außerdem auch den vollautomatisch gesteuerten Pendelverkehr mit Fahrtrichtungswechsel und Aufenthalt sehr eindrucksvoll demonstrieren. Die vom Anlagenrand aus gut zugänglichen Strecken in der unteren Ebene gestatteten ein leichtes Reinigen der Schienen, eine Arbeit übrigens, die bei Z-Anlagen, die im Ausstellungsbe-

Das Gleisdreieck im Mittelpunkt der Anlagenszene.

Die Anlage während der Rohbauphase.

trieb eingesetzt werden, täglich mit großer Gewissenhaftigkeit durchgeführt werden muß, damit eine einwandfreie Kontaktgabe sichergestellt ist.

Schaltungstechnisch stellte das Gleisbild dieser Anlage so ziemlich den höchsten Schwierigkeitsgrad dar, den man sich denken kann, da fast mit jedem Gleiswechsel auch der Fahrstrom umgepolt werden mußte. Die Streckenverbindungen zwischen Bahnhof und Gleisdreieck waren ferner durch Selbstblockabschnitte gesichert. Ein besser geeignetes Objekt, die vielseitigen Möglichkeiten einer elektronischen Steuerung zu demonstrieren, konnte man sich kaum denken.

Diese Anlage war eine der wenigen, bei der sich ausnahmsweise die Geländetopographie nach den Streckenführungen richten mußte. Und unter den gegebenen Voraussetzungen war es nicht ganz einfach, noch ein vernünftiges Landschaftskonzept zu finden. Ich entschied mich in diesem Falle für eine Voralpenlandschaft. Die ausgedehnten Wiesenflächen mit niedrigem Buschwerk und kleinen Waldgruppen brachten sehr viel Ruhe in das Bild des doch recht wild zerkurvten Modells. Hinter dem Bahnhofsvorplatz konnte ich sogar noch ein paar Häuser mit Parkplätzen unterbringen. Und die Hintergrunddekoration mit einem Hochgebirgslandschaftsposter (FALLER-Hintergrund) erbrachte schließlich auch noch eine erstaunliche Tiefenwirkung, so daß letztlich doch noch ein einigermaßen realistisch wirkendes Landschaftsbild zustande kam.

Diese Anlage war meine erste, die eine ausschließlich mit elektronischen Bausteinen bestückte Steuerung erhielt, und ich war begeistert sowohl von den gebotenen schaltungstechnischen Möglichkeiten als auch von der hohen Zuverlässigkeit, mit der die hier eingesetzten Geräte arbeiteten. Zur manuellen Steuerung und Betriebskontrolle des Bahnhofs wurde ferner der Prototyp eines von mir mitentwickelten Gleisbildstellwerks verwendet, das ebenfalls elektronisch arbeitete und als eines der ersten überhaupt mit langlebigen Leuchtdioden bestückt war. Die relativ einfache Anschlußtechnik sowie der im Vergleich mit den herkömmlichen Steuerungen erheblich geringere Schaltungs- und Kostenaufwand in Verbindung mit der absolut störungsfreien Funktion beeindruckten mich dermaßen, daß ich mich spontan bereit erklärte, in verstärktem Maße an der Weiterentwicklung

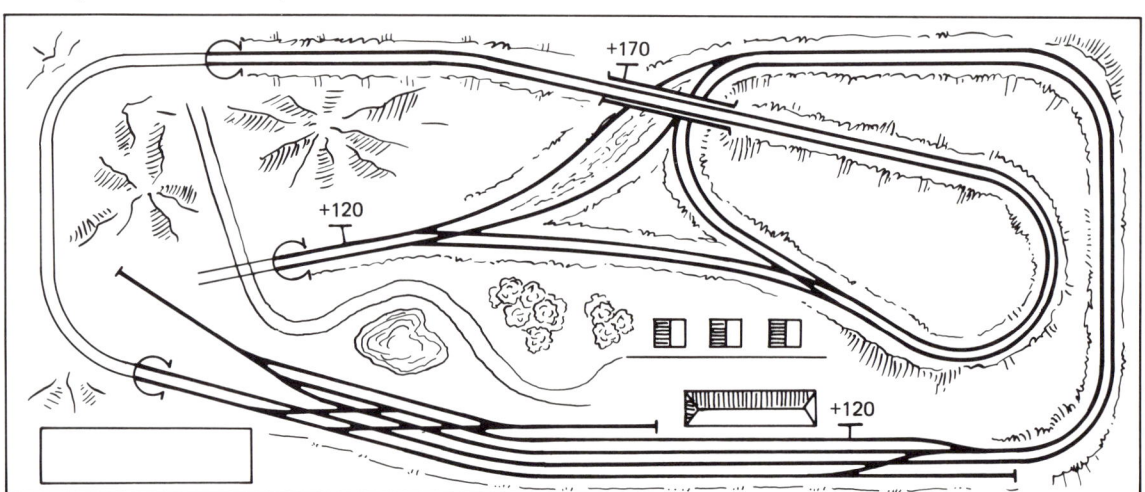

Gleisplan der oberen Ebene.

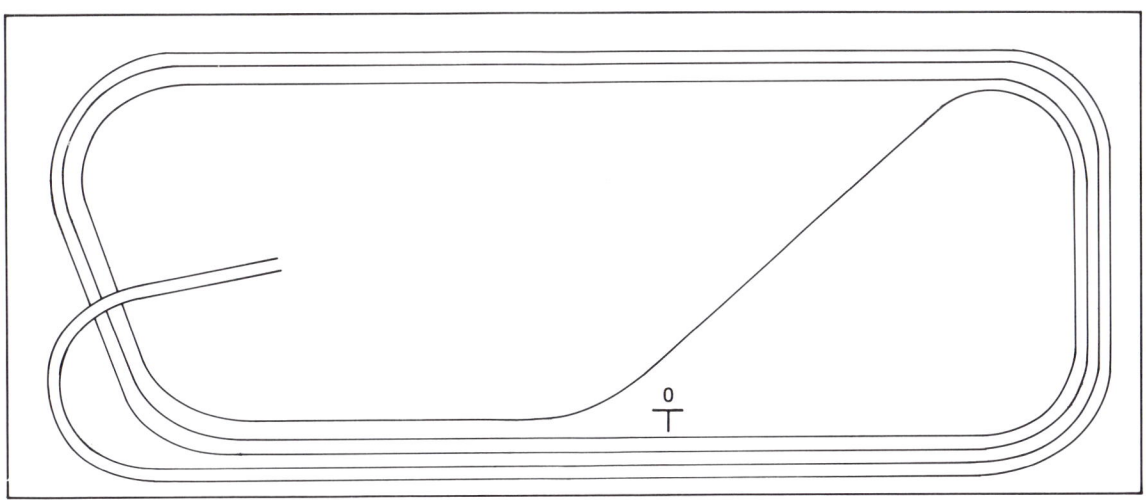

Der Bahnhofskopf mit kleinem Karsee.

**Gleisplan der
unteren Ebene.**

0

Das Empfangsgebäude mit Bahnhofsvorplatz und Zufahrtsstraße.

dieses Systems mitzuarbeiten. Zwar bin ich kein Elektroniker, aber ich konnte meine Erfahrungen des inzwischen zum professionellen Anlagenbauer avancierten Praktikers einbringen, und das war immerhin einiges.

Es vergingen jedoch noch Jahre, bis diese Modellbahnsteuerung endgültig serienreif war. Die Geräte wurden an zahlreichen Anlagen erprobt, die später in meinem Atelier entstanden. Unter der Marke HEKI-electronic konnte sie sich jedoch gegen Ende der achtziger Jahre mit großem Erfolg am Markt durchsetzen. So stand auch diese Anlage am Anfang einer Entwicklung von Serienartikeln, mit deren Markteinführung in einigen kleinen und mittelständischen Unternehmen der Zubehörbranche so mancher zusätzliche Arbeitsplatz geschaffen werden konnte.

Vorderansicht vom Mittelteil der Anlage.

Freie Nachbildung im Maßstab 1:220:
Der Bahnhof Hirschsprung im Modell

Im Jahre 1983 erhielt ich vom Hause Märklin den Auftrag, für den nächsten mini-club-Katalog eine Bildserie herzustellen, die das Verlegen der flexiblen Gleisstücke zeigt, und zwar am Beispiel einer möglichst kleinen Anlage, gestaltet in meiner bekannten Handschrift. Da es offensichtlich noch immer einige Leute gab, die glaubten, daß die von mir praktizierte realistische Landschaftsgestaltungskunst nur in Form von Großanlagen zu verwirklichen sei, sollte ich ferner mit dem gleichzeitig in Auftrag gegebenen Modell den Beweis erbringen, daß eine bestimmte Vorbildsituation, wie beispielsweise eine Bahnhofsanlage, auch in extrem verkürzter Form und auf wesentlich kleinerer Grundfläche realistisch darstellbar ist. In dem Schwarzwaldbahnhof „Hirschsprung" fand ich ein geeignetes Vorbild.

Mit „Höllental" bezeichnet man das Tal des Rotbaches. Es bildet die Grenze zwischen dem Südlichen und Mittleren Schwarzwald. Der schönste und wohl auch bekannteste Abschnitt des Höllentales ist die sich cañonartig verengende, tiefe Schlucht am sogenannten „Hirschsprung", in der sich der rauschende Wild-

bach, die Straße und die Eisenbahntrasse auf nur wenige Meter zwischen den schroff aufragenden Felswänden zusammendrängen. Wie eine alte Sage berichtet, fand einst in diesem wild zerklüfteten Gebirge eine herrschaftliche Jagd statt. Sie galt einem prächtigen Hirsch, den der Landesfürst über lange Zeit hinweg vergeblich verfolgt hatte. Auf der vordersten Felsnase am Eingang der Höllentalschlucht stellte er schließlich das gehetzte Tier. Doch noch bevor der Jäger seine Armbrust spannen konnte, übersprang der Hirsch in einem mächtigen Satz die Schlucht und fand sicheren Halt an einem Vorsprung der gegenüberliegenden Felswand, wo ihn die Pfeile seiner Verfolger nicht mehr erreichen konnten. Seitdem wurde er nie mehr gesehen. Zur Erinnerung an diese Legende befindet sich heute dort, wo der Vierzehnender zum Sprung ansetzte, ein Denkmal, das den stattlichen Hirsch in Überlebensgröße darstellt. Und wohl zur Dokumentation dieses sagenumwobenen Ortes erhielt auch der nur wenige hundert Meter hinter dieser romantischen Höllentalschlucht gelegene Bahnhof den Namen „Hirschsprung".

Die Anlage im Rohbau.

Die Höllentalbahn, so bezeichnet man die eingleisig geführte Eisenbahnlinie zwischen Freiburg im Breisgau und Donaueschingen, wurde unter der Leitung des weltberühmten Eisenbahningenieurs Robert GERWIG erbaut und im Jahre 1887 in Betrieb genommen. Die steilsten Abschnitte der Strecke zwischen Freiburg und Titisee wurden ursprünglich durch Zahnradeingriff bewältigt. Erst im Jahre 1933, als geeignete Lokomotiven zur Verfügung standen, wurde auf ausschließlichen Adhäsionsbetrieb umgestellt. Auf der Suche nach einer geeigneten Teststrecke für den aus dem Landesnetz gespeisten elektrischen Fahrbetrieb entschied sich die damalige Deutsche Reichsbahn für die Höllentalstrecke, die nicht nur von der Topographie her hierfür die denkbar besten Voraussetzungen bot, sondern auch über ausreichende Wasserkraft-Energiereserven in unmittelbarer Nachbarschaft verfügte. Die Elektrifizierung der Höllentallinie erfolgte im Jahr 1936 als erste Strecke in Deutschland, die mit 50-Hz-Bahnstrom und mit einer Spannung von 20 000 Volt betrieben wurde. Mit entscheidend für die frühzeitige Elektrifizierung dürfte auch die überdurchschnittlich große Waldbrandgefahr gewesen sein. Da die mitunter recht ausgedehnten Waldgebiete bis unmittelbar an die Trasse reichten, kam es als Folge der unvermeidbaren Funkenflüge während der Zeit des Dampfbetriebs immer wieder zu ausgedehnten Bränden.

Der Bahnhofsbereich von Hirschsprung mit den beiden durch die vorgelagerten Felsnasen hindurchführenden kurzen Tunnelröhren ist zweifelsfrei der schönste Abschnitt dieser Strecke. Diesen mit dem Straßenanschnitt im Vordergrund beschloß ich, mit meinem Anlagenmodell nachzubilden. Zur Verfügung stand eine Grundfläche von 1,80 × 0,80 m. Den berühmten Hirschsprungfelsen mit dem Denkmal am jenseitigen Hang konnte ich allerdings nicht in das Konzept mit einbeziehen, da mir dieser mächtige Berg im vorderen Teil der Szene den Blick auf die beiden Tunnels zu sehr eingeschränkt hätte.

Da ich im Schwarzwald aufgewachsen bin, kam ich während meiner Jugendjahre wohl einige hundert Mal und auch in jüngster Zeit des öfteren am Bahnhof Hirschsprung vorbei, und ich hatte als leidenschaftlicher Hobbymaler schon immer einen offenen Blick für Landschaften. Um so erstaunter war ich darüber, was es beim Begehen der Strecke noch alles zu entdecken gab. Schon gleich am Anfang meines Weges entlang der Gleise sprang mir die kunstvoll aus grob behauenem Urgestein von der Straße zur Bahntrasse hochgezogene Stützmauer ins Auge. Fasziniert aber war ich von dem Bild, das mir das kurze Trassenstück zwischen den beiden untertunnelten Felsnasen bot. Schroff türmte sich die zerklüftete und nur spärlich bewachsene Felswand unmittelbar neben den Gleisen bis in schwindelnde Höhen hinauf. Im unteren Teil war auch sie mit einer Stützmauer gegen den Bahnkörper hin gesichert. Vor dem talseitigen der beiden schön und schlicht gemauerten Tunnelportale sorgte eine durch Stützen getragene Betonabdeckung für den Schutz gegen Steinschlag und Schneelawinen. Unmittelbar hinter der zweiten Tunnelröhre auf meinem Weg bergwärts begann der horizontal liegende Bahnhofsbereich. Die eingleisige Strecke verzweigte sich in vier Gleise, die sich in elegant geschwungenen Bögen zusam-

Oben: Aufnahme vom Original aus dem Jahre 1983.
Unten: Die beiden untertunnelten Felsnasen.

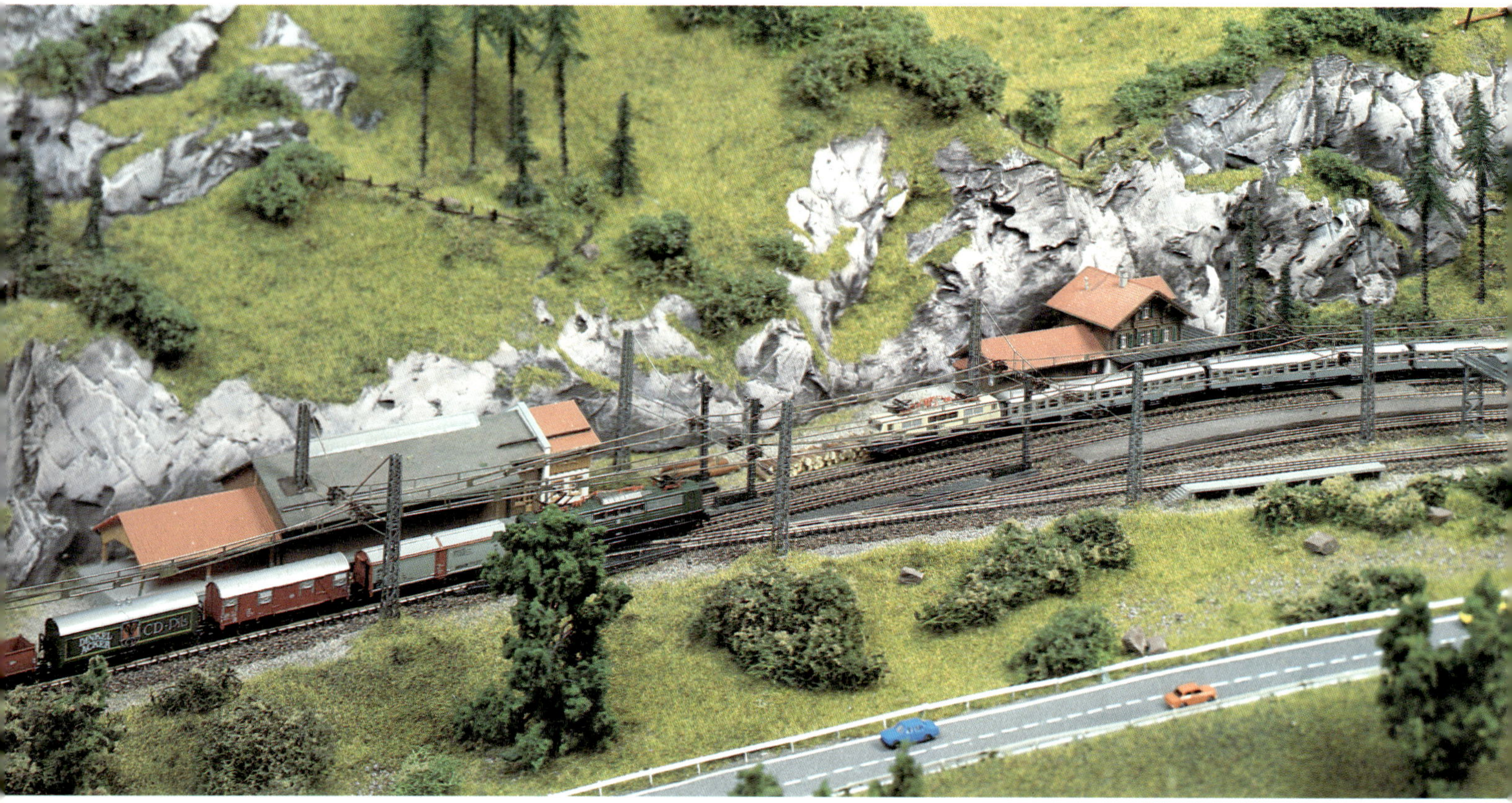

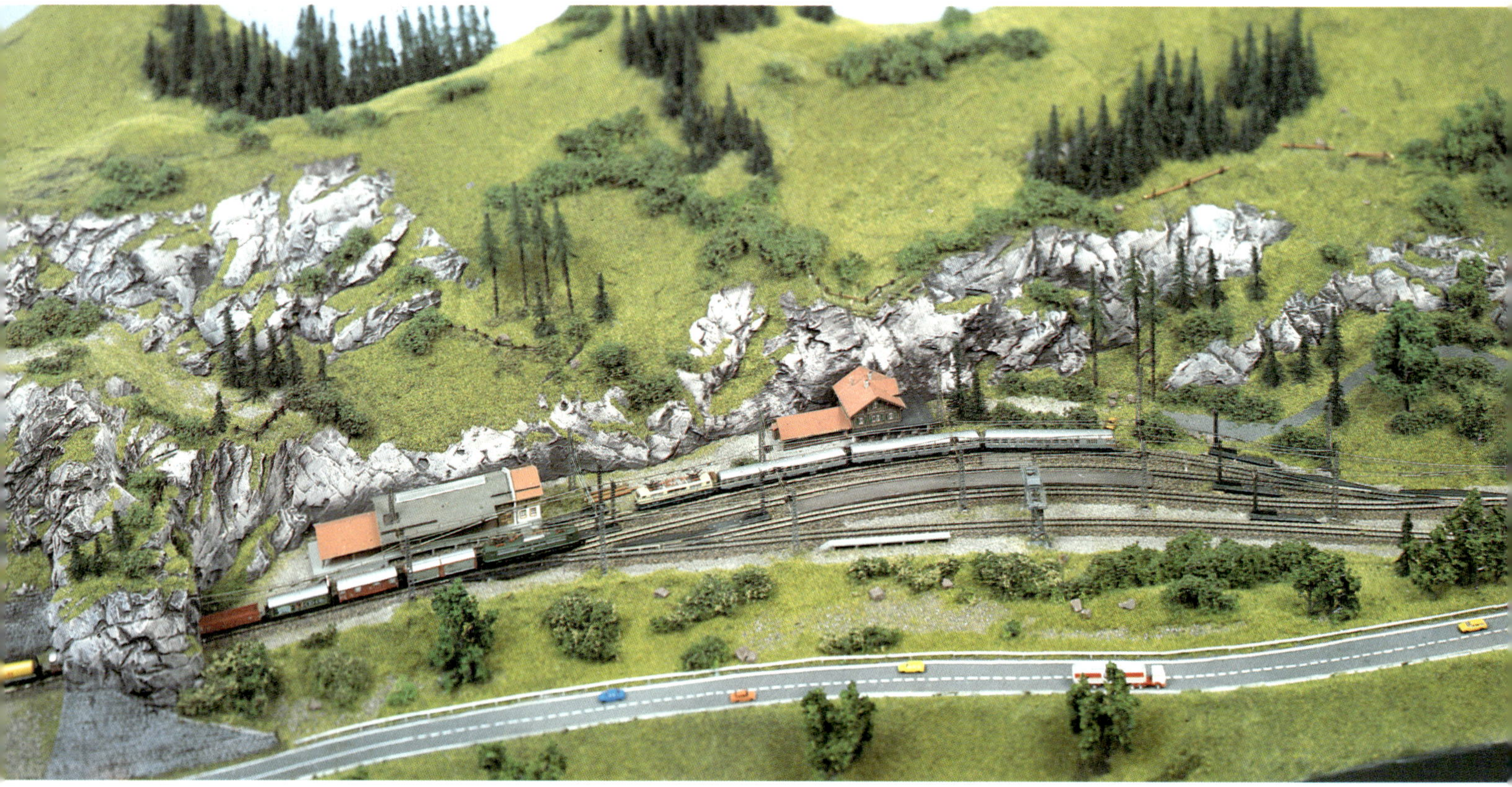

Links oben:
Der westliche Bahnhofskopf.

Links unten:
Vorderansicht des Bahnhofs.

Rechts:
Die Güterhalle mit Tunnel.

men mit dem mittlings eingefügten Inselbahnsteig um gute 10 Grad südwärts wendeten und kurz vor der überführenden Straßenbrücke wieder zu einem Strang vereinigten. Das hier sich etwas weitende Tal war aber immer noch recht eng. Das Empfangsgebäude, die Güterhalle und das kleine, eineinhalbstöckige Wohnhaus des Bahnhofsvorstandes als die einzigen Massivbauwerke mußten sich hinter den Gleisen dicht an die Felswand drängen, und die von der nach Titisee führenden Bundesstraße abzweigende Zufahrt endete gleich hinter der Brücke. Der Platz reichte einfach nicht mehr bis zum Empfangsgebäude, und die Reisenden, die zu den Bahnsteigen wollten, mußten sich mit einem pfadähnlichen Weg begnügen. Nicht einmal für die vorschriftsmäßige Aufstellung der Ausfahr-Formsignale reichte die Trasse. Einige stehen deshalb noch heute an der falschen Seite des Gleises, selbstverständlich zusammen mit der schwarzweißen Schachbretttafel, die dem Lokomotivführer die außergewöhnliche Situation anzeigt. Die Bahnhofsanlage, die schon damals nicht einmal mehr Haltepunkt war, machte auf mich einen arg heruntergekommenen Eindruck. Doch hinter der Patina des Rostfraßes und der rissigen Ölfarbenanstriche konnte man die romantische Schönheit dieses verträumten Gebirgsbahnhofs jener Blütezeit erahnen, als die parallel zur Höllentalstrecke verlaufende Straße noch unbefestigt war und man noch lange nicht daran dachte, daß in ihr einmal eine existenzbedrohende Konkurrenz im Hinblick auf die Beförderung von Personen und Gütern gleichermaßen erwachsen könnte. Doch längst ist es soweit. Heute, kaum ein Jahrhundert nachdem hier die ersten Züge den Schwarzwald hinauf dampften und die Postkutschen von der

Paßstraße verdrängten, denkt man bereits angesichts der neben dem Schienenstrang nahezu Tag und Nacht ununterbrochen rollenden Blechlawine über die Stillegung nach. Offenbar gibt es viel zu wenige der mit diesem Thema befaßten Leute, die mit einkalkulieren, daß sich die Zeiten wieder ändern könnten. Wer weiß, vielleicht wären unsere Nachfahren noch einmal froh darüber, hätten sie noch eine Eisenbahn, die vom Rheintal mitten ins Herz des Hochschwarzwaldes hinauf führt und mit einer ihrer Nebenstrecken sogar bis unmittelbar zum Fuß seiner höchsten Bergspitze.

Unwillkürlich begleiteten mich diese Gedanken, als ich mit der Planung begann, denn wie so oft, wenn ein Stück Eisenbahnlandschaft unter meinen Händen wächst, denke ich an jene Zeiten meiner eigenen frühen Jugend zurück, als die Autos auf den Straßen noch zu den Seltenheiten zählten und die Wochenend-Skiurlauber ebenso wie die Kurgäste und Sommerfrischler mit der Bahn in den Schwarzwald fuhren. Damals glänzten die Bahnhöfe wie frisch gestrichen, Bahnsteige und Warteräume waren stets sauber gefegt, und im Sommer empfing allerorts reicher Blumenschmuck die Reisenden. Und so geschieht es zwangsläufig, daß ich immer ein wenig von diesen Erinnerungsbildern jener Zeit versuche in meine Anlagenszenen von heute hineinzuwirken. Denn wollte man die Bahnanlagen von heute mit allem dem häßlichen Flickwerk der rein zweckgebundenen Nachkriegsarchitektur absolut getreu und ohne jegliche Korrekturen übernehmen, lohnte sich bei so mancher Vorbildszene wahrlich der Aufwand für die Nachbildung nicht.

Mit der freien Nachgestaltung dieser Bahnhofsszene war ich

Ein Güterzug umrundet die nördliche Felswand.

ner, in einer Fahrtrichtung außerdem noch einen Überholvorgang im Bahnhof in Verbindung mit einer dritten Zuggarnitur zu demonstrieren.

Wie die Abbildungen zeigen, gelang auch das Verlegen von Bögen mit den Märklin-mini-club-Flexgleisen durchaus zufriedenstellend. Voraussetzung war allerdings, daß die Gleisgeometrie unter Anwendung der von mir entwickelten und bereits erwähnten Methode mit Hilfe einer Werkpause millimetergenau auf das zum Zuschnitt der Trassen vorgesehene Sperrholz übertragen wurde. Als Unterlagen für die Gleise verwendete ich diesmal versuchsweise Korkbettungen, die mir HEKI speziell für die Spur Z passend zugeschnitten hatte und die nach erfolgreichem Test in das Lieferprogramm aufgenommen werden sollten. Wie bei den Korkbettungen für die größeren Spuren ergaben auch hier zwei mittings mit ihren 90-Grad-Kanten aneinandergefügte Korkstreifen die komplette Gleisbettung. Die dabei sichtbar verbleibende Mittelfuge konnte beim späteren Verlegen der Gleise als verläßliche Bezugslinie genutzt werden. Unter dieser Voraussetzung gelangen die eleganten Gleisbögen auf Anhieb. Um sichere Kontaktverbindungen zu erzielen und Spannungsverlusten vorzubeugen, habe ich an dieser Anlage die Schienenverbindungen verlötet. Allerdings muß man an jedem Schienenstrang eine Schienenverbindung unter Verwendung des üblichen Schienenverbinders mit einer Toleranz von etwa einem halben Millimeter verschieblich ausbilden, damit im Falle von temperaturabhängigen Längenveränderungen keine Verwerfungen auftreten können. Auch unter Verwendung längsverschiebbarer Gleisstücke, die es ja für das mini-club-Gleissystem gibt, kann man solchen, hauptsächlich bei Vollprofilschienen auftretenden Verwerfungen wirksam vorbeugen. Wenn man die Schienen verlötet, ist es ferner wichtig, daß die Schienen der in die Bögen eingepaßten Flexgleise millimetergenau passen und nirgendwo einer Druckspannung unterliegen. Vielmehr sollte noch ein Spalt verbleiben, in dem man eben noch einen Karton in Postkartenstärke klemmen kann. Der exakte, millimetergenaue Zuschnitt der Schienenprofile gelingt leicht mit den Mini-Trennscheiben aus Karborund, die in handelsübliche Kleinbohrmaschinen eingespannt werden können. Das Trennen mit dem Seitenschneider geht zwar schneller, gilt aber als unhandwerklich, da hierbei das Schienenprofil an der Trennstelle zerquetscht wird und eine fachlich richtige, nahtlose Schienenverbindung nicht mehr hergestellt werden kann. Schon bei den ersten Probeläufen zeigten sich die Vorzüge dieser Verlegetechnik durch eine ausgezeichnete Laufruhe der Züge, die nicht zuletzt auch auf der absolut planebenen und unnachgiebigen Gleisauflage beruhte. Die exakt geschnittenen Korkbettungen hatten auch als zuverlässige Unterlagen für die Gleise dieser maßstäblich kleinsten Modelleisenbahn ihre Bewährungsprobe hervorragend bestanden.

Die Geländestruktur formte ich diesmal ebenfalls versuchsweise mit einer kunststoffhaltigen Spachtelmasse auf Alabastergipsbasis. Nach wie vor arbeitete ich zwar am liebsten mit reinem Modellgips, doch für den Modellbahner, der sich im Umgang mit diesem Werkstoff nicht auskennt, birgt der unmodifizierte Modellgips einige Risiken in sich. Schon ein falsches Anmachen oder ein zu intensives Rühren des angesetzten Gipsbreies kann beispielsweise zu einer mangelnden Festigkeit führen, die sich aber tückischerweise nicht sofort bemerkbar macht, sondern erst nach einigen Tagen, wenn der Trocknungsprozeß beendet

allerdings nicht gezwungen, aus Gründen der Gefälligkeit derartige Korrekturen vorzunehmen. Vielmehr mußte ich die Szene, die sich beim Vorbild auf einer Länge von knapp eineinhalb Kilometern präsentierte, auf einer Länge von einem Meter wiedergeben. Den Rest der Grundfläche benötigte ich für die Radien der rückführenden Verbindungsstrecke. Dennoch gelang es, die in Bögen geführten Bahnhofsgleise mit allen Verbindungen recht vorbildnah und in Längen darzustellen, die zur Aufnahme der hier verkehrenden Züge gut ausreichten. Da es beim Vorbild bergseits hinter dem Bahnhofsbereich kein Tunnel gab, mußte ich mir im Modell eines erschwindeln, um die Strecke in das Bergesinnere hineinzuführen. Dort installierte ich einen zweigleisigen Schattenbahnhof, der darauf ausgelegt war, in jeder Fahrtrichtung jeweils einen Zug zu speichern, während der andere die Anlage mit einem automatischen Aufenthalt im Bahnhof durchfuhr. Eine wahlweise zuschaltbare Automatik ermöglichte es fer-

ist. Bei einer modifizierten Gipsmasse hingegen sind die beige-mischten Kunststoffteilchen für die Festigkeit verantwortlich, während die sich mit der Wasserzumischung bildenden nadel-förmigen Kristalle die Volumenbeständigkeit des Spachtelauf-trags bewirken. Der Nachteil dieser Spachtelmassen, daß sie eine wesentlich längere Zeitspanne bis zum einsetzenden Ver-steifungsprozeß benötigen, kann sogar für manchen Modell-bauer, der nicht wie ich unter ständigem Zeitdruck steht, eher von Vorteil sein. Verarbeitungsfehler durch zu hohe Wasserzusätze oder zu intensives Rühren sind bei diesen modifizierten gipshalti-gen Spachtelmassen auszuschließen. Damit der Bastler künftig solche Spachtelmassen über den Fachhandel beziehen konnte, habe ich im Auftrag der Industrie an dieser Anlage und einigen nachfolgenden Dioramen verschiedene Rezepturen getestet, die sich lediglich in ihren Abbinde- und Trocknungszeiten, aber nicht in ihren Festigkeiten voneinander unterschieden. Schon wenige Wochen nach Fertigstellung dieser Anlage konnten die-se Spachtelmassen zum Verkauf freigegeben werden.

Was die Bauwerke anbetraf, hatte ich diesmal keine Zeit, diese den am Bahnhof Hirschsprung vorhandenen Gebäuden exakt nachzubilden, wie ich dies bei der Loreley-Anlage getan habe. Vielmehr wählte ich geeignete Z-Bausätze aus dem damals noch recht bescheidenen Herstellerangebot aus, wobei es mir dabei weniger auf eine gewisse Ähnlichkeit ankam als auf eine möglichst gute Stilverträglichkeit. Am Ergebnis zeigt es sich schließlich, und bewußt wollte ich dies mit meiner freien Nachbil-

Der Bahnhof aus der Vogelperspektive.

Das Trennen der Z-Gleise mit Hilfe der Mini-Trennscheibe.

dung vor Augen führen, daß eine realistisch gestaltete Modell-eisenbahnanlage auch dann entstehen kann, wenn man eine bestimmte Vorbildsituation nicht akribisch nachzubilden ver-sucht. Ganz im Gegenteil sollte man mehr danach streben, ledig-lich die wesentlichen Merkmale des betreffenden Motivs zu übernehmen und die gekonnt in ihrer speziellen Charakteristik darzustellen. Bei diesem Bemühen kann allzu maßstäbliches Vorgehen manchmal sogar von Nachteil sein und eher zum Hemmschuh der kreativen Gestaltungskunst werden.

Was aus diesem Schaustück geworden ist, habe ich nie erfah-ren. Nachdem ich es beim Auftraggeber abgeliefert hatte, sah ich es sehr zum Unterschied aller anderen Anlagen aus meinem Ate-lier weder auf Ausstellungen noch auf irgendwelchen Fotos in ir-gendeiner der zahlreichen Fachzeitungen. Lediglich im Märklin-mini-club-Katalog Ausgabe 84 wurden die von mir hergestellten Fotos veröffentlicht.

Dioramen als Studienobjekte:
Die Bahnkörpergestaltung im Modell

Unter dem Stichwort „Diorama" findet sich im Lexikon folgende Erklärung: Ein plastisch geformtes Schaubild vor dem Hintergrund einer gemalten Landschaft. Der Modellbauer hingegen versteht darunter ein realistisch gestaltetes Landschaftsmodell, unabhängig davon, ob in das betreffende Motiv eine Eisenbahn einbezogen ist oder nicht. Strenggenommen ist also jede Modelleisenbahnanlage unabhängig von ihrer Größe ein Diorama. Speziell aber im Sprachgebrauch des Modelleisenbahners steht das Wort Diorama stellvertretend für einen kleinen, im Modell nachgebildeten Ausschnitt einer Eisenbahnlandschaft, der in der Regel lediglich als Schaustück dient.

Ganz abgesehen davon, daß sich der Bau von Dioramen mit und ohne Eisenbahn als eigenständiges Hobby zunehmender Beliebtheit erfreut, gibt es im besonderen bezogen auf die Modelleisenbahn viele Gründe, nur den Ausschnitt einer Anlage auf kleiner Grundfläche zu bauen. Da bekanntermaßen die ganze Schönheit eines Fahrzeugmodells erst vor dem Hintergrund einer realistisch gestalteten Landschaft zur Geltung kommt, wird der Sammler beispielsweise Dioramen als Schaustücke zum Ausstellen seiner Lokomotiven und Züge bauen. Der Modelleisenbahnanlagenbauer wiederum wird sich zuerst an kleinen Dioramen in schwierigeren Gestaltungstechniken üben, um beim eigentlichen Anlagenbau über die nötige Routine zu verfügen. Und in den Ateliers der modellbahnherstellenden Industrie werden Dioramen als Requisiten für Werbe- und Katalogaufnahmen benötigt, da sie dort vor allem für Nahaufnahmen von Modellfahrzeugen wesentlich bessere Voraussetzungen bieten als großflächige Anlagen.

Speziell für Schulungszwecke habe ich im Auftrag des Hauses Märklin einige Dioramen gebaut. Von besonderem Interesse schienen mir die hier gezeigten Schaustücke, die vornehmlich dazu dienten, Teilnehmern der unter meiner Leitung durchgeführten Anlagenbau-Kurse den fachgerechten Aufbau der verschiedenen Bahnkörperformen am Modell zu demonstrieren.

Die Bahnkörper zählen mit zu den wichtigsten Details einer Modelleisenbahnanlage. Dies gilt nicht nur für die technische Seite, sondern auch gleichermaßen für die Optik. Ein zu breites Planum beispielsweise oder ein Bahndamm mit zu steiler Böschung könnte den Gesamteindruck einer Anlage erheblich beeinträchtigen. Doch schon der Anfänger wird solche Fehler vermeiden, wenn er sich etwas näher mit dem Aufbau der einzelnen Bahnkörperarten befaßt hat.

Zunächst ist es wichtig zu wissen, daß die gleichmäßige Lastverteilung der über die Schienen rollenden Züge nur dann dauerhaft gewährleistet ist, wenn die Schwellen in einer Schotterbettung liegen, die gleichzeitig ein Wandern des Gleiskörpers durch die beim Fahrbetrieb auftretenden Anfahr-, Brems- und Fliehkräfte wirksam verhindert. In der Regel besteht die etwa 30 cm hohe Schotterbettung aus wetterfestem Gestein der Sieblinie 25/65

mm. Gleiskörper und Schotterbett bilden den sogenannten „Oberbau". Der Oberbau wiederum liegt auf dem „Unterbau", der aus der planierten Trasse besteht. Je nach den örtlich vorliegenden Geländeverhältnissen ist der Unterbau als Damm, als Anschnitt oder als Einschnitt ausgebildet (siehe Schemazeichnungen). Oberbau und Unterbau bilden letztlich den „Bahnkörper" als komplette Einheit. Auch die sogenannten „Bahnkunstbauten" wie Stützmauern, Brücken, Tunnels und auch die technischen Einrichtungen wie Signale, Fahrleitungsmasten und Entwässerungskanäle zählen mit zu den Bestandteilen des Bahnkörpers.

Um einen schnellen Ablauf des Schmelz- und Regenwassers sicherzustellen, sind die Dämme und talseitigen Anschüttungen

Rechts oben:
Eingleisiger Bahnkörper an der Höllentalstrecke (Schwarzwald).

Rechts unten:
Doppelgleisiger Bahnkörper in Form eines klassischen Bahndammes.

Aufbau eines Bahnkörpers.

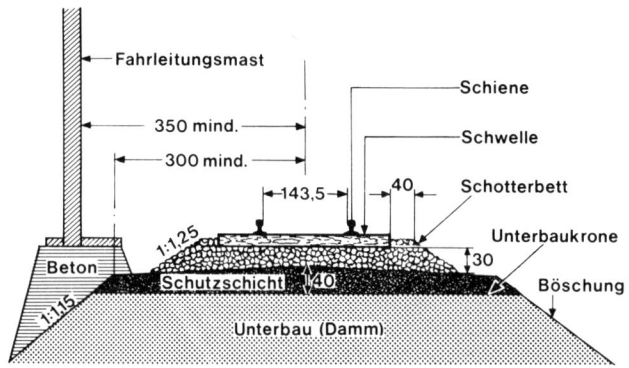

Skizzen der Bahnkörperformen.

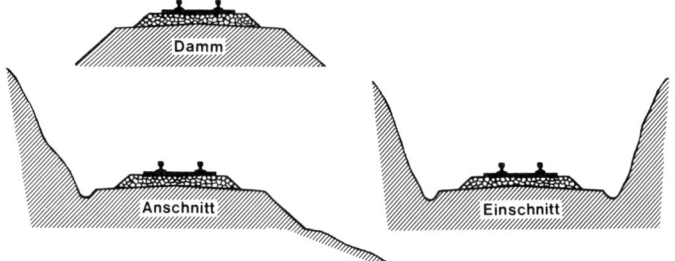

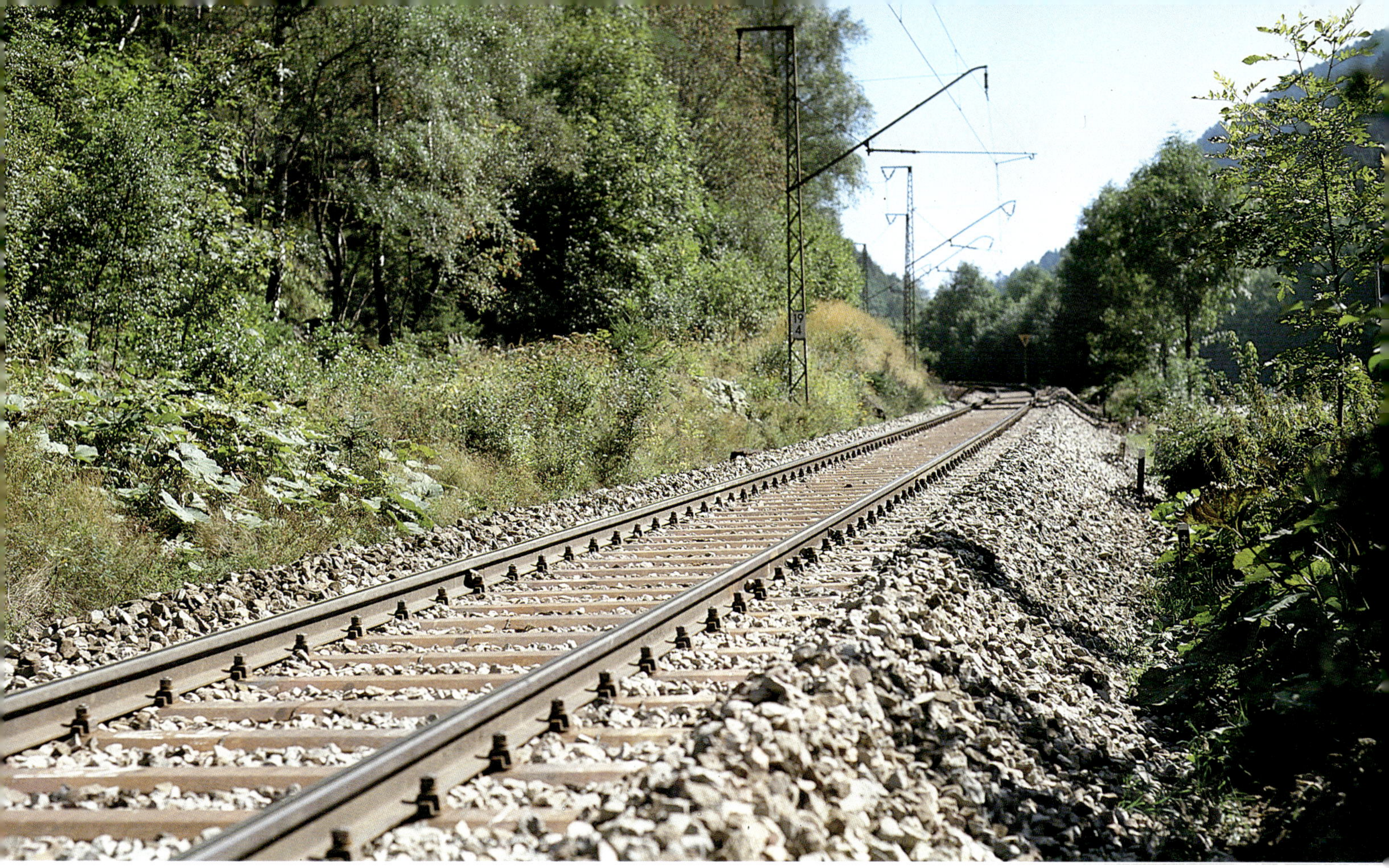

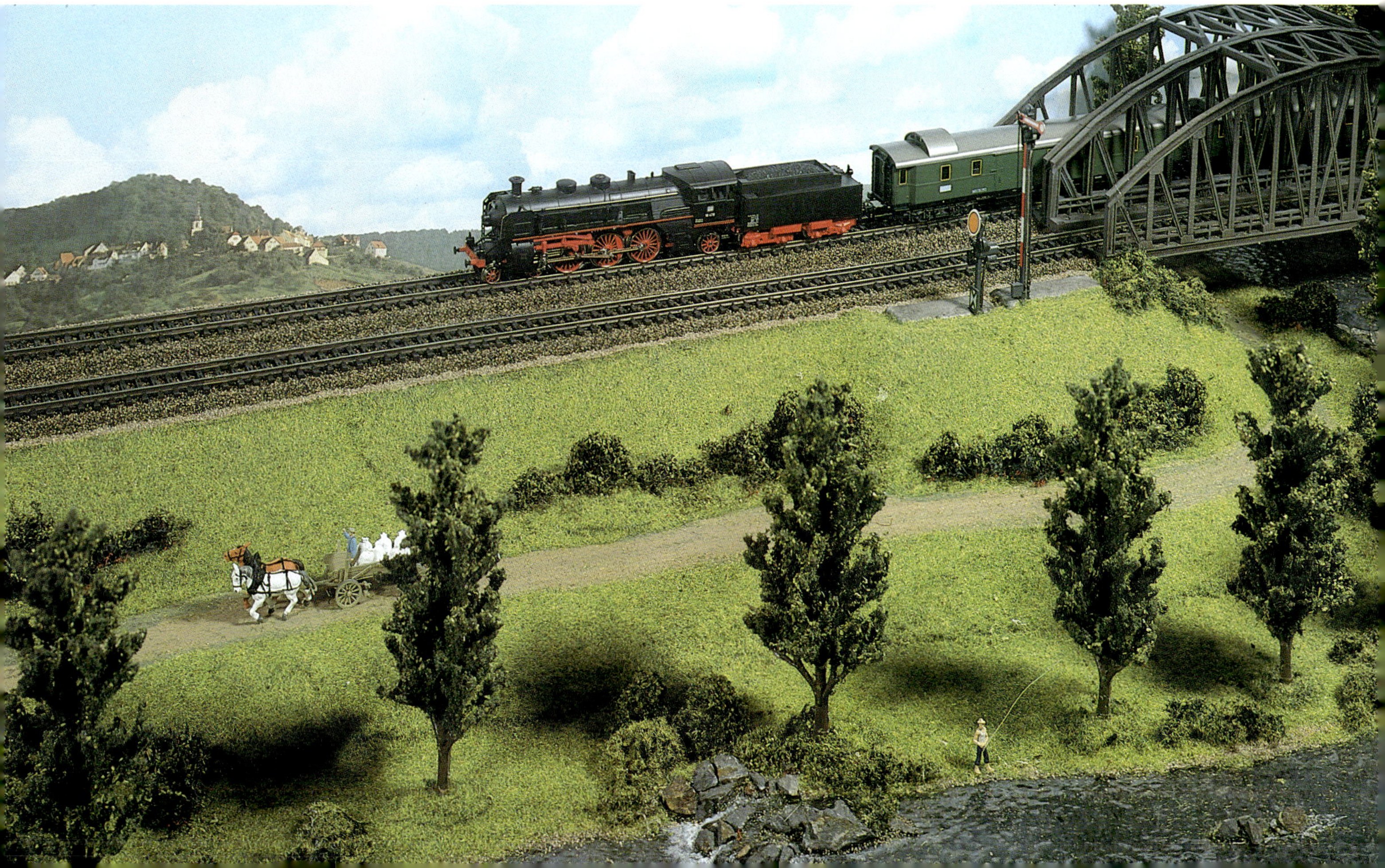

Studie zur Gestaltung eines Tunneleingangs. Unmittelbar vor der Stützmauer geht der Bahndamm in einen Anschnitt über. Dem Vorbild entsprechend steht der Fahrleitungsmast an der Böschung.

der Anschnitte im Winkel von 45 Grad dachförmig geneigt. Steilere Böschungen hingegen, sofern sie nicht aus festem Gestein bestehen, sind stets durch massives Mauerwerk, Beton oder brückenähnliche Konstruktionen gesichert. Bei den Einschnitten und bergseitigen Böschungen der Anschnitte sorgen Wassergräben in Verbindung mit verdolten Kanälen für die Trockenhaltung der Unterbaukrone (Planum). Nur innerhalb vollkanalisierter Bahnhofsbereiche liegen die Gleiskörper mit ihren Schwellenoberkanten in terraingleicher Höhe.

Mit den hier gezeigten Aufnahmen von den erwähnten Dioramen sind die drei Bahnkörperformen fachgerecht nachgebildet dargestellt. Bei allen Modellen wurden die Gleise zuerst auf vorgeformte, 4 mm hohe Korkstreifen verlegt, wie sie für alle Modellbahnspuren von 0 bis Z im Handel erhältlich sind. Damit entstand in etwa die dem Vorbild entsprechende plastische Form. Da die-

ses Material formbeständig bleibt, ist gleichzeitig auch eine druck- und verzugsfeste Gleisunterlage gegeben, die eine millimetergenaue Verlegetechnik ermöglicht und auch auf Dauer einen eleganten Zuglauf gewährleistet. Zur Vervollständigung des Oberbaus wurden die Gleise ganz dem Vorbild entsprechend schwellenoberkantenbündig eingeschottert, wobei der Modellschotter in zuvor mit der Leimspritze in den Gleiskörper eingebrachten wasserverdünnten Kunstharzdispersionsleim (UHU-coll) eingestreut wurde. Verwendung fand Faller-H0-Modellschotter, der mir in Farbe und Körnung am besten geeignet schien und sich als organisches Produkt (gefärbtes Nußschalengranulat) auch hervorragend einbetten ließ.

Bei der Herstellung der Schaustücke kam es mir ferner sehr darauf an, die Bahnkörper möglichst schmal darzustellen. Auch beim Vorbild sind die Dammkronen selten breiter, als es die

Modell von einem Gebirgsanschnitt mit vorgelagertem Hochmoor. Der Bahnkörper ist durch Fangwehre gegen Steinschlag gesichert.

sichere Oberbauauflage erfordert. Das hat zwei Gründe. Erstens waren die Bahngesellschaften schon von jeher darauf bedacht, mit jedem Quadratzentimeter zu geizen, um nicht unnötig viel Land aufkaufen zu müssen, und zweitens wird man schon des gesicherten Wasserablaufs wegen versuchen, die Dammkrone recht schmal zu halten. Da man also beim Vorbild an den Anblick der elegant geführten schlank ausgebildeten Eisenbahntrassen gewöhnt ist, wirken unnatürlich breite Bahnkörper auf einer Modelleisenbahnanlage, wo alles viel mehr zusammengedrängt ist, erst recht wirklichkeitsfremd. Und dieser Fehler wird von Anfängern recht häufig begangen, weil sie glauben, daß sie auch noch die Masten der elektrischen Fahrleitung auf die Dammkrone stellen müssen. Da im Vergleich zum Vorbild bei zweigleisigen Modellbahnstrecken die Gleise der engeren Radien wegen sowieso in weiteren Parallelgleisabständen verlegt werden müssen, können dann Trassen entstehen, die schon fast die Breitenmaße einer Autobahntrasse erreichen. Wie die Vorbildaufnahme zeigt, befinden sich die Mastfundamente nie auf dem Trassenplanum. In der Regel stehen die Fahrleitungsmasten unter Berücksichtigung des vorgeschriebenen Sicherheitsabstandes zu den Gleisen an den Böschungen.

Bei Anschnitten und Einschnitten kommt es ferner darauf an, daß die bergseitigen Böschungen ausreichend durch Mauern oder sonstige Abstützungen gesichert sind. Darüber hinaus müssen auch Einrichtungen vorhanden sein, die den Bahnkörper selbst gegen Lawinen und Steinschlag wirksam schützen. Dies gilt selbstverständlich auch für die Darstellung im Modell. Wenn die Bahnkörper vorbildnah wirken sollen, ist es erforderlich, daß man auch an alle die zahlreichen Details denkt, die der Streckensicherung dienen.

Die im Jahre 1983 hergestellten Dioramen werden vom Hause Märklin heute noch für Schulungszwecke genutzt und gelegentlich auch noch auf Ausstellungen gezeigt.

Ein Stück Eisenbahngeschichte im Modell:
Die Glasträger-Tunnels der Schwarzwaldbahn

Im Zuge meiner Arbeiten an einem Bildband schlug ich der Firma Liliput in Wien vor, ein Diorama anzufertigen, um einen Oldtimerzug mit den berühmten „Hechten" vor einem natürlichen Hintergrund besonders vorteilhaft fotografieren zu können. Herr Commerzialrat Bücherl, der Inhaber des Unternehmens, war damit einverstanden und bereit, dieses Diorama zu übernehmen.
Als Motiv wählte ich einen Streckenabschnitt der Schwarzwald-

bahn mit dem zwischen Hornberg und Triberg gelegenen Glasträger-Tunnelpaar im Stil der zwanziger Jahre. Damals war diese Bahnlinie noch nicht elektrifiziert. Der Streckenabschnitt zwischen Hornberg und Sommerau wurde übrigens während der Jahre 1863 bis 1873 erbaut und galt damals als eine der genialsten Ingenieurleistungen jener Zeit. Der Erbauer, Robert GERWIG, verwirklichte dabei erstmalig seine Idee, die große Höhendiffe-

Abbildung der beiden Glasträgertunnels an der Schwarzwaldbahn.

renz von 450 m durch Kehrschleifen zu überwinden. 36 Tunnels mit einer Gesamtlänge von über zehn Kilometern mußten in das harte Urgestein getrieben werden. Im Schein rußender Petroleumlampen waren 1200 meist italienische Straßenarbeiter mit den Durchbrucharbeiten beschäftigt. Über zehn Millionen Goldmark kostete das Projekt.

Die beiden sehr kurzen Tunnels führen unter zwei Felsnasen hindurch und sind nur wenige Meter voneinander entfernt. Unter der unmittelbar hinter dem Tunnelpaar befindlichen Brücke schlängelt sich die damals noch geschotterte Paßstraße hindurch. Und die Gutach, ein wilder Gebirgsbach, dem das Tal seinen Namen verdankt, windet sich an dieser Stelle nur einen Steinwurf weit weg an der Bahntrasse vorbei. Zur Zeit, als die Züge auf der Schwarzwaldbahn noch von Dampflokomotiven geführt wurden – die Elektrifizierung fand erst während der sechziger Jahre statt –, zählten Doppeltraktionen von Hausach bis nach Villingen hinauf zum gewohnten Bild. Da Schnellzüge berg-

wärts grundsätzlich in Doppeltraktion verkehrten, habe ich auch die berühmten Schnellzugwagen auf dem Diorama in dieser Traktionsart fotografiert.

Wie die Abbildung von einem der vier Original-Tunnelportale zeigt, hatte man damals lediglich nur die Röhre vorgemauert und den verbleibenden Raum des Felsdurchbruchs mit losem Gestein und Kalkmörtel aufgefüllt, so daß sich die Flächen um die Gewölbeblenden herum als unregelmäßiges Bruchsteinmauerwerk präsentierten. Die Nachbildung gelang mir mit entsprechend zugeschnittenen Schnipseln aus 2 mm dickem HEKI-dur, die ich auf die Holzblende klebte und anschließend mit Hilfe eines Schraubenziehergriffes in die speziellen Formen drückte. Auch die gemauerten Brückenköpfe entstanden aus den damals noch in der Erprobung befindlichen HEKI-dur-Strukturplatten.

In Erinnerung an ein weiteres Stück Eisenbahngeschichte habe ich jedoch auch noch eine andere Aufnahme von den Hechten mit dem Modell von der häßlichsten Lokomotive, die es je gab,

Das Portal des östlichen Glasträgertunnels von Westen gesehen.

Oben:
Der Hechte-Schnellzug mit vorgespannter Druckluft-Dieselokomotive V 32.

Links:
Das Modell mit den in Doppeltraktion bergwärts geführten „Hechten".

gemacht. Bei ihrem Vorbild handelte es sich um eine im Jahre 1928 in Dienst gestellte Druckluft-Diesellokomotive der Gattung V 32. Das Fahrwerk hatte sie von einer Dampflokomotive mit der Achsfolge 2'C2', dessen Zylinder jedoch anstelle von Dampf mit hochkomprimierter Preßluft beschickt wurden, die ein während des Ersten Weltkrieges gebauter U-Boot-Dieselmotor mit Luftverdichter im Innern der Lokomotive erzeugte. Die Maschine leistete ca. 1000 PS.

Der sargähnliche Kastenaufbau, der nur an einer Seite von einer schmalen Fensterreihe durchbrochen war, verlieh dieser Druckluftlokomotive in Verbindung mit ihrer pechschwarzen Lackierung ein eigenwillig tristes Äußeres. Zwei mächtige Kühler, ähnlich denen der damaligen Automobile, überdeckten die beiden Stirnseiten und ließen dem Lokführer durch ein kleines ovales Bullauge nur wenig Sicht auf die Strecke voraus.

Von den zwei gebauten Lokomotiven wurde eine auf der Schwarzwaldbahn im Schnellzugdienst eingesetzt. Als sich aber schon nach kurzer Zeit Mängel am Antriebssystem zeigten, wurden die Druckluftlokomotiven wieder aus dem Verkehr gezogen. Durch die Verwendung dieselhydraulischer Antriebe, die inzwischen aufgekommen waren und schon bei den ersten Versuchsfahrten sehr erfolgversprechende Ergebnisse zeigten, wurde die Entwicklung des Dieseldruckluftantriebs nicht mehr weiterverfolgt.

Als ich meine Fotoarbeiten beendet hatte, fragte ich bei Liliput in Wien an, ob ich das Schaustück zur nächsten Internationalen Spielwarenmesse mitbringen solle, was mit dem Bemerken abgelehnt wurde, man habe dort keine Verwendung dafür. So holte es ein Mitarbeiter der deutschen Firmenvertretung ab, nahm es auf eigene Verantwortung zur Messe mit und stellte es dort mitsamt dem Hechte-Schnellzug in einer Vitrine aus. Als dann der Commerzialrat Bücherl von Österreich angereist kam und das Schaustück sah, rief er begeistert: „Jetzt weiß ich erst, wie schön meine Modelle wirklich sind." Das Schaustück hatte auch ihn davon überzeugt, daß ein Modellbahnzug vor dem Hintergrund einer realistisch gestalteten Landschaft erst richtig zur Geltung kommt, ein Umstand, dem inzwischen die Industrie mit den Abbildungen ihrer Modelle in den einschlägigen Werbemitteln längst Rechnung trägt.

H0-Dioramen für Fotozwecke:
Bahnkunstbauwerke nach eigenen Plänen

Die Einführung der neuen HEKI-dur-Modellbauplatten am Markt machte die Herstellung zahlreicher Dioramen erforderlich. Nur so war es möglich, in verhältnismäßig kurzer Zeit in den Besitz der für die Werbe- und Katalogaufnahmen erforderlichen Staffagen zu gelangen. Ich erhielt den Auftrag zum Bau dieser Schau-

stücke. Vorgegeben für die Serie war eine möglichst eindrucksvolle Demonstration der verschiedenen Anwendungsgebiete von HEKI-dur. Mit dem Bau der Dioramen hatte ich gleichzeitig Gelegenheit, die ersten Erfahrungen im Umgang mit diesem Material zu sammeln.

Die ersten HEKI-dur-Platten aus der Nullserie, die mir zur Verfügung standen, waren 3 mm dick, weiß gefärbt und unstrukturiert. Sie schienen mir hauptsächlich geeignet zum Auffüttern der Gleiskörper an Bahnübergängen und in Bahnhöfen. Um diese Verwendungsart zu demonstrieren, wählte ich als Motiv für das

Der Vorplatz des „Berührungsbahnhofs" mit Rollbock-Umsetzanlage. Diese Einrichtung ermöglicht das Aufsetzen von Vollspur-Güterwagen auf Rollböcke der 750-mm-Schmalspurbahn.

erste Diorama einen sogenannten „Berührungsbahnhof" zwischen Vollspur- und Schmalspurbahn mit Rollbockumsetzanlage. Die Szene mit der landwirtschaftlichen Lagerhalle im Mittelpunkt entstand nach einer Luftbildaufnahme vom Bahnhof Möckmühl an der Jagst (Baden-Württemberg). Der gesamte Bahnhofsvorplatz wurde mit HEKI-dur schienenkopfbündig zu den dort verlegten H0e-Schmalspurgleisen aufgefüttert. Das Auffüttern zwischen den Schienen erfolgte mit dünnen Streifen des biegsamen Materials, die auf die Spurbreite zugeschnitten und eingeklebt wurden. Die für die Fahrzeugradkränze erforderlichen Laufrillen wurden anschließend durch Entlangführen einer erwärmten Feinlötspitze an den Schieneninnenkanten ausgeformt.

Das Haupteinsatzgebiet von HEKI-dur sollte jedoch die Herstellung von Modell-Hochbauarchitekturen unter Verwendung der strukturierten, 3 mm dicken Modellbauplatten sein. Schon mit meinen ersten Versuchen stellte ich fest, daß dem Bastler mit diesem Material eine Fülle von Möglichkeiten geboten ist, Brücken, Tunnelportale, Stützmauern, Burgen, Stauwehre und vieles andere nach eigenen Plänen zu bauen. Außerdem, so fand ich bald heraus, sind in geradezu idealer Weise Kombinationen mit den handelsüblichen, industriell hergestellten Plastik-Gebäudebausatzmodellen möglich, wie einige der Bildbeispiele zeigen.

Mit Hilfe eines Bastelmessers ließen sich die HEKI-dur-Modellbauplatten ausgezeichnet schneiden. Voraussetzung für einen einwandfreien Zuschnitt, der auch an den Gehrungen in jedem Winkel gelang, waren eine scharf geschliffene Klinge, die öfters an einem Ölstein abgezogen werden muß, sowie eine feste Unterlage, auf der die Platte plan aufliegt. Die ersten Konstruktionen führte ich ausschließlich unter Verwendung von HEKI-dur aus, wobei ich auch für die innenseitigen Versteifungen die 6 mm dicken Platten aus dem sogenannten Konstruktionsset wählte. Diese rein aus HEKI-dur gebauten Modelle waren aber zu wenig stabil. Ein weiterer Nachteil war, daß an diesen Bauwerken weder Masten noch Aufhängevorrichtungen für die elektrische Fahrleitung angebracht werden konnten. Erst als ich die tragenden Unterkonstruktionen aus Sperrholz konstruierte und die HEKI-dur-

Mit HEKI-dur vorgefertigte Architekturmodelle.

Oben links:
Brückenkombination aus vorgefertigten Bausatzteilen und gemauerten Bögen aus HEKI-dur.

Oben rechts:
Hochgebirgsmotiv mit Steinbogenbrücke nach dem Vorbild der Furka-Oberalp-Bahn.

Unten links:
Zuschneiden einer HEKI-dur-Platte mit dem Skalpell.

Modellbauplatten lediglich zum Verkleiden verwendete, erzielte ich befriedigende Ergebnisse.

Einer meiner ersten Versuche in dieser kombinierten Bauweise war eine Steinbogenbrücke mit Tunnel und Stützmauern in einer Hochgebirgslandschaft nach dem Vorbild der Furka-Oberalp-Bahn (siehe Abb. o. r., S. 80 li.). Die Unterkonstruktion der Brücke bestand lediglich aus zwei der Form entsprechend zugeschnittenen Seitenblenden aus 6 mm starkem Sperrholz. Die Rohform

noch mit Erfolg anwende, wobei die Zeichnungen der geprägten Mauerwerksstrukturen besonders deutlich hervortraten.

Mit einem anderen Diorama habe ich versucht, eine Trassenunterbauung mit Gewölbebögen darzustellen, so wie sie für die Bahnkörpergestaltung an einem Gebirgsanschnitt typisch ist (siehe Abb. unten). Auch hier bestand die Unterkonstruktion aus Holz.

Danach entstand eine ganze Serie von Dioramen mit Motiven nach Vorbildern der Rhätischen Bahn, was mich seinerzeit in den Verruf brachte, daß ich von dieser schweizerischen Bahngesellschaft bestochen worden sei. Dies entsprach natürlich nicht den Tatsachen. Vielmehr nutzte ich die günstige Gelegenheit, die mir die Hochgebirgsmotive in Verbindung mit dem Thema Schmalspurbahn boten, auf relativ kleiner Fläche möglichst viele imposante Bahnkunstbauten glaubhaft darstellen zu können. Unter anderem konnte ich hier auch die vielfältigen Möglichkeiten der individuellen Gestaltung von Tunnelportalen vor Augen führen. Insbesondere bei Anlagen mit vielen Tunnels kann man mit solchen eigenen Architekturen der Uniformität standardisierter Serienportale entgegenwirken. Auch beim Vorbild suchten die Eisenbahningenieure oft, sich mit kunstvoll gestalteten Tunnelportalen und Brücken ein Denkmal zu setzen. Daher findet man hauptsächlich bei Tunnelportalen, die um die Jahrhundertwende

Beispiel einer untermauerten Trasse an einem Gebirgsanschnitt. (Abb. 6)

Freie Nachbildung der Teufelsschlucht (Engadin) mit dem im Bogen geführten Eisenbahnviadukt. (Abb. 9)

ergab sich dann durch Zwischenleimen von Holzstegen und Aufsetzen eines Sperrholzstreifens zur Gleisauflage. Durch Anleimen entsprechend vorgebohrter Holzklötzchen gelang es ferner, auch die Masten der elektrischen Fahrleitung sicher zu befestigen. Auch der Tunnel mit Stützmauer erhielt ein Holzgerippe, das gleichzeitig zur Befestigung der Fahrdrahtspannvorrichtung der Oberleitung benutzt werden konnte. Die Imitationen der Gewölbeblenden entstanden damals noch durch Aufkleben von entsprechend zugeschnittenen Mosaikteilchen aus 1 mm dicker HEKI-dur-Folie. Inzwischen gibt es vorgeprägte Streifen, die diese Arbeit wesentlich vereinfachen. Als letztes Finish erhielten die fix und fertig verkleideten Modelle einen Lasuranstrich in Wisch-Technik mit Dispersionsfarbe in der gleichen Manier, wie ich sie bei der Oberflächenbehandlung der Felsstrukturen auch heute

Ein Güterzug mit vorgespanntem „Krokodil" der Rhätischen Bahn überfährt die Steinbogenbrücke.

Beispiel einer Tunnelgestaltung mit anschließendem Steinbogenviadukt.

gebaut wurden, oft auch Schmuckformen wie Blindgewölbe und Ziergesimse.

Da in früheren Zeiten die Bahnlinien in den Alpenregionen große strategische Bedeutung hatten, sieht man gelegentlich auch heute noch zu Wehranlagen ausgebaute Tunnelportale (siehe Abb. S. 81), die interessante Anregungen für ähnliche Architekturen nach eigenen Entwürfen bieten. Aber selbst wenn man nur die einfache, standardisierte Portalform wählt, sind mit der HEKI-dur-Bauweise zahllose Variationen durch individuelles Gestalten der Stützmauern geboten, wie sie bei vielen Vorbildern zur Bahnkörpersicherung gegen Erdrutsche und Felsabbrüche vorhanden sind.

Damit das sich hinter den Stützmauern stauende Druckwasser abfließen kann, sind oft Abflußrohre in großer Anzahl erforderlich.

In den hier abgebildeten Modellen wurden sie mit Trinkhalmen nachgebildet. Da das aus dem Berg austretende Wasser relativ hohe Anteile gelösten Kalkes mit sich führt, der mit der Verdunstung auskristallisiert, sind die weißen Kalkfahnen unterhalb der Abflußrohre typisch. Die Imitation dieser Kalkfahnen am Modell gelingt leicht mit weißer Plakatfarbe, die man mit einem spitzen Pinsel aufmalt und eventuell mit der Fingerkuppe nach unten verbreiternd verwischt. Allerdings sollte man beim Aufmalen darauf achten, daß die Kalkkristallisationen, die auch beim Vorbild nicht unter jeder Röhre gleich intensiv ausgebildet sind und stellenweise sogar auch fehlen, möglichst unregelmäßig und eher zurückhaltend angebracht werden.

Allgemein viel Beachtung fand auch ein Diorama mit dem großen Viadukt der Rhätischen Bahn und der berühmten Teufelsbrücke

Beispiel eines zur Wehranlage ausgebauten Alpentunnels.

im Vordergrund (siehe Abb. S. 79 li., 82 u.). Die im Bogen geführte Form der gemauerten Eisenbahnbrücke entstand wie beim Vorbild durch die trapezförmigen Grundrisse der aneinandergefügten Gewölbesegmente. Zur Gestaltung der über die Teufelsbrücke führenden Straße habe ich erstmalig Versuche mit einer quarzmehlhaltigen Dispersionsfarbe durchgeführt, die mit der Walze aufgetragen und nach erfolgter Trocknung mit Wasserschleifpapier mattgeschliffen wurde. Mit dem Prototyp dieser Spezialfarbe wurden die Entwicklungsarbeiten zu dem einige Jahre später am Markt erschienenen HEKI-Straßenprogramm eingeleitet.

Die mit den Abbildungen S. 82 gezeigten Brückenkonstruktionen sind Beweise dafür, welch imposante Bauwerke nach eigenen Entwürfen entstehen können, wenn man, wie hier gezeigt, handelsübliche Serienbrückenteile mit aus HEKI-dur gefertigten Brückenköpfen kombiniert. Am Beispiel der eingleisigen Schmalspurbrücke wurde das Faller-Bausatz-Modell, das in die aus HEKI-dur gefertigten gemauerten Seitenteile eingefügt wurde, durch Verkürzung der Querträger an die kleineren Maße der Meterspur angepaßt und entsprechend schmäler zusammengebaut. Die doppelgleisige Flußbrücke entstand sogar in freier Nachbildung und natürlich stark verkürzt nach einem Plan zu einer Rheinbrücke, die um die Jahrhundertwende allerdings ohne die Kopfportale gebaut wurde. Auf die aufwendige Ausführung dieser Bauwerke im Stil preußischer Festungsarchitektur mußte verzichtet werden, weil die während der Planungsphase noch reichlich vorhandenen Mittel zugunsten der im Aufbau befindlichen kaiserlichen Kriegsflotte drastisch gekürzt wurden. Die

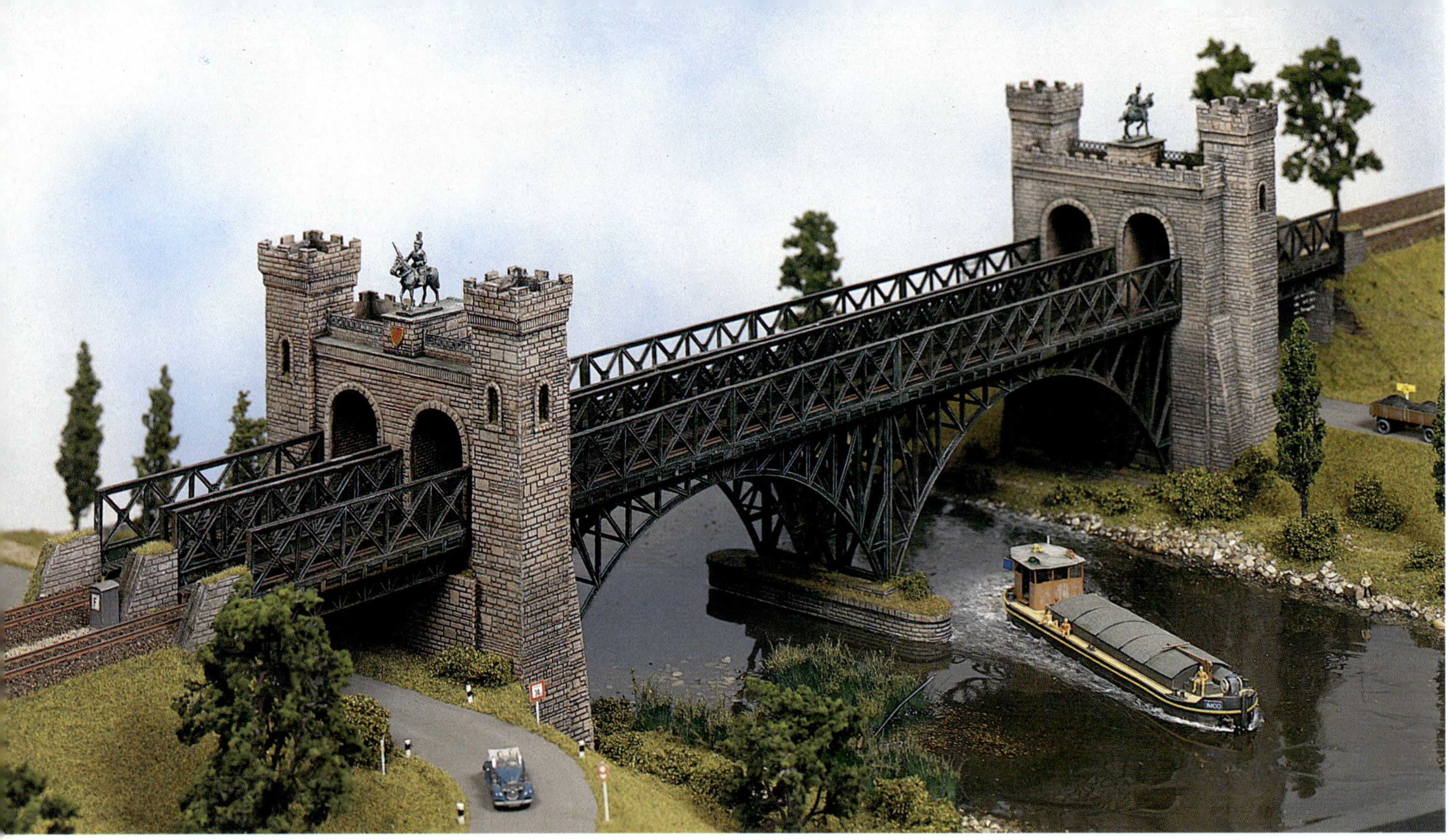

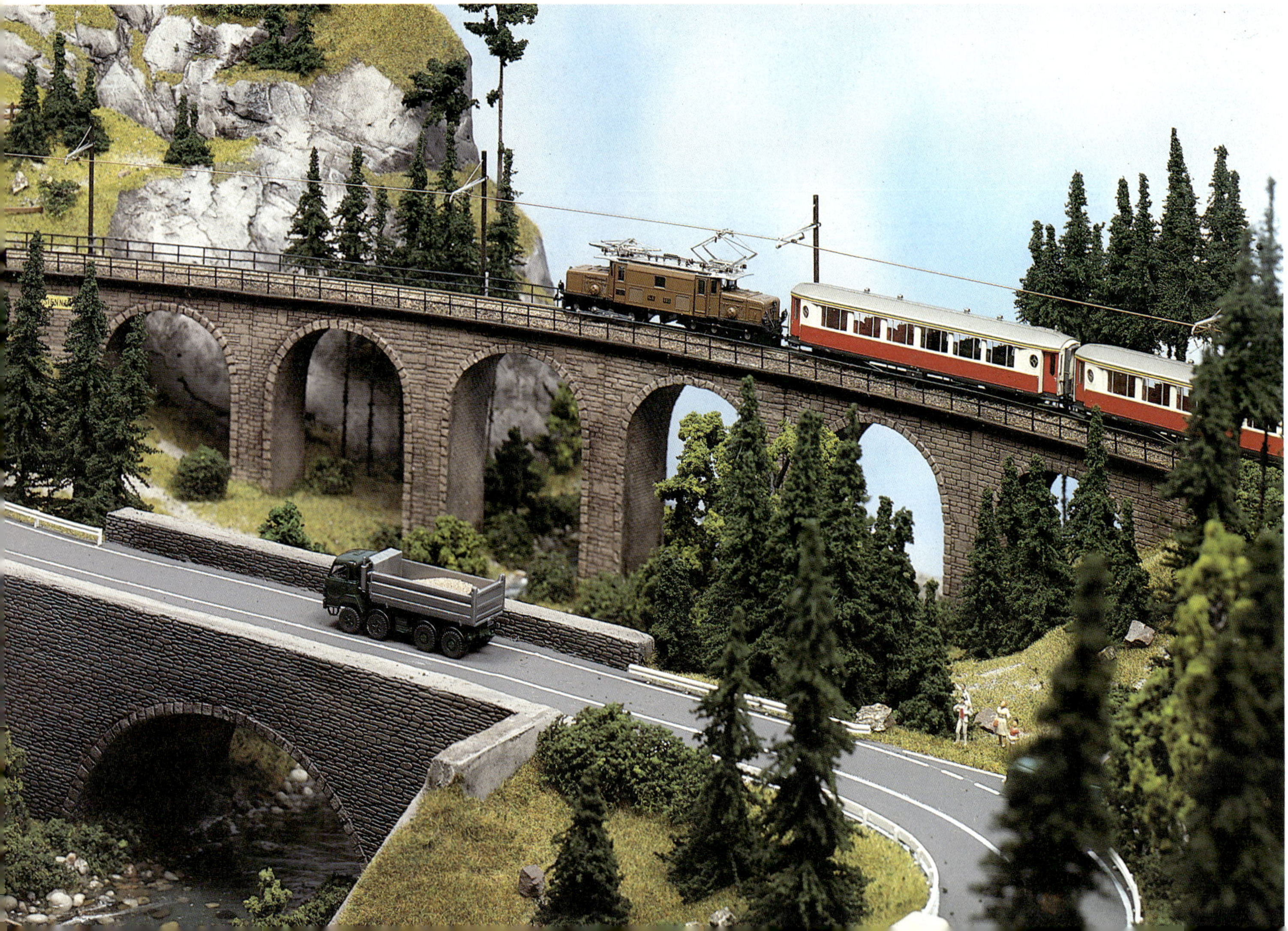

Oben:
Doppelgleisige Eisenbahnbrücke nach österreichischem Vorbild.

Links oben:
Doppelgleisige Eisenbahnbrücke im Stil preußischer Festungsarchitektur.

Links unten:
Die Teufelsbrücke (Engadin) mit dem großen Eisenbahnviadukt im Hintergrund.

überlebensgroßen Reiterfiguren, die die Torhäuser des Modells zieren, fanden sich im Angebot eines Zinnfigurenherstellers. Sie wurden lediglich mit Kupferpatina überzogen und aufgeklebt. Nach einer Reise durch die Wachau wählte ich als Motiv für das letzte Diorama der HEKI-dur-Serie eine doppelgleisige Eisenbahnbrücke im typischen Stil österreichischer Donaubrücken (siehe Abb. oben). Auch hier fertigte ich die Unterkonstruktion

aus Sperrholz. Daher gab es auch keinerlei Probleme mit dem Befestigen der Fahrleitungsmasten. Die Strompfeiler aus Vollholz wurden ebenfalls mit dem sehr biegefähigen HEKI-dur verkleidet.

Im Zuge meiner Arbeiten an diesen Dioramen unternahm ich auch gleichzeitig Versuche, größere Gewässer mit Gießharz zu gestalten. Am besten schnitten dabei die reaktionshärtenden Gießharze auf Expoxidharzbasis ab, die zwar damals noch leicht gelbstichig waren, dafür aber sehr verläßlich binnen 24 Stunden durchhärteten. Das plastische Flußbett mußte ich allerdings mit Modellgips vorformen. Da sich dieses Harz in Abhängigkeit von der eingebrachten Füllmenge während der Aushärtereaktion mitunter stark erwärmte, hätte bei einer aus Hartschaummaterialien hergestellten Flußbettung die Gefahr bestanden, daß der Gewässergrund schmilzt. Daran muß man übrigens auch denken, wenn mit HEKI-dur ummantelte Strompfeiler teilweise mit eingegossen werden. In einem solchen Fall empfiehlt es sich,

Ein Tunnel an der Gotthardstrecke im Stil der zwanziger Jahre mit Originalzug aus jener Epoche.

das Gießharz in jeweils geringen Füllungen etappenweise einzubringen, um eine allzu starke Erwärmung zu verhindern. Nachdem die Fotoarbeiten beendet waren, wurden die Dioramen dieser HEKI-dur-Serie noch jahrelang auf Ausstellungen gezeigt. Offensichtlich wirkten die Schaustücke und die von ihnen gemachten Aufnahmen überzeugend, denn es gelang mit dieser Werbung relativ schnell, das Produkt am Markt einzuführen.

Unten:
Kombibrücke mit der Burg Campi (Tessin) im Hintergrund.

Deutschlandanlage mit dem Intercitynetz in Spur Z!

Durch die Vermittlung des Hauses Märklin trat im November 1983 das Wirtschaftsministerium an mich heran und forderte mich auf, ein Angebot mit Vorschlägen für ein etwa vierzig Quadratmeter großes Schaustück auszuarbeiten, das während der Deutschen Leistungsschau in Tokio Mittelpunkt des offiziellen Repräsentationsstandes der Bundesregierung sein sollte. Den Vorstellungen des mit der Standgestaltung beauftragten Architekturbüros entsprechend war an ein frei gestaltetes Relief von der Bundesrepublik Deutschland gedacht. Vom Auftraggeber vorgegeben war, daß mit dem Modell neben der Geländestruktur die Ländergrenzen, die Landeshauptstädte, die wichtigsten Verkehrswege wie Binnenschiffahrtswege, Autobahnen und das Intercitynetz der Eisenbahn sowie auch die Verkehrsflughäfen

besonders eindrucksvoll dargestellt werden sollten. Bedingung war hierbei, auch Westberlin samt Zufahrtswegen mit in diese Darstellung einzubinden. Gewünscht wurde ferner, daß sich auch auf dem Schaustück etwas bewegt, beispielsweise eine Eisenbahn. Und letztlich sollte die gesamte Arbeit bis zum 1. März 1984 fertiggestellt sein, da schon Mitte März die Einschiffung nach Japan fest eingeplant war.

Da ich seinerzeit mit der Erarbeitung eines Bildbandes beschäftigt war und überdies noch einige schon seit Monaten geplante

Gesamtansicht der Deutschlandanlage während der Deutschen Leistungsschau 1984 in Tokio. (Werkfoto Märklin)

Schaustücke für die im Februar stattfindende Internationale Spielwarenmesse herstellen sollte, war ich für die nächsten acht Monate ausgebucht. So lehnte ich zunächst ab. Mitarbeiter kurzfristig einstellen konnte ich nicht, denn es gab keine Fachleute, die mir hier eine wirkliche Hilfe hätten sein können. Zum anderen hätte ich mit der Einstellung von Hilfskräften meinen Künstlerstatus verloren, ein Umstand übrigens, der auf einer der unsinnigsten Durchführungsverordnungen des damals neu geschaffenen Künstlersozialgesetzes beruht und mich immer wieder daran hinderte, meinen Betrieb zu vergrößern. Gemessen an den Aufträgen, die ich deshalb ablehnen mußte, hätte ich über Jahre hinweg sicher mehr als zehn Mitarbeiter beschäftigen können. Während dieser Zeit erhielt ich auch einen Anruf von meinem Finanzamt. So ganz nebenbei sagte ich dem Sachbearbeiter am anderen Ende der Leitung, daß ich den Auftrag hätte haben können, eine Superanlage für die Deutsche Leistungsschau in Tokio zu bauen, ich aber abgelehnt hätte, weil davon ohnehin nur das Finanzamt profitieren würde. Der Beamte aber, der mein Personalproblem kannte, ermunterte mich, den Auftrag doch anzunehmen, und versprach, daß mir die Beamten des Finanzamtes persönlich dabei helfen würden, falls ich in Zeitnot geriete. Daß dieser Beamte sein Wort ein paar Wochen später halten sollte, ahnte ich zu diesem Zeitpunkt noch nicht. Gleich sechs Beamte des Schwetzinger Finanzamtes halfen ein Wochenende freiwillig und ohne Bezahlung mit. Just während diese fleißigen Helfer, in weiße Arbeitskittel gekleidet, damit beschäftigt waren, Modellgips anzurühren, schneite das Fernsehen herein, um einige Szenen über den Arbeitsfortschritt an der Japananlage zu drehen. Im Zuge dieser Reportage wurde auch einer meiner Helfer interviewt und nach seinem eigentlichen Beruf befragt, den er wahrheitsgetreu mit Finanzbeamter angab. Nach der dritten Mitarbeiterbefragung kam dann der Verdacht auf, daß die Bundesregierung Staatsbeamte verpflichtet habe, mir zu helfen, damit ich rechtzeitig fertig würde. Es bedurfte einiger Erklärungen meinerseits, das ARD-Team davon zu überzeugen, daß die Finanzbeamten ganz freiwillig gekommen waren. Es stimmte also tatsächlich, was Funk und Presse während jener Tage berichteten: Das Finanzamt half beim Bau dieser berühmten Anlage!

Nun, nicht des gut gemeinten Hilfsangebotes wegen habe ich den Auftrag angenommen. Als sich offensichtlich niemand fand, der das Schaustück hätte herstellen können, gab ich schließlich mein Angebot ab, nachdem ich immer wieder dazu gedrängt wurde. Entscheidend für meinen Entschluß war vielmehr die Zusage meines Verlegers, den Abgabetermin für das Manuskript zu meinem neuen Buch um ein Vierteljahr zu verlängern. Mit dem Auftrag zur Gestaltung dieses Schaustückes für die Deutsche Leistungsschau in Tokio habe ich die größte berufliche Herausforderung meines Lebens angenommen. Als ich mit den Planungsarbeiten begann, war es bereits Mitte November. Würde es mir gelingen, das Riesenschaustück vorführbereit zum festgelegten Termin fertigzustellen? Was dann, wenn mir ein Berechnungsfehler unterläuft oder sonst etwas schiefgeht? Das waren die Fragen, auf die ich am Anfang keine Antwort wußte und die mir einige schlaflose Nächte bescherten. Ich verfügte ja über keinerlei Erfahrungen mit derart groß dimensionierten Schaustücken. Und es gab auch niemand, den ich hätte fragen können. Ich war mir sehr wohl bewußt, daß ich mich vor aller Welt unsterblich blamieren würde, wenn mir die Arbeit nicht gelingen würde und ausgerechnet mein Schaustück durchfiele, das in Tokio den Mittelpunkt des Repräsentationsstandes der Bundesregierung darstellen sollte.

Die Planungsarbeit, die ja in wenigen Tagen abgeschlossen sein mußte, war der schwierigste Teil, weil doch eine ganze Reihe Probleme technischer und künstlerischer Natur noch nicht gelöst war. Das Geländerelief selbst bereitete mir kein Kopfzerbrechen. Dagegen schien mir zunächst eine fahrende Eisenbahn auf dem Intercity-Schienennetz in Verbindung mit der gleichzeitig realistisch darzustellenden Geländetopographie der Bundesrepublik als unlösbar. Zwar erfaßte ich rasch, daß mit Märklin-mini-club, als der kleinsten Modellbahn der Welt, es durchaus möglich sein könnte, eine grafisch gute Lösung in der Darstellung des gewünschten Streckennetzes zu finden ungeachtet der unterschiedlichen Maßstabsverhältnisse zwischen Bahn und Geländerelief. Wenn die Züge wirklich fahren sollen, war ich ja gezwungen, die Strecken auf irgendeine Weise miteinander zu verbinden, damit ein Ringverkehr möglich wird. Ich konnte aber nicht einfach die doppelgleisigen Strecken an den Grenzen der Bundesrepublik in Kehrschleifen enden lassen. Und ich konnte auch nicht auf den internationalen Fernstrecken die TEEs und Intercitys im Wendezugverkehr betreiben.

Die zweite Frage war: wird die kleine mini-club-Bahn angesichts der zu erwartenden Staubentwicklung am Ausstellungsort ohne schützende Abdeckung kontaktsicher laufen? Und gibt es eine Steuerung, die so sicher ist, daß sich die Betriebsstörungen in einem noch vertretbaren Rahmen halten? Der Anlagenmaße von rund 6,00×10,00 m wegen war nämlich der Zugriff vom Anlagenrand aus nicht möglich. Im Störungsfalle hätte jedesmal ein gut trainierter Turner auf das Schaustück steigen müssen. Weitere Probleme gab es mit der Unterteilung der Anlage, die ja an einem Stück nicht nach Japan transportiert werden konnte, und letztlich war auch noch nicht geklärt, wo ich das Monster bauen sollte, denn mein Atelier war viel zu klein. Es war Winter, und es

ging nicht nur darum, einen Raum zu finden, der groß genug und einbruchsicher war, er mußte auch gut beheizbar sein und über die erforderlichen Stromanschlüsse verfügen.

Was die Eisenbahn anbetraf, kam mir bald die rettende Idee, das ganze Relief mit einer 10 cm höher gesetzten Abdeckung zu umrahmen. Darunter konnten die Züge mit dem Überfahren der Staatsgrenzen verschwinden: eine geradezu ideale Lösung, denn in dieser Rahmenabdeckung konnte ich nicht nur alle rückführenden Verbindungsstrecken und Speicherbahnhöfe unterbringen, den Betrachterblicken entzogen und vor Staub geschützt. Darüber hinaus hatte ich auch noch ausreichend Platz für die Steuerzentrale, die ja vom Anlagenrand her zugänglich sein mußte.

Ziemlich schnell konnte ich dann auch nach dem Studium des Intercitynetzes der DB einen grafisch befriedigenden Gleisplan entwerfen. Dieser sah einen Verkehr von sechzehn Zügen auf acht Stromkreisen vor, wobei jeweils mehrere Schnellzugpaare auf den konsequent zweigleisig geführten Fernstrecken Aachen – Basel, Saarbrücken – Berlin, Flensburg – Salzburg und Berlin – Nürnberg – Passau ständig in beiden Richtungen unterwegs sein konnten. In den beiden unter der Abdeckung befindlichen Speicherbahnhöfen war ein vollautomatisch gesteuerter Zugwechsel vorgesehen, so daß die Motoren der einfahrenden Lokomotiven während der Verweildauer von etwa 3 bis 5 Minuten abkühlen konnten. Die Speicherbahnhöfe waren mit Plexiglashauben abgedeckt. Auf diese Weise bestand auch für die Ausstellungsbesucher die Möglichkeit, die dort stattfindenden Betriebsabläufe zu verfolgen.

Die Darstellung der Bundeshauptstadt Bonn und der Landes-

Ausschnitt der Deutschlandanlage mit der Darstellung des Stuttgarter Raums im Zentrum. (Werkfoto Märklin)

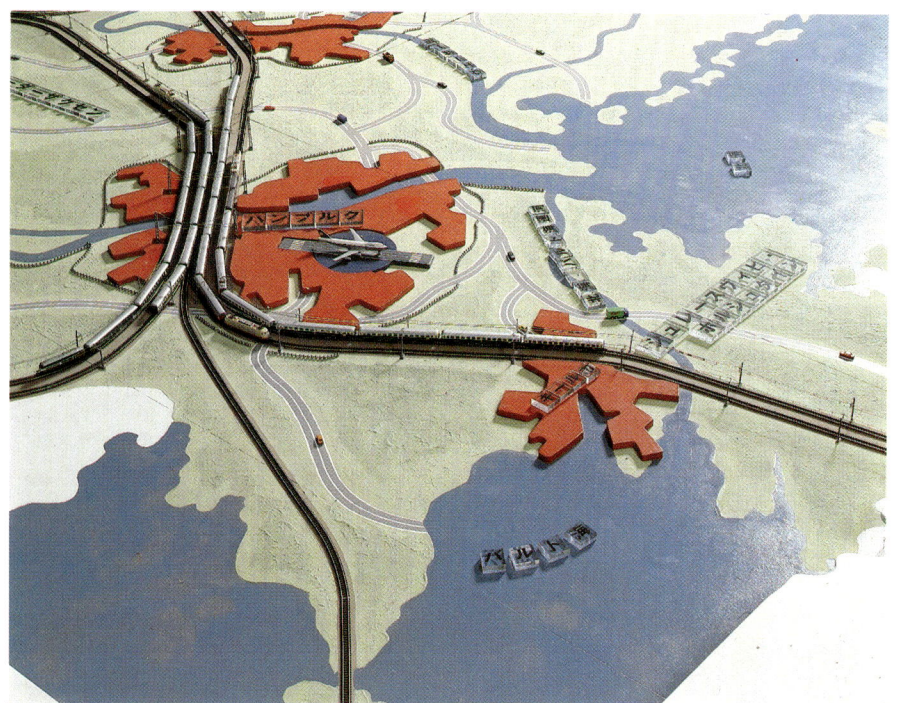

hauptstädte einschließlich Berlin sah mein Entwurf in Form von rot lackierten Holzscheiben in den maßstäblich vergrößerten Umrissen vor. Ähnlich gestaltete ich die Verkehrsflughäfen mit kleinen Modellflugzeugen auf den Start- und Landebahnen, die mir die Deutsche Lufthansa zur Verfügung stellte. Ferner sah das Konzept vor, daß jede der dargestellten Städte von mindestens einem Zugpaar angefahren wird. Ein Zug davon sollte mit Hilfe potentialfreier Schienenkontakte eine Tonbildschau steuern. Auf einem über der Anlage angebrachten Monitor sollte dann jeweils ein Bild von der Stadt erscheinen, in der der Zug gerade hielt. Während ich die beiden anderen Verkehrswege, also Flüsse und Autobahnen, lediglich auf die Basisplatte aufgemalt vorsah, plante ich die Geländestrukturen der unterschiedlichen Topographie entsprechend plastisch geformt und in verschieden abgestuften Grüntönen lasiert, so daß sich für den Betrachter ähnlich wie bei Reliefkarten auch Anhaltspunkte über die Höhenlagen der einzelnen Gebirgszüge ergaben.

Meine Vorschläge fanden sowohl im Wirtschaftsministerium als auch bei dem mit der Durchführung des Projektes betrauten Architekten Zustimmung. Schlüssig war man sich allerdings noch nicht, in welcher Form die Landesgrenzen gekennzeichnet werden sollten. Nach zahlreichen Versuchen fand sich hier die Lösung in einer Perlenkette, die in der Auslage eines Spielwarengeschäftes als Christbaumschmuck angeboten wurde.

Das Außenministerium hingegen meldete Bedenken an, das Gebiet der DDR mit in die grafische Darstellung der Bundesrepublik hineinzunehmen. Ganz ohne DDR-Territorium ging es aber nicht, da ja West-Berlin und die Zufahrtswege dargestellt werden sollten. Der Kompromiß sah schließlich vor, daß das Gebiet der DDR nicht plastisch geformt wird und lediglich die für den Rahmen vorgesehene blütenweiße Seidenglanzlackierung erhält. Damit hatte ich grünes Licht für die handwerkliche Ausführung.

Rechts:
Gesamtansicht der Deutschlandanlage vor der Einschiffung.

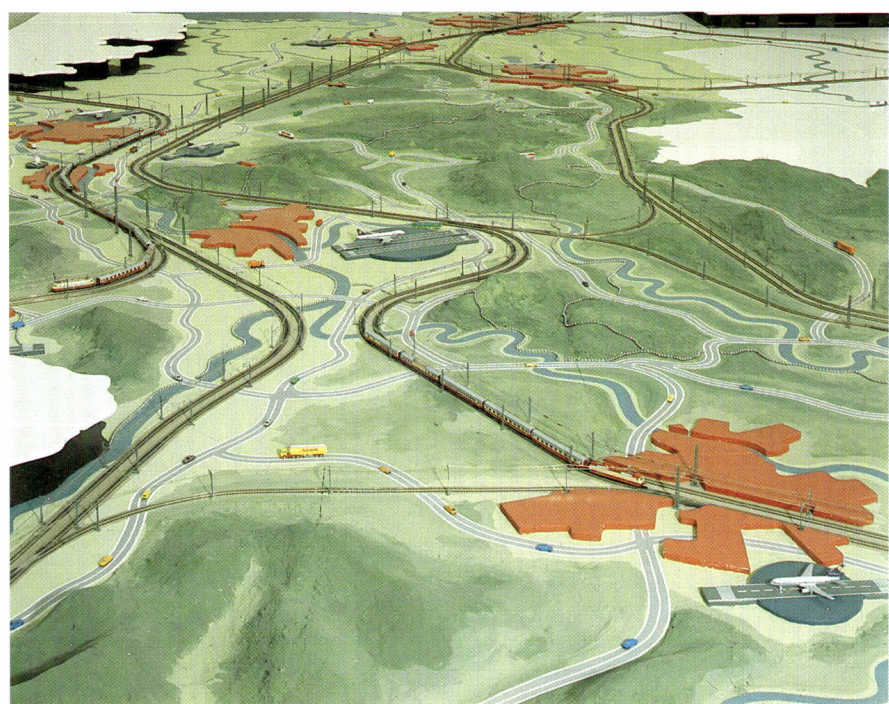

Unten rechts:
Ausschnitt der Deutschlandanlage mit Blick auf Berlin und die Steuerzentrale im Hintergrund.

Glücklicherweise fand sich ein Schreinermeister im Ort bereit, mir einen Teil seiner geräumigen Werkstatt über die Dauer der Arbeiten an der „Japan-Anlage" hinweg zu vermieten. Die längenverschiebbaren Gleisstücke des mini-club-Systems, die ich als Gleisverbindungen an den Trennstellen der Anlage einplante, gestatteten mir ferner ohne Rücksichtnahme auf die zu den Nähten verlaufenden Gleiswinkel eine Einteilung fast nach Belieben. So unterteilte ich die Anlage in sieben Segmente. Diese Gitterrahmenteile aus 2 cm starkem verzugssicherem Apachiholz, die mir als tragendes Grundgerüst dienten, ließ ich nach meinen Zeichnungen in der gleichen Schreinerwerkstatt herstellen. Am 1. Dezember schließlich stand ich vor dem komplett verschraubten Rahmen, der bereits mit den in den Maßen der Einzelsegmente zugeschnittenen Sperrholzplatten abgedeckt war. Ich erschrak regelrecht beim Anblick der riesigen leeren Fläche. Neben mir auf einem Stuhl stand die Kiste mit den mini-club-Gleisen. Wohl war mir gerade nicht, als ich dann ein Gleisstück herausnahm, auf das fast fünfzig Quadratmeter große Werkstück legte und daran dachte, wie viele von diesen Winzlingen es galt, millimetergenau zu verlegen, bis die Arbeit vollendet war. Erst jetzt wurde mir richtig klar, auf was ich mich da eingelassen hatte. Die einzige Chance, die Sache erfolgreich durchzuführen, bestand nun darin, ohne Zögern anzufangen und jede Minute von der mir verbleibenden Zeit möglichst rationell zu nutzen.

So begann ich unverzüglich mit dem Aufzeichnen. Ich fixierte mir zunächst einige Bezugspunkte, deren Standorte ich durch Übertragen der Maße aus dem Werkplan entnahm. Alles andere riß ich frei Hand auf, wie ich es Jahrzehnte zuvor beim Malen von Reklamegiebeln gelernt hatte. Nur war hier diese Arbeit ungleich schwieriger, da ich das Objekt nicht senkrecht vor mir hatte, sondern die Aufrißarbeit in Horizontallage auf den Knien rutschend und die Fläche unmittelbar vor der Nase durchführen mußte. Und

re und der Osten samt Mauer sozusagen als imaginärer Teil der Stadt unter der Abdeckung läge. Er bestand hartnäckig auf einer Änderung insofern, als die ganze Stadt gezeigt werden sollte mit dem Mauerverlauf. Dies war mir aber einfach nicht möglich, weil unterführende Gleise und ein Teil der Steuerzentrale jenen Platz beanspruchten, den ich für die Darstellung von Ost-Berlin benötigt hätte. Um die Forderung zu erfüllen, hätte ich ein Stück anfügen und die Strecken unter der Abdeckung um Ost-Berlin herumführen müssen, was allerdings ein häßliches Flickwerk ergeben und mindestens 25 Stunden Mehrarbeit bedeutet hätte. So versuchte ich es mit politischen Argumenten, ihn von dem Vorhaben abzubringen. Hierbei trat ich aber erst recht ins Fettnäpfchen. Nach längerer und heftiger Diskussion einigten wir uns endlich darauf, West-Berlin einige Zentimeter näher gegen die Bundesrepublik in die weiß lackierte Fläche zu rücken, so daß Ost-Berlin noch vor der Rahmenabdeckung Platz fand.

Auf die Dauer ließ sich nicht geheimhalten, was sich im Innern der manchmal bis lange nach Mitternacht hell erleuchteten Schreinerwerkstatt tat, zumal wir auch über die Weihnachtsfeiertage hinweg ohne Unterbrechung durcharbeiten mußten. So kamen schon in den ersten Tagen des neuen Jahres scharenweise Presseleute und Fotografen, die mir immer wieder meinen Zeitplan durcheinanderbrachten. Ich kam deshalb kaum noch dazu, selbst einige Fotos vom Arbeitsfortschritt an der Anlage zu schießen. Und mit den nahezu täglichen Veröffentlichungen in den verschiedensten Medien konnte ich mich auch vor den Angeboten freiwilliger Helfer kaum retten, die sich aus allen Teilen der Bundesrepublik meldeten und an der Anlage mitarbeiten wollten. Doch mehr als zwei Leute konnten an dem halbfertigen Werkstück nicht arbeiten, denn in diesem Stadium, da die Gleise und Oberleitung bereits verlegt und das Gebirge aus Modellgips fertig geformt waren, durften wir die Anlage nur noch mit Socken betreten, und die Lasurarbeiten erfolgten letztlich auf dem Bauch liegend von einem übergelegten Gerüstbrett aus unter den denkbar schwierigsten Bedingungen.

Schon während der ersten Februartage war die Anlage so weit, daß man mit der elektrischen Installation beginnen konnte. Da wir die Probeläufe möglichst unter den in Japan gegebenen Bedingungen durchführen wollten, bauten wir gleich die der dortigen elektrischen Spannung entsprechenden 110-Volt-Fahrregler ein. Für die Tests stellte uns das Badenwerk einen Umformer zur Verfügung.

Auf Grund meiner nicht eben besten Erfahrungen mit den herkömmlichen Magnetspulenschaltern und im Hinblick auf die geforderte Funktionssicherheit erhielt die Bahn eine elektronische Steuerung, die die Firma Hoetzsch lieferte. Auch die Gleisschaltkontakte arbeiteten mit elektronischen Relais. Lediglich für die bereits erwähnte Projektorensteuerung wurden potentialfreie Reedkontakte eingebaut. Die zur Steuerung dieser Anlage verwendeten elektronischen Module waren übrigens die Vorläufer der heutigen HEKI-Modellbahnsteuerung.

Schon die ersten Probefahrten brachten die denkbar besten Ergebnisse, zumindest was die Steuerung anbetraf. Bei Laufzeiten von mehreren Stunden kam es zu keinen Fehlschaltungen, und die automatische Blocksicherung sorgte dafür, daß es keine Zusammenstöße gab. Sorgen bereitete vielmehr der in einer Schreinerwerkstatt allgegenwärtige Staub, so daß die Bahn nur lief, wenn innerhalb des nicht abgedeckten Bereichs mehrmals

Die Deutschland-Anlage während der Bauarbeiten in der Schreinerwerkstätte.

um zu kontrollieren, ob die Proportionen stimmten, mußte ich immer wieder auf eine hohe Leiter klettern. Doch gegen Abend war alles aufgezeichnet, und zusammen mit einem Architekturstudenten, der mir ein paar Tage aushalf, begann ich mit dem Verlegen der mini-club-Gleise.

Kurz vor Weihnachten, als die Gleise bereits verlegt, Flüsse und Straßen bemalt und die Rahmenabdeckungen zugeschnitten waren und ich gerade damit beschäftigt war, das Aluminiumgewebe den Gebirgsformen entsprechend zu befestigen, kam unverhofft hoher Besuch aus Bonn. Sichtlich erleichtert nahmen die Herren Kenntnis vom zügigen Fortschritt der Arbeiten. Dann aber bemängelte einer von ihnen, daß nur West-Berlin dargestellt wä-

täglich die Schienen intensiv gereinigt wurden. Wichtig für eine einwandfreie Fahrstromübertragung, von der letztlich auch die richtige Funktion der elektronischen Steuermodule abhing, war auch die öftere Reinigung der Fahrzeugräder, die wir an den laufenden Modellen mit Hilfe eines Glasfaser-Tuscheradierstiftes vornahmen.

Genau 24 Stunden vor dem festgelegten Termin stand die Deutschlandanlage in sieben Überseekisten verpackt auf der Verladerampe der Schreinerwerkstatt, transportbereit für die lange Reise rund um den halben Erdball. Ich selbst lehnte es ab, die Anlage während der Ausstellung in Tokio zu betreuen, da ich bereits am nächsten Auftrag arbeitete und schon wieder die Termine drängten. Ein fachkundiger Mitarbeiter des Hauses Märklin übernahm diese Aufgabe.

Am Einsatzort selbst wurde die Anlage noch zusätzlich aufgerüstet. Städte, Länder und Flüsse erhielten aus Plexiglas gefertigte Namensschildchen, natürlich in japanischen Schriftzeichen, und der Bundesadler fand auf der roten Scheibe Aufstellung, die die Bundeshauptstadt Bonn darstellen sollte. In der Tagesschau des deutschen Fernsehens sah ich dann auch zu meiner Beruhigung, daß das Schaustück ringsum von einem prächtigen Blumenwall umgeben und damit vor möglichen Erschütterungen durch unvorsichtige Besucher geschützt war, denn so sicher die mini-club-Bahn auch lief, schon der geringste Stoß hätte genügt, um Züge aus den Gleisen zu werfen.

Wie ich in Erfahrung bringen konnte, liefen die Bahnen über die Dauer der Ausstellung hinweg störungsfrei. Beim Rücktransport von Japan gab es jedoch mit einer Kiste einen Verladeunfall, so daß ein Segment stark beschädigt wurde. Zwei Jahre lagerte die Anlage in Bonn. Dann wurde sie zum Verkauf ausgeschrieben und von einem Privatmann zum Preis von DM 20 000,– erworben, der sie ökonomisch nutzen wollte. Da es aber offensichtlich an den geeigneten Räumlichkeiten für die geplante Ausstellung mangelte, wurde sie abermals zum Verkauf ausgeschrieben. Der zweite Käufer war das bekannte Auto- und Technik-Museum in Sinsheim. Dort erhielt das Schaustück in senkrechter Aufstellung einen würdigen Ehrenplatz in Erinnerung an die erste Leistungsschau, mit der sich der Wirtschaftsgigant Bundesrepublik Deutschland mitten im Zentrum seines fernöstlichen Rivalen präsentierte.

Meine letzte Arbeit für das Haus Märklin:
Die Rorschacher Anlage

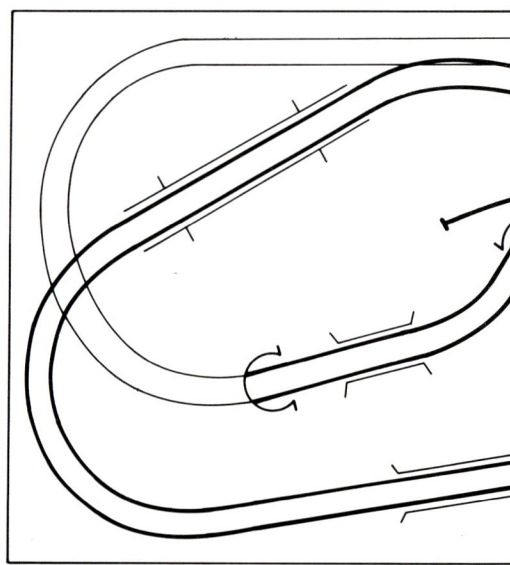

Obwohl diese 5,40 × 1,35 m große Anlage mehr den Charakter einer Schwarzwaldlandschaft zeigte, denn nur dort gibt es Bauernhäuser mit den tief heruntergezogenen typischen Haubendächern, gab ich diesem Modell den Namen „Rorschacher Anlage", in Erinnerung an die Internationale Modellbahnausstellung im Jahre 1984 (IMARO) in Rorschach/Schweiz. Damals hatte mich die Ausstellungsleitung verpflichtet, über die Dauer der Veranstaltung hinweg eine Anlage vor den Augen des Publikums zu bauen. Und das Haus Märklin erklärte sich bereit, das Modell nach seiner Fertigstellung zu übernehmen.

Wohl kaum anderenorts hatte ich ein so dankbares Publikum wie damals in dem fremdenfreundlichen Bodenseestädtchen. Es war wie bei einem Volksfest. Der ganze Ort, vom Hafen bis zu den Straßenzügen an der Peripherie, war in die zehn Tage dauernde Veranstaltung mit einbezogen, da sich die Ausstellungsstände der Industrie und die zur Schau gestellten Anlagen auf mehr als zwei Dutzend Standorte ziemlich gleichmäßig auf gut drei Quadratkilometern verteilten. Und den schönsten Platz, der überhaupt zu vergeben war, hatte man mir zugeteilt, nämlich die Bühne der mitten im Zentrum gelegenen Festhalle. Dort richtete ich meine Werkstatt ein.

Das Konzept zur „Rorschacher Anlage" sah vor, auf der zur Verfügung stehenden Fläche ein Beispiel meiner Anlagenbauphilosophie zu bieten: im Zentrum ein Bahnhof, der realistisch lange Züge aufnehmen kann und im Vordergrund eine Paradestrecke in weit gezogenen, eleganten Bögen. Gleichzeitig wollte ich mit dem Schaustück möglichst alle Techniken zeigen, die ich beim Anlagenbau anwende: die Spantenbauweise, Brückenkonstruktionen und Tunnelportale aus HEKI-dur nach eigenen Plänen, Gewässergestaltung mit Gießharz und ganz besonders auch mein Verfahren, Gebirge mit Modellgips zu formen.

Ich war mir natürlich darüber im klaren, daß ich während der Ausstellung kaum dazu kommen würde, im wörtlichen Sinne an der Anlage so zu bauen, wie ich dies zu Hause in meinem Atelier gewohnt war. Die Besucher wollten ja in erster Linie mit mir sprechen und erwarteten Ratschläge zu diesen und jenen Anwendungsverfahren. Deshalb erschien es mir vorteilhafter, die Anlage im Rohbau vorzustellen. Einige Gleise waren bereits verlegt und eingeschottert. Und in einer Ecke hatte ich sogar ein Gebirgsdetail soweit vorbereitet, daß man die einzelnen Stufen des Arbeitsfortschrittes vom Aluminiumgewebe bis zur Farblasur deutlich verfolgen konnte. Diese Darstellungsart erleichterte mir

Links:
Das Zentrum der Rorschacher Anlage aus der Vogelperspektive.

Rechts:
Die Bahnhofsanlage.

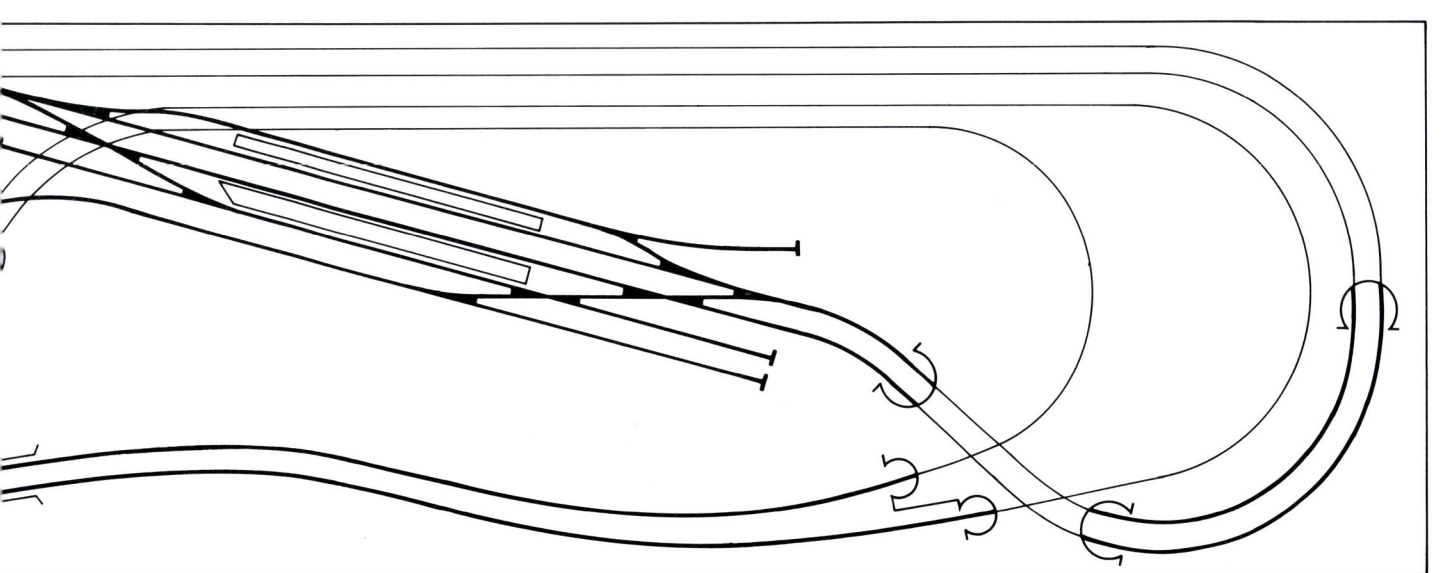

meine Erklärungen wesentlich. Und wenn es einmal darum ging, die Handgriffe praktisch zu demonstrieren, wie etwa das Einschottern der Gleise oder das Auftragen der Farblasuren, konnte ich dies viel besser an den bereits vorbereiteten Details tun.

Aber auch die ganze Anlagenkonzeption konnte mit diesem halbfertigen Modell erheblich deutlicher vor Augen geführt werden als mit der Planskizze. Die Gleisfigur bestand lediglich aus einer doppelgleisigen Ringstrecke in der Form eines in sich verschlungenen Hundeknochens als dem klassischen Beispiel einer Fahranlage mit nur wenig Rangiermöglichkeiten. Doch der Platz in der unteren Ebene hätte gut für einen mindestens sechsgleisigen Schattenbahnhof gereicht. Und mit weniger Gebirge in der zweiten Ebene hätte sich außerdem auch noch ein Schotterwerk oder eine kleine Fabrik mit Gleisanschluß als zusätzliches Motiv angeboten. Wie bei früheren Anlagenentwürfen hatte ich auch hier im linken Anlagenteil die Höhenstaffelung des Gewässers durch ein Stauwehr und einen Wasserfall gestaltet, um im hinteren Anlagenteil eine ausreichende Durchfahrtshöhe für die in der unteren Ebene verkehrenden Züge zu erzielen. Auch die nach eigenen Plänen hergestellten Tunnelportale und Brückenköpfe wurden bereits fix und fertig und mit der endgültigen Farbpatina versehen gezeigt.

Ein zwei Meter breiter Streifen des vorderen Bühnenteils war als

Links:
Das vordere Tal mit Mühlbach und Stauwehr.

Unten:
Die modifizierte doppelgleisige Faller-Stahlträgerbogenbrücke.

Der mittlere Teil des Bahnhofs mit Holzverladeplatz.

Durchgang für das Publikum vorgesehen. Alles, was hinter der Vorhanglinie lag, gehörte zu meinem Reich. Hier hatte ich meine komplette Werkstatt eingerichtet. Echt war allerdings nur mein „Schlaumeier", eine zweiteilige Werkzeugkiste auf Rollen, die ich auch in meinem Atelier stets neben mir habe und die mir dort unnötige Wege erspart. Sie enthält alle Utensilien griffbereit geordnet, die ich zum Anlagenbau benötigte. Der Maschinenpark hingegen, angefangen vom Spritzkompressor bis zur Bandsäge, wurde mir von einer schweizerischen Herstellerfirma leihweise zur Verfügung gestellt.

Das halbfertige Anlagenmodell stand in Höhe der Vorhanglinie unmittelbar hinter einer Absperrkette, die allerdings nicht lange hielt. Schon wenige Minuten nach der Eröffnung drängten sich Trauben von Menschen auf der Bühne und schoben die Anlage manchmal bis zur Bühnenmitte. Und dieses Gedränge hielt an, bis der Lautsprecher zehn Tage später das Ende der Ausstellung verkündete. Mehr als 50 000 Besucher zogen an meiner Demonstrationsanlage vorüber. Die meisten waren fasziniert von dem, was sie sahen. Doch die wenigsten ahnten, daß hinter dieser Fassade der glänzend präsentierten heilen Welt auch ein ganzes Stück harter Knochenarbeit steckte und der Anlagenbau mit dem Hobby nur noch wenig zu tun hat, wenn er erst einmal zum Beruf geworden ist.

Die unzähligen Gespräche, die ich hier mit den Besuchern führen konnte, bestätigten mir jedoch immer wieder, daß meine Art kreativer Anlagenbau bei einem breiten Publikum gut ankam und vielen als erstrebenswert für die eigene Praxis galt. Auf der anderen Seite konnte ich durch die direkten Kontakte mit zahlreichen

Der Bauernhof mit Brandweiher im rechten Anlagenteil.

erfahrenen Modellbauern eine Reihe von wertvollen Anregungen und Verbesserungsvorschlägen mit nach Hause nehmen.
Die Rorschacher Anlage war meine letzte Arbeit, die ich für das Haus Märklin ausführen durfte. Noch nicht einmal vier Jahre währte meine Zusammenarbeit mit dem Marktführer der Bran-

che, und es zeigte sich wieder einmal mehr, wie richtig meine Entscheidung war, mich nicht für einen einzigen Hersteller zu verpflichten. Zwischenzeitlich hatte ich einen so guten Namen und auch mehr Aufträge, als ich guten Gewissens hätte annehmen dürfen, so daß ich um meine Existenz nicht bangen mußte.

Meine erste Messeanlage für das Haus Faller:
Dampf-Bahnbetriebswerk in HO mit Speicherbahnhof

Unter einem „Bahnbetriebswerk" (Bw) versteht man in der Fachsprache des Eisenbahners eine Anlage des Betriebsmaschinendienstes, in der Fahrzeuge versorgt, gewartet und dienstbereit gehalten werden. Beeindruckend waren die einstigen Dampflokomotiv-Betriebswerke, die leider mit den letzten Vertretern dieser Triebfahrzeuggattung schon seit vielen Jahren aus den Eisenbahnlandschaften Mitteleuropas verschwunden sind. Allein auf den Modelleisenbahnanlagen erfreuen sich die Dampflokomotiven nach wie vor großer Beliebtheit. Und wo sie auf einer Modelleisenbahnanlage eingesetzt werden, sollte auch die Versorgungsbasis für diesen Lokomotivtyp nicht fehlen, denn mit kaum einem anderen Anlagenmotiv ist es möglich, die faszinierende Atmosphäre nostalgischen Dampfbetriebs lebendiger und konzentrierter in Szene zu setzen.

Als das Haus Faller im Jahre 1983 das HO-Bausatzmodell einer Großbekohlungsanlage auf den Markt brachte, ging für viele Modellbahnfreunde der Wunsch nach einem stilgerecht nachgebildeten Dampf-Bw mittlerer Größe, so wie es einst als Wartungs- und Versorgungsbasis für größere Schlepptenderlokomotiven an den Eisenbahnknotenpunkten zu finden war, in Erfüllung. Da aber in Ermangelung vorhandener Vorbilder unter den Kunden oft Unklarheit herrschte, wie ein solches Dampf-Bahnbetriebswerk historisch getreu aufgebaut werden sollte, erhielt ich vom Hause Faller den Auftrag, eine Dampflokbasis mittlerer Größe im Stil der fünfziger Jahre und in Form einer betriebsbereiten HO-Anlage nachzubauen. Gleisplan und Fotos von dieser Anlage sollten im Faller-Katalog abgebildet werden. Außerdem war das Modell zur Ausstellung auf dem Stand der Nürnberger Spielwarenmesse vorgesehen.

Die Aufgabe war nicht ganz so einfach, wie es zunächst erschien, denn der historisch getreue Nachvollzug einer Dampflokomotiv-Basis setzt im Hinblick auf die Anordnung der Behandlungseinrichtungen in der richtigen Reihenfolge einige spezielle Kenntnisse der Materie voraus. Schon für die ersten Überlegungen zur Planung ist es wichtig zu wissen, daß die ehemaligen Dampflokomotiven im Vergleich zu den Elektro- oder Diesellokomotiven einen erheblich höheren Versorgungs- und Wartungsaufwand erforderten. Entsprechend umfangreich waren auch die Einrichtungen. Neben den üblichen Einrichtungen eines Bahnbetriebswerkes heutiger Prägung mußten solche für das Bekohlen, das Löscheziehen, das Wasserfassen, das Ausschlacken und das Besanden vorhanden sein, und da Dampflokomotiven mit Schlepptender in der Regel nur in Vorausfahrtrichtung Züge übernehmen konnten, mußten die Anlagen außerdem auch über geeignete Wendemöglichkeiten verfügen.

Im Interesse einer möglichst rationellen Abfertigung der vom Zugdienst zurückkehrenden Dampflokomotiven hat sich allgemein eine ganz bestimmte Reihenfolge des Behandlungsablaufs in fast allen mittleren und größeren Dampflokomotiv-Be-

triebswerken durchgesetzt: Untersuchen des Fahrwerks über der Untersuchungsgrube, Bekohlen, Löscheziehen (Reinigen der Rauchkammer), Wassernehmen, Ausschlacken, Besanden, Warten (Schmieren, Waschen u. a.), ggfs. Reparieren, Wenden und Bereitstellen.

Um einen reibungslosen Betriebsablauf sicherzustellen, waren die Gleise in den einstigen Dampf-Bw so verlegt, daß die

Bekohlung und Entschlackung aus der Vogelperspektive.

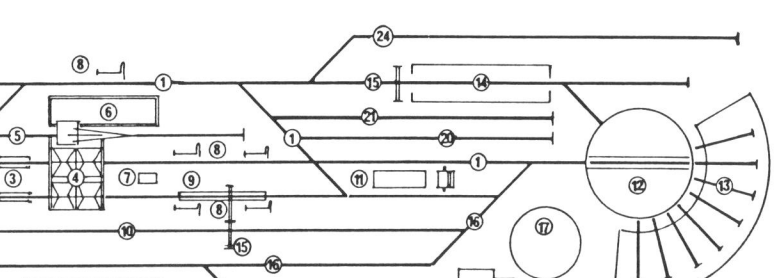

Schemaskizze zu einem Dampflok-Betriebswerk.

erwähnte Behandlungsreihenfolge im Ein-Richtungs-Betrieb durchgeführt werden konnte und alle Behandlungsstationen möglichst ohne erforderliche „Sägefahrten" erreichbar waren. Kurzstreckenlokomotiven wie beispielsweise Rangier- oder Wendelokomotiven, die lediglich zum Bekohlen oder Wassernehmen in das Bw einfuhren, mußten ferner die den Streckenlokomotiven vorbehaltenen Behandlungsgleise über ein weiteres Bekohlungsgleis umfahren können.

Mit der hier gezeigten Skizze ist der Gleisplan zu einem klassischen Dampf-Bw dargestellt, dessen speziell angeordnete Einrichtungen die genannten Forderungen in idealer Weise erfüllen. Das Ein- und Ausfahrgleis, das gleichzeitig auch Hauptausfahrgleis für die zum Einsatz ausfahrenden, dienstbereiten Lokomoti-

ven war, ermöglichte die direkte Zufahrt zum Lokomotivschuppen. In den beiden parallel geführten Behandlungsgleisen lagen zuerst die Untersuchungsgruben. Hier wurden die vom Streckendienst zurückkehrenden einfahrenden Lokomotiven auf eventuelle Mängel an den Fahrwerken hin untersucht. Anschließend erfolgte die Bekohlung unter den Bunkertaschen der Bekohlungsanlage. Zwischen dem Hochbunker und dem Kohlenbansen befand sich das Kohlenwagengleis. Mit Hilfe des Krans der Bekohlungsanlage wurde die hier eintreffende Kohle aus den offenen Güterwagen entweder direkt in die Bunkertaschen entladen oder aber zur Bevorratung in den jenseitig gelegenen Kohlenbansen verfrachtet. Nach der Bekohlung wurden die Lokomotiven zum Löscheziehen um eine Fahrzeuglänge

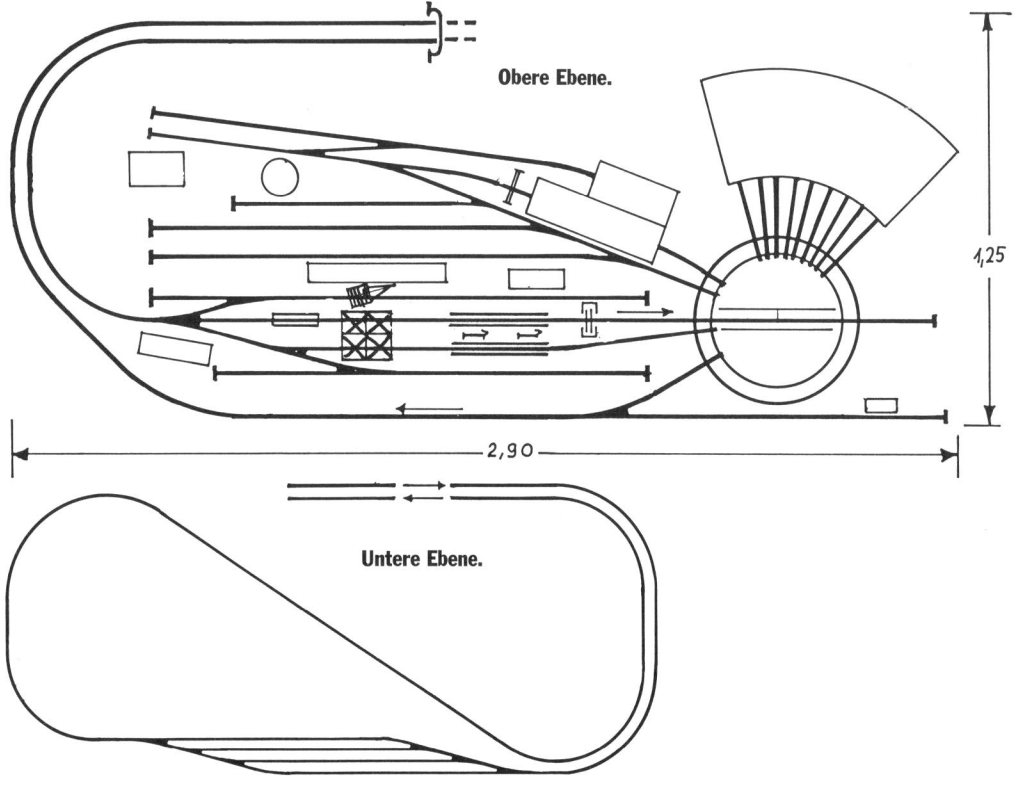

Obere Ebene.

Untere Ebene.

1,25

2,90

Gleisplan zur Faller-Messeanlage 1985.

vorgezogen. Zur Aufnahme der Verbrennungsrückstände aus der Rauchkammer befand sich neben dem Gleis ein spezieller Löschebansen.

Die nächste Station war dann der Wasserkran. In den klassischen Dampf-Bahnbetriebswerken wurden hier zwei Behandlungsvorgänge gleichzeitig durchgeführt: Das Wassernehmen und das Ausschlacken. Interessant in diesem Zusammenhang ist, daß für das Wasserfassen einer Dampflokomotive kein gewöhnliches Leitungswasser verwendet werden durfte. Um der so gefürchteten Kesselsteinbildung vorzubeugen, war ein speziell chemisch aufbereitetes Kesselspeisewasser vorgeschrieben, welches im obligaten Wasserturm in ausreichender Menge vorrätig gehalten wurde. Auch in der Skizze ist der Wasserturm eingezeichnet. Sozusagen als Markenzeichen beherrschte er einst die Szene in den ehemaligen Dampf-Bw. Ein Wasserturm war sogar in kleinen „Bw" vorhanden, weil ein örtliches Leitungsnetz nie in der Lage gewesen wäre, so kurzfristig die gewaltigen Wassermengen zu liefern, wie sie zum Wasserfassen einer Dampflokomotive benötigt wurden. Dennoch nahm das Wassernehmen einer größeren Schlepptenderlokomotive 15 bis 20 Minuten in Anspruch. Um die Zeit dieses Zwangsaufenthaltes zu nutzen, war es üblich, während des Wasserfassens gleicherorts auch das Ausschlacken vorzunehmen.

Deshalb befand sich auch die Ausschlackungsgrube, wie in der Skizze dargestellt, stets innerhalb des Schwenkbereichs der Wasserkräne. Sobald die Lokomotive diesen Gleisbereich verlassen hatte, wurden die mit Schlacke gefüllten Loren mit Hilfe einer Hebevorrichtung (Laufkatze) aus der Grube herausgehoben und in die auf dem parallel geführten Schlackenwagengleis abgestellten Güterwagen entladen. In der Skizze ist allerdings nur in einem der beiden Behandlungsgleise eine Ausschlackungsgrube vorgesehen. Das zweite Behandlungsgleis diente vielmehr der Versorgung von Kurzstreckenlokomotiven, die in betriebsbereitem Zustand lediglich zum Bekohlen und Wassernehmen die Anlage entsprechend schneller durchfuhren. An den Ausschlackgruben waren übrigens Gelenkwasserkräne vorgeschrieben, da die Dampflokomotiven, wenn sie einmal über der Grube standen, zum Wasserfassen weder vorrücken noch zurücksetzen konnten.

Im weiteren Durchlauf wurden unter der Besandungsanlage die Sandvorräte ergänzt. Auch die großen druckluftbetriebenen Besandungsanlagen, wie sie zum selbstverständlichen Bild der ehemaligen Bahnbetriebswerke gehörten, sind in den modernen Anlagen von heute nicht mehr zu finden, da Elektro- und Diesellokomotiven zum Anfahren und Bremsen nur noch in Ausnahmefällen Sand benötigen und entsprechend geringere Mengen mit sich führen. So lohnt sich heute eine maschinelle Besandung nicht mehr.

Über die Drehscheibe erreichten die in der beschriebenen Weise versorgten Lokomotiven schließlich die Lokstände in der Halle, wo Wartungsarbeiten und eventuell auch kleinere Reparaturen ausgeführt wurden. Dampflokomotiven, an denen größere Reparaturen durchgeführt werden mußten, wurden meist in benachbarte Werkstätten verbracht, damit sie die Stände in den Bereitschaftshallen des Lokomotivschuppens nicht unnötig lange blockierten. Wie bereits erwähnt, waren in den ehemaligen Dampflokomotiv-Betriebswerken, die mit der Versorgung und Wartung von Schlepptenderlokomotiven im Streckeneinsatz be-

Behandlungsgleise und Versorgungsgleise aus der Vogelperspektive.

traut waren, stets Drehscheiben vorhanden, die in erster Linie zum Wenden der Lokomotiven benötigt wurden. In großen Betriebswerken wurden die Drehscheiben vielfach auch, wie mit dem Skizzenbeispiel gezeigt, als raumsparende Gleisverbindungen zu den ringförmig um sie herum angeordneten Hallenständen genutzt. Dies war aber nicht immer und grundsätzlich der Fall. Mancherorts befand sich die Drehscheibe innerhalb oder aber auch am Ende eines Nebengleises und diente dort ausschließlich zum Wenden der Fahrzeuge. Sehr selten hingegen fand sich anstelle einer Drehscheibe als alternative Wendemöglichkeit eine Wendeschleife oder ein Gleisdreieck. Beides erforderte nämlich umständliche Rangierfahrten insbesondere beim Wenden von Lokomotiven, die nicht unter Dampf standen. Bedingt durch den erheblich größeren Platzbedarf dürften diese Wendemöglichkeiten auch auf der Modelleisenbahnanlage nicht sehr sinnvoll sein.

Während der letzten Jahre der Dampflok-Ära war es schon fast die Regel, daß in den Bahnbetriebswerken auch Diesellokomotiven für den örtlichen Verschiebedienst beheimatet waren. Für sie ist das Tankgleis in der Skizze vorgesehen. Falls auch Dampflokomotiven mit Ölfeuerung – äußerlich erkennbar am Tender – ein betreffendes Betriebswerk anlaufen, muß man ferner an ein zusätzliches Tankgleis mit Ölkran und den Vorratsbehältern für schweres Heizöl denken.

Die Entschlackungsanlage mit den beiden Gelenkwasserkränen.

Mit der mir von Faller in Auftrag gegebenen Anlage wollte ich den Beweis erbringen, daß es einmal möglich ist, auch in der Nenngröße H0 auf relativ kleiner Fläche das Thema klassisches Dampf-Bahnbetriebswerk im Ein-Richtungs-Betrieb zu realisieren. Zum anderen sollte dieses Schaustück ein Beispiel für eine Anlage sein, die im Nachvollzug sowohl in ein bestehendes Anlagenkonzept integriert als auch in der zweistöckigen Version ohne Anhang eigenständig betrieben werden kann. Der viergleisige Schattenbahnhof in der unteren Ebene, der noch um einige Gleise hätte erweitert werden können, diente hierbei als Depot zum Speichern der Lokomotiven.

Zugegebenermaßen wirkte die am Kopf der Behandlungsgleise eingebaute Dreiwegweiche, die es ja beim Vorbild nicht gibt, etwas unrealistisch. Aus Platzgründen war sie jedoch hier unverzichtbar; unter Verwendung von Normalweichen hätte man die Anlage bei gleichen Abzweigwinkeln um etwa 40 cm verlängern müssen. Ebenfalls ein Zugeständnis an die mit 2,90 m doch recht knapp gewählte Anlagenlänge war die auf Linksverkehr ausgelegte zweigleisige Zubringerstrecke zum Bahnhof. Da es sich aber nur um eine Verbindungsstrecke handelte, war der Linksverkehr hier nicht grundsätzlich falsch, er entsprach aber auch nicht dem Üblichen. Unter Berücksichtigung der veränderten Weichenwinkel und Radien kann dieser Anlagenplan ebenso wie alle anderen in diesem Buch gezeigten Anlagenpläne mit jedem Gleissystem und natürlich auch mit einem solchen in einer anderen Nenngröße nachvollzogen werden. Mit Hilfe einer Gleisplanzeichenschablone, die es zu jedem Gleissystem gibt, gelingt das Umsetzen ohne Schwierigkeiten.

Der erwähnte Ein-Richtungs-Betrieb jedenfalls wurde auf dem Schaustück recht eindrucksvoll demonstriert. Das aus der unteren Ebene herausführende Einfahrgleis setzte sich unverzweigt im Hauptbehandlungsgleis für Streckenlokomotiven fort. In dieser Geraden, die direkt auf die Drehscheibe führt, lagen der klassischen Reihenfolge entsprechend die Untersuchungsgrube, die Bekohlungsanlage, die Ausschlackgrube mit zwei Gelenkwasserkränen und die Hochdruckbesandungsanlage. Vorbildgetreu eingeplant waren ferner das parallel angeordnete Umfahrgleis für Kurzstreckenlokomotiven, die Nebengleise für die Kohlezufuhr und den Schlackenabtransport sowie die Verbindungsgleise zur Reparaturwerkstatt samt den dort für den Rangierbetrieb erforderlichen Ausziehgleisen. Drei zusätzliche Abstell- bzw. Bereitstellungsgleise, ein Tankgleis für Dieselfahrzeuge und das an die Drehscheibe angeschlossene Ausfahrtgleis vervollständigten das Konzept.

Die Drehscheibe mit Ringlokschuppen und den Lokwerkstätten im Hintergrund.

Die dunkle Patina erhielt die Anlage durch vorsichtiges Übernebeln mit Kunstharzmattlackfarbe, bevor ich die zuvor in gleicher Weise behandelten Gebäudemodelle aufstellte. Nach erfolgter Trocknung wurden die Schienenköpfe mit Wasserschleifpapier der Körnung 360 blankgeschliffen. Die Kohlenhalden im und um den Bansen formte ich mit Modellgips, und die Einbettung des Kohlegranulats erfolgte in schwimmend dick aufgetragener schwarzer Dispersionsfarbe. Die Darstellung der Schlacke gelang durch Einstreuen von Koksasche in farblosen Mattlack. Speziell für die Messe erhielt die Anlage eine vollautomatische Zeitsteuerung, wobei zwei im Speicherbahnhof in der unteren Ebene deponierte Dampflokomotiven gleichen Typs in bestimmten Abständen hintereinander die Anlage über das Hauptbehandlungsgleis durchfahren sollten. An den einzelnen Behandlungsstationen war ein jeweiliger Aufenthalt von mehreren Sekunden eingeplant. Auf der Drehscheibe sollten die Lokomotiven ebenfalls automatisch gewendet und in das Ausfahrtgleis geleitet werden. Den Einbau dieser elektronischen Steuerung nahm ich jedoch nicht selbst vor. Vielmehr verließ die Anlage mein Atelier entgegen der sonstigen Regel ohne die erfolgten

Testläufe, und ich bekam sie erst einen Tag vor Messebeginn wieder zu Gesicht, als sie am Faller-Stand aufgebaut war und nicht lief. Damit begann eine der denkwürdigsten Episoden meiner beruflichen Laufbahn als Anlagenbauer.

Die Anlage lief also zum Entsetzen meiner Auftraggeber nicht. Zwar funktionierte die Automatik einwandfrei, doch die beiden Roco-Schlepptenderlokomotiven vom Typ 01 schafften einfach die Steigung nicht; sie blieben mit mahlendem Tenderantrieb in den Kurven der von der unteren zur oberen Ebene führenden Verbindungsstrecke hängen. Was lag in dieser Situation näher, als die Roco-Techniker um Hilfe zu bitten, die gerade um die Ecke mit dem Aufbau des eigenen Standes beschäftigt waren. Sie kamen auch sofort und vermuteten, nachdem sie die beiden Lokomotiven eingehend untersucht hatten, daß ich entweder die Steigung zu steil oder aber die Radien zu eng gebaut hätte. Man versuchte es schließlich durch Veränderung der Spur an den Lokomotiven. Doch auch das half nichts. Ich stand vor einem Rätsel, denn ich hatte diese Anlage ebenso wie alle anderen, die mein Markenzeichen tragen, präzis gebaut. Die nur 30‰ geneigte und mit den Originalradien des Roco-Gleises ausgeführte doppelgleisige Verbindungsstrecke konnte sicherlich nicht die Ursache sein. Den Herstellerangaben und außerdem auch meinen eigenen Erfahrungen entsprechend mußten die Roco-Lokomotiven ohne angehängte Züge eine mindestens doppelt so

Das Anlagenzentrum aus der Vogelperspektive mit den Bereitstellungsgleisen und dem Wasserturm im Hintergrund.

steile Steigung schaffen und wesentlich kleinere als die von mir gewählten Radien einwandfrei durchlaufen. Zu allem Übel hatten die Faller-Leute auch noch das Modell so verkleidet, daß man von unten nur noch durch ein enges Schlupfloch beikam. An irgendwelche konstruktive Veränderungen an den Trassen im Bereich der unteren Ebene war daher überhaupt nicht zu denken.

Als am nächsten Morgen, dem Tag der Messeeröffnung, die Anlage immer noch nicht lief, gab man die Bemühungen auf und zeigte das Schaustück lediglich als Standmodell. Insofern unterschied es sich kaum von den anderen Exponaten, die auch am Faller-Stand zu sehen waren, und da man ja hier in erster Linie Zubehör und nicht Modellbahnen verkaufen wollte, war die Sache auch nicht so furchtbar tragisch. Allerdings schob man mir den Schwarzen Peter zu. Herr Edwin Faller persönlich wollte mir

jedoch noch einmal eine Chance geben und offenbarte mir seinen Plan, der vorsah, daß ich mich in der Woche nach der Messe im Werk einfinden sollte, dort von ihm einen Lastwagen erhalten würde, mitsamt der Anlage auf der Pritsche, und mich erst mit beiden in Gütenbach wieder sehen lassen dürfte, wenn das gute Stück einwandfrei liefe.

So geschah es dann auch. Mit sehr gemischten Gefühlen steuerte ich den Lastwagen während eines Schneesturmes mehr schlitternd als fahrend die vereiste Paßstraße des Simonswälder Tals den Schwarzwald hinunter. Und auch die Heimfahrt über die Autobahn glich eher einem Horrortrip, wenn ich daran dachte, was mir zu Hause blühen würde, nämlich die Anlage mittlings auseinanderzusägen. Ernsthaft spielte ich sogar mit dem Gedanken, das verhaßte Stück gleich auf die Müllkippe zu fahren und von Grund auf ein neues Modell zu bauen. Das hätte ich

wahrscheinlich auch getan, wenn nicht die ganze Elektronik darin gesteckt hätte, die ich ja selbst nicht installieren konnte.
Doch bevor ich die Anlage zu Hause ablud, wollte ich mir doch
noch einmal die beiden Roco-Lokomotiven vornehmen. Es war
sozusagen der letzte rettende Strohhalm, an den ich mich
klammerte. Ich baute provisorisch auf meiner Werkbank unter
Verwendung von zwei Roco-Flex-Gleisen eine Strecke mit zwei
Kurven auf, setzte die erste Lok auf das Gleis und drehte den Tra-
fo auf. Die Lokomotive fuhr zügig los. Doch in der Kurve blieb sie
dann plötzlich mit blockiertem Hauptfahrwerk stehen, während
die Räder des Tenderantriebs auf der Stelle drehten. Die Ursache
– man sollte es fast nicht für möglich halten: die lediglich in Bohrungen lose eingesteckten Bremsgestänge aus Plastik hatten
sich gelockert und das Steuergestänge des Hauptfahrwerks
blockiert. Auch die zweite Lokomotive zeigte den gleichen Man-
gel. Nachdem ich die Gestänge vollkommen in die Bohrungen
hineingedrückt und mit Plastikkleber fixiert hatte, lief die Anlage
über Stunden hinweg störungsfrei, jedoch nicht in meinem Atelier, denn ohne sie erst abzuladen, fuhr ich noch am selben Tag in
den Schwarzwald zurück, um den Herren in der Chefetage zu beweisen, daß meine Steigungen nicht zu steil und meine Kurven
auch nicht zu eng gebaut waren. Und nachdem die Roco-Leute
die gelockerten Bremsgestänge trotz eingehender Prüfung beider Modelle nicht als Störungsursache erkannt hatten, machte
man mir auch keine Vorwürfe, daß es des Umweges mehrerer
hundert Lastwagenkilometer bedurfte, um den Fehler endlich zu
finden.
Wie aber das Schicksal manchmal so spielt: Schon bei der nächsten Ausstellung streikte die Anlage wieder. Ein Kabelbaum war
von einem liebenswerten Zeitgenossen während eines unbeauf-
sichtigten Augenblickes durchschnitten worden.

HOm-Hochgebirgsanlage für Romantiker:
Eine Bahnhofsszene nach dem Vorbild der Rhätischen Bahn

Im Frühjahr 1985 erhielt ich von der Firma BEMO in Uhingen den Auftrag, eine kleine Ausstellungsanlage zu bauen, die einen möglichst vorbildnahen Betrieb in einer realistisch gestalteten Landschaft bieten sollte. Das Schaustück war zum Transport in einem Kleinbus vorgesehen und durfte daher bestimmte vorgegebene Maße nicht überschreiten. Da das Unternehmen meines Auftraggebers ausschließlich Schmalspurbahnen in den Nenngrößen HOm (12-mm-Spur) und HOe (9-mm-Spur) im Lieferprogramm führt und seinerzeit hauptsächlich auf die Herstellung von Fahrzeugen nach dem Vorbild schweizerischer Gebirgsbahnen spezialisiert war, kam praktisch nur ein Hochgebirgsmotiv als Thema in Frage.

Obwohl Schmalspurbahnen sowohl in der Wirklichkeit als auch im Modell weniger Platz beanspruchen als Vollspurbahnen, schien mir zunächst die Forderung nach einer betriebsfähigen Anlage auf so kleiner Fläche nicht realisierbar, wenn gleichzeitig auch noch ein gut gestaltetes Umfeld verlangt wird. Um einen kleinen, ländlichen Bahnhof mit den für die Streckenverbindung zum Oval erforderlichen Radien darzustellen, benötigte ich mindestens eine Anlagenlänge von 3,5 m. Eine solche Anlage aber hätte in einen Kleinbus nicht mehr hineingepaßt. Doch dann kam mir die Idee, ein Schaustück zu entwerfen, das aus vier Teilen besteht. Bei geschickter Einteilung, so dachte ich, wäre es sogar möglich, Teile der Anlage auch außerhalb der Messezeiten als eigenständige Dioramen für die Schaufensterauslage beim Fachhandel zu nutzen.

Ausgelegt auf eine Grundfläche von 3,90×1,38 m fand ich schließlich eine recht befriedigende Lösung. Ich wählte ein Hochgebirgsmotiv mit ländlichem Bahnhof nach dem Vorbild der Rhätischen Bahn. Das Gleisbild beschränkte sich zwar auf ein einfaches Oval mit viergleisigem Schattenbahnhof im Innern des Berges und einem dreigleisigen Bahnhof im vorderen Anlagenbereich. Durch die elegant geschwungene Form dieser betont ländlichen Bahnhofsanlage entstand jedoch ein recht gefälliges, dynamisches Gleisbild.

Das Thema Hochgebirge fiel mir insofern leicht, als erstmals maßstabgetreue Bausatzmodelle nach Vorbildern schweizerischer Gebirgshäuser zur Verfügung standen. Auch fand sich ein Empfangsgebäude im passenden Stil. So plante ich im Vordergrund dem typischen Charakter eines Gebirgsbahnhofs entsprechend ein Holzverladegleis mit Papierholzstapeln, die auf den Abtransport warteten. Junge Ahornzweige lieferten die sehr echt wirkenden Stammholzrollen.

Unmittelbar nach der letzten Weiche des linken Bahnhofskopfs führte eine Stahlträgerkastenbrücke über die enge Schlucht, die den gleich hinter dem Bahnhofsbereich schroff ansteigenden Gebirgszug durchschnitt. In ihrem hinteren Teil bildete ein gemauerter Viadukt die Streckenverbindung zwischen den beiden Felsentoren. Und in der Sohle schlängelte sich schäumend der Wildbach durch den schmalen, zerklüfteten Spalt, den er sich selbst im Laufe von vielen tausend Jahren aus dem harten Urgestein gegraben hatte – so in etwa könnte man das frei nach einer entsprechenden Vorbildsituation gestaltete Motiv erklären. In meinem Modell hingegen entstand dieser Wildbach aus Gießharz.

Die unter der vorderen Brücke hindurch in weitem Bogen zum Bahnhof sich hochziehende Schotterstraße endete vor dem rechts vom Empfangsgebäude gelegenen Gehöft. Vom Bahnhofsvorplatz weg, eng an die Felswand geschmiegt, schnürte ein schmaler Fußweg zu der kleinen Bergkapelle hinauf. Man konnte die herrlichen Ausblicke von dort zum Berggipfel hinauf und in die Schlucht hinunter förmlich erahnen. Und es hat einen realen Hintergrund, wenn ich die Gedanken so weit spinne und hie und da auch einmal versuche, meine im Modell gestalteten Landschaften aus der Perspektive der kleinen Preiser-Leute zu beurteilen. Denn nur dann, wenn alle Proportionen den menschlichen Bedürfnissen und Lebensgewohnheiten entsprechen, kann ein Modell glaubhaft und wirklichkeitsnah wirken. Bezogen auf das

Gleisplan der HOm-Anlage.

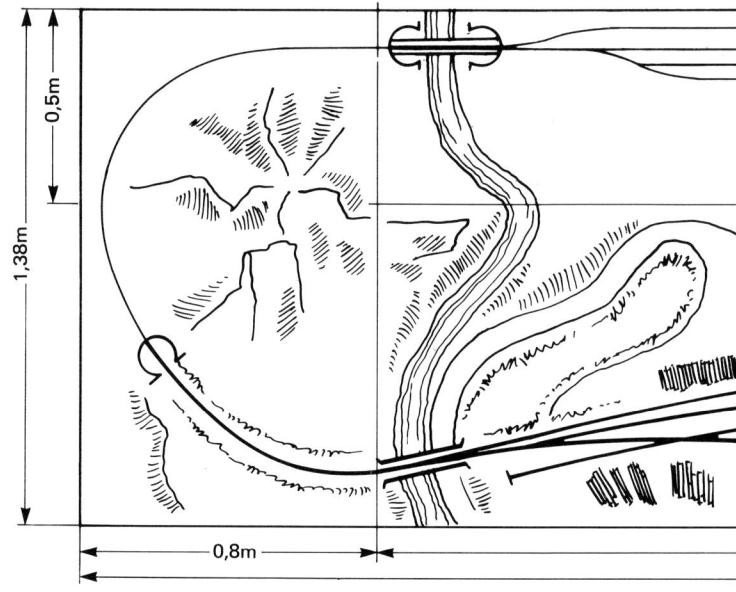

Oben links:
Die HOm-Hochgebirgsanlage aus der Vogelperspektive mit Blick auf „Großen Hutstock".

Oben rechts:
Der Bahnhof mit Holzverladeplatz.

vorliegende Anlagenmotiv hätte beispielsweise ein etwas kleiner geratener Berg jenseits der Schlucht die Existenz einer derart typischen Hochgebirgskapelle nicht gerechtfertigt. Neben der Farbgestaltung nämlich ist das ausgewogene Verhältnis zwischen den Proportionen der einzelnen Details ein bestimmendes Element im Hinblick auf die Gesamtwirkung. Das einzige Maß, das uns hier zur Verfügung steht, ist das durch fortgesetzte, intensive Naturbeobachtungen geschulte Auge des Gestalters. Entscheidend für die Qualität seiner Arbeit in dieser Hinsicht ist dann in letzter Konsequenz sein Vermögen, seine Wahrnehmungen und Eindrücke in die Perspektive der maßstäblich verkleinerten Welt seines dreidimensional gestalteten Modells umzusetzen. Die Anlage erhielt eine elektronische Steuerung mit sehr weit

Das Tunnelportal im rechten Anlagenteil.

regelbaren Anfahr- und Bremsmodulen. Der automatische Ablauf sah einen Zugverkehr in ständig wechselnden Richtungen mit Zwischenaufenthalten in beiden Bahnhöfen vor. Großen Wert legte ich auf besonders sanftes Anfahren und Abbremsen der Züge im vorderen Bahnhof, denn bei einer derart durchgestalteten Anlage wäre ein Zugverkehr ohne eine solche Anfahr- und Bremsautomatik ein eklatanter Stilbruch gewesen.

Wie die Abbildungen zeigen, erhielt die Anlage eine vorbildgerecht verspannte elektrische Fahrleitung, deren Streckenmasten und Tragwerke genau den Originalen der Rhätischen Bahn entsprachen (System Sommerfeldt). Sie wurde jedoch nicht funk-

tionsfähig installiert. Wie bei den meisten der von mir gebauten Anlagen verkehrten auch hier die Lokomotiven im Bergesinnern mit voll ausgefahrenen Dachstromabnehmern, die erst unmittelbar vor der Ausfahrt durch hinter den Tunneleingängen angebrachte Fangbügel auf das Fahrdrahtniveau heruntergedrückt wurden.

Die hier verwendeten Schmalspurgleise habe ich auf Korkgleisbettungen verlegt, die, speziell auf die verkleinerten Maße dieser Spur zugeschnitten, damals neu auf den Markt kamen. Die Einschotterung nahm ich mit feinem Natursplitt vor, der sogar aus den Schweizer Alpen stammte.

Der Glacier-Express vor dem Hintergrund des „Großen Hutstock".

Die Schlucht mit Wildbach.

Auch bei dieser Anlage entstanden die Geländeformen und speziell die der Berge aus Modellgips. Die Felsenstrukturen habe ich diesmal mit schräg geschliffenen Stechbeiteln herausgearbeitet und mit einem neu entwickelten Verfahren lasiert, wobei ich hier schon den deckenden Grundanstrich den einzelnen Verwitterungsstufen des Gesteins entsprechend in sieben verschiedenen Farbabstufungen auftrug. Um eine möglichst hohe Transparenz zu erzielen, wählte ich für den zweiten Arbeitsgang versuchsweise Bierlasur. Die Bierlasurtechnik fand früher bei der Holz- und Marmorimitation Anwendung. Wie die Bezeichnung verrät, wird die dabei verwendete Farbe aus Bier und gut lasurfä-

higen Trockenpigmenten wie Terra di Siena, Kasseler Braun, Grünerde oder Preußischblau hergestellt. Die damit ausgeführten Lasuren, die hauchdünn aufgetragen und mit Schwämmchen, Radiergummis oder kurzen Borstenpinseln ausgewischt werden, zeichnen sich vor allem durch hohe Farbreinheit und Transparenz aus. Bei den hier gezeigten Felsenstrukturen zog ich zusätzlich noch die geologischen Schichtlinien mit etwas mehr konzentrierter Bierfarbe in die zwischenzeitlich angetrocknete Lasur ein. Da die Bierfarbe nach erfolgter Trocknung nur mäßig haftet, müssen die betreffenden Flächen nachträglich verfestigt werden. Hier fixierte ich die lasierten Felsstrukturen mit ca.

2:1 verdünnter, feindisperser Kunstharzdispersion (z. B. Capaplex), die ich mit der Grafikerpistole hauchdünn aufsprühte. Zum Fixieren kann man auch spritzfähig verdünnten Mattlack verwenden. Die Lasurarbeiten gelangen an dieser Anlage sehr zufriedenstellend, und ich war mit dieser Technik wieder einen Schritt weitergekommen auf dem Weg zu einer möglichst naturnahen Felsgestaltung. Die Anwendung der Bierlasurtechnik erfordert allerdings viel Erfahrung. Anfängern rate ich daher vom Nachvollzug ab, zumal spätere Versuche an anderen Modellen mit den erheblich einfacher zu verarbeitenden Lasurfarben auf Dispersionsbasis sogar noch bessere Ergebnisse erbrachten. Erstmalig an dieser Anlage wurden auch die Prototypen einer neuen Modellbaumserie zur Vegetationsgestaltung verwendet, die ich gemeinsam mit einem bekannten Zubehörhersteller ent-

wickelt hatte. Das hierbei erprobte Färbeverfahren unter Verwendung besonders lichtbeständiger Farbpigmente erwies sich jedoch für die Serienherstellung als sehr schwierig. Daher waren Modellbäume dieser Serie erst zwei Jahre später in den Fachgeschäften erhältlich.

Die Anlage wurde zuerst während der Zweiten Internationalen Modellbahnausstellung in Köln gezeigt. Danach kam sie in ihr „Vaterland", in die Schweiz, wo sie auf einigen Ausstellungen zu sehen war und offensichtlich der realistisch hohen Berge wegen beim Publikum besonders gut ankam. Wie es mein Konzept der realistischen Landschaftsgestaltung vorsah, wurde das Mittelteil mit der Bahnhofsanlage auch in zahlreichen Schaufenstern des Fachhandels ausgestellt, um Modellbauern Anregungen zu vermitteln.

Der Glacier-Express fährt in den Bahnhof ein.

Phantasielandschaft mit Burg

Im Spätherbst 1985 beauftragte mich ein bekanntes Handelsunternehmen in den USA, eine kleine, aber betriebsfähige Modelleisenbahnanlage zu bauen. Das Schaustück sollte vorwiegend auf regionalen Ausstellungen gezeigt werden und dort für Importwaren aus Deutschland werben. Vorgegeben war daher eine typisch deutsche Landschaftsidylle mit Eisenbahn. Ansonst war mir die Motivwahl freigestellt.

Da, wie mir außerdem noch gesagt wurde, die Anlage gelegentlich auch von Vertretern des Hauses mit dem Auto über größere Entfernungen hinweg transportiert werden sollte, mußte ich mich mit einer Grundfläche von etwas mehr als einem Quadratmeter begnügen. So entschied ich mich für eine Bahn in der Nenngröße N (Maßstabsverhältnis 1:160). Aber selbst mit einer maßstäblich so kleinen Modellbahn konnte es auf der mir zur Verfügung ste-

Frontansicht der Buntsandsteinlandschaft.

Die Bogenbrücke mit Burg.

henden Fläche nicht mehr sein als ein einfaches Oval. Allerdings plante ich ein ziemlich hohes Gebirge, das im Innern genügend Platz für ein zusätzliches Ausweichgleis bot, so daß dort ein automatisch gesteuerter Zugwechsel durchgeführt werden konnte. So verkehrten im späteren Ausstellungsbetrieb auf der eingleisigen Strecke zwei Züge in wechselnden Richtungen, vollautomatisch über Siemens-Relais gesteuert.

Als Motiv für die Landschaftsgestaltung wählte ich ein Buntsandsteingebirge mit See, eine gemauerte Bogenbrücke und eine Burg. Ich hatte damals den Ehrgeiz, möglichst jede Gesteinsart nachbilden zu können, und dieses Thema bot mir nun die Gelegenheit, Versuche mit der Sandsteinimitation zu unternehmen, die, bedingt durch die zahlreichen Rotschattierungen, mit zu den schwierigsten zählt. Die ersten Tests mit Bierlasur und verschie-

denen Dispersionslasuren schlugen fehl, da diese Farben zu schnell antrockneten und mir für die hier erforderliche Naß-in-Naß-Nachbearbeitung mit Pinsel und Gummistift zu wenig Zeit blieb. Überraschend gut gelangen mir dann die typischen Sandsteinoberflächeneffekte mit einer gemischten Technik, wobei ich zunächst den deckenden Grundanstrich in den hellsten Tönungen des Gesteins mit Dispersionsfarbe ausführte und erst dann die anschließenden Lasurarbeiten mit matten Lackfarben, die ich mit reinem Terpentinöl auf lasierende Konsistenz verdünnte. Um ein Ablaufen der stark verdünnten Lackfarben zu verhindern, rührte ich einige Messerspitzen trockenes Schlämmkreidepulver ein.

Die maßstäblich einigermaßen passende Burg fand ich im Zubehörangebot als Bausatzmodell, während die gemauerte Bogen-

110

brücke und die Tunnelportale mit HEKI-dur nach eigenen Plänen entstanden. Die markanten Verwitterungserscheinungen an den Mauern dieser Bauwerke imitierte ich durch Übergranieren mit hellgrüner Mattlackfarbe. Unter „granieren" versteht man das Überwischen einer strukturierten Fläche mit einem fast farbleeren Plattpinsel, wobei nur die erhabenen Spitzen und Kanten mit Farbe bedeckt werden, ohne die tiefer gelegenen Flächen zu erfassen. Die Graniertechnik, die in der Bildenden Kunst hauptsächlich bei Malereien auf Rauhputz angewendet wird, ist auch im Modellbau ein vielgeübtes Verfahren zum Patinieren von Mauerwerk, Ziegeldächern und auch feiner profilierten Flächen aller Art.

Erstmals verlegte ich auf den Trassen dieser Anlage die Profi-Gleise von Fleischmann. Da bei diesem Gleissystem die Schotterbettungen bereits angeformt sind, blieb mir die zeitraubende Arbeit des schwimmenden Einschotterns erspart. Allerdings paßten die werksseitig sehr hell gefärbten Bettungen überhaupt nicht in die Farbgestaltung dieses Schaustücks. Deshalb lasierte ich sie mit terpentinverdünnter Humbrol-Mattfarbe, wobei ich die Farbe immer ein Stück auftrug und dann sofort mit einem Lappen wieder wegwischte. Was übrigblieb, ergab eine Patina, die dem Aussehen einer natürlichen Schotterbettung sehr nahe kam. Durch leichtes Übergranieren mit hellgrauer Mattfarbe erzielte ich schließlich eine Steinimitation, die sich kaum noch von den eingeschotterten Gleisen unterschied. Außerdem malte ich auch noch die Schienen mit Humbrol-Rostfarbe an. Nachdem ich die Schienenköpfe mit Wasserschleifpapier der Körnung 400 wieder blankgeschliffen hatte, wirkte der Gleiskörper fast perfekt.

Die mit viel Liebe gestaltete Kleinanlage fand in Konkurrenz mit den in den USA hauptsächlich auf Ausstellungen gezeigten Westernanlagen große Beachtung. Sie war sozusagen meine erste, öffentlich zur Schau gestellte Modelleisenbahnanlage in der Neuen Welt, die mir dort viel Anerkennung und letztlich auch einige weitere Aufträge einbrachte.

Das Experiment:
Abstrakte Superanlage in Spur N

Ebenfalls im Jahr 1985 beauftragte mich ein größerer Industriebetrieb mit dem Bau einer Super-Anlage in der Nenngröße N, die zum Testen einer Computersteuerung vorgesehen war und später auch öffentlich ausgestellt werden sollte. Auf einer Grundfläche von 6,00 × 1,35 m waren vorgegeben: ein sechzehngleisiger Schattenbahnhof in der untersten Ebene, ein sechsgleisiger

Oben:
Gleisplan zu den unteren Ebenen mit Schattenbahnhof, Gleiswendel und Überholbahnhof.
Unten:
Gleisplan zu den oberen Ebenen mit Zentralbahnhof und angegliedertem Betriebswerk, Museumsstrecke, Schnellbahnstrecke, Gebirgsstrecke und den beiden Endbahnhöfen.

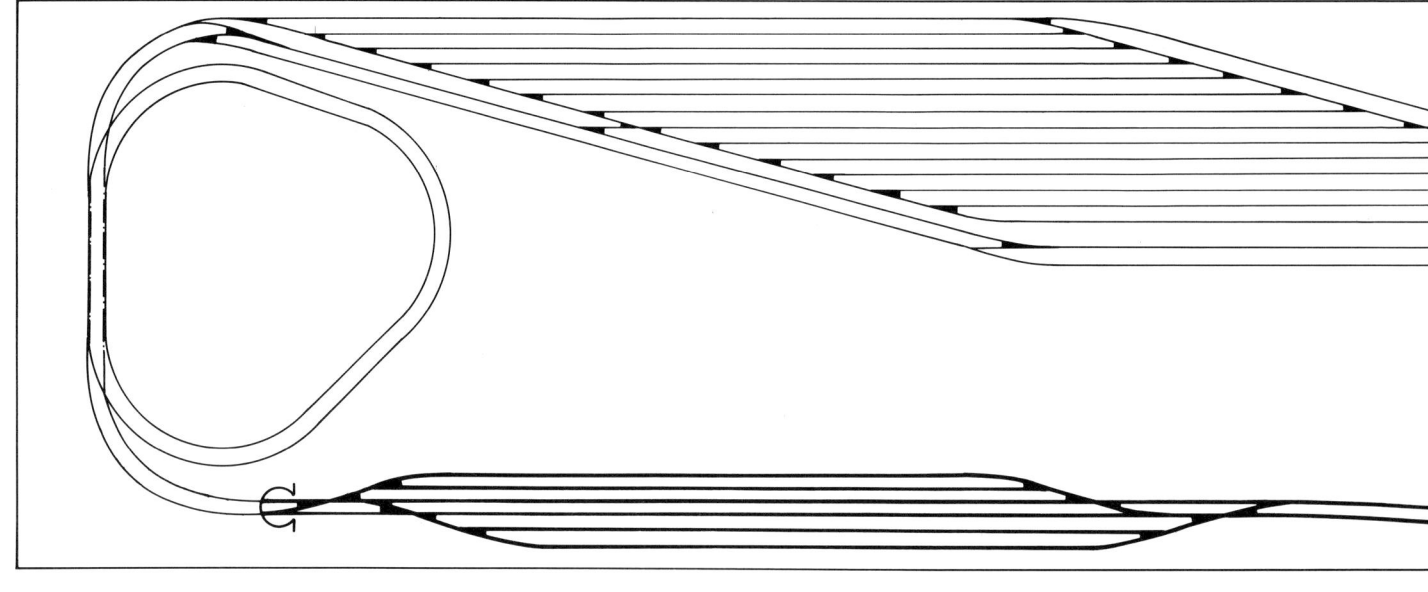

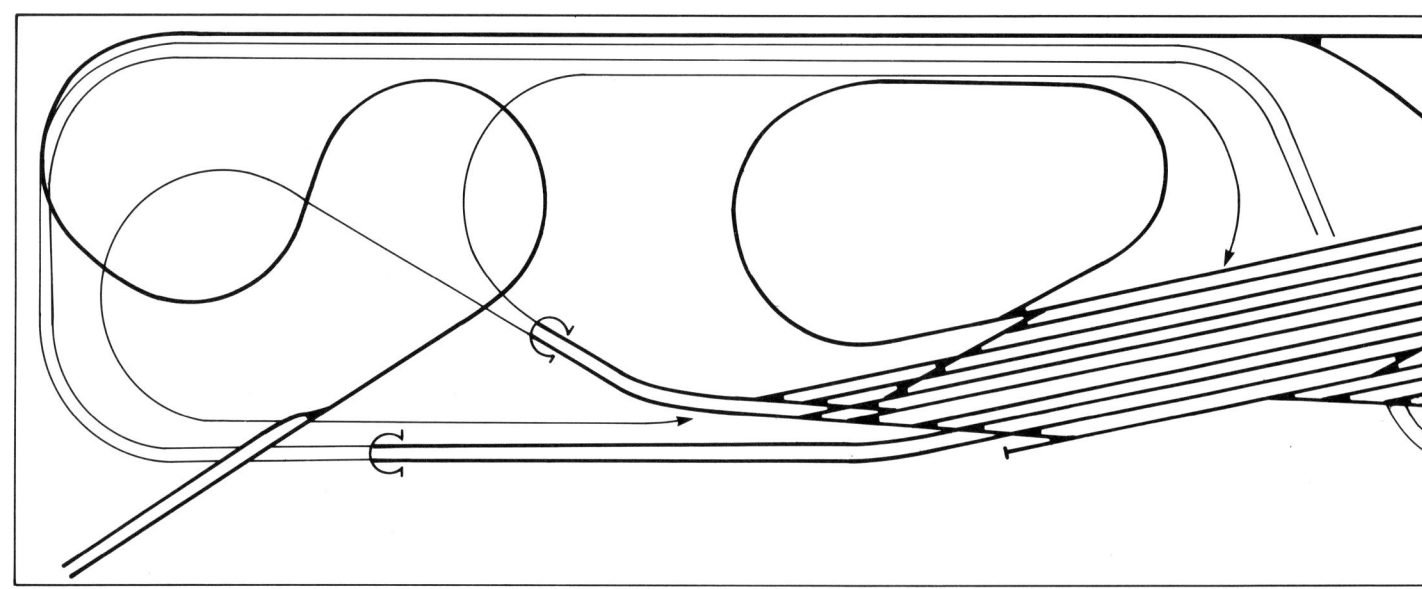

Überholbahnhof in der zweiten Ebene, ein achtgleisiger Bahnhof mit angegliedertem Betriebswerk und einem Rundkurs für eine Museumsbahn in der dritten Ebene und zwei Endbahnhöfe mit je einem Ausweichgleis in der obersten Ebene. Die Bahnhöfe in der untersten, zweiten und dritten Ebene sollten durch eine zweigleisige Hauptstrecke miteinander verbunden sein. Ferner war noch eine zweigleisige Schnellbahntrasse vorgesehen, die durch den Bahnhof in der dritten Ebene führte, und eine eingleisige Gebirgsstrecke sollte die beiden in der vierten Ebene gelegenen Bahnhöfe mit dem Zentralbahnhof in der dritten Ebene verbinden. Außerdem sollten die Gleise in den Bahnhöfen so ausgelegt sein, daß realistisch lange Züge mit mindestens neun angehängten Schnellzugwagen anhalten konnten, ohne den Verkehr auf den benachbarten Gleisen zu behindern.

Zunächst schien es mir unmöglich, auf der zur Verfügung stehenden Grundfläche von nur knapp 8 m² alle Wünsche meines

Der Anlagenrahmen mit bereits fertiggestelltem Schattenbahnhof.

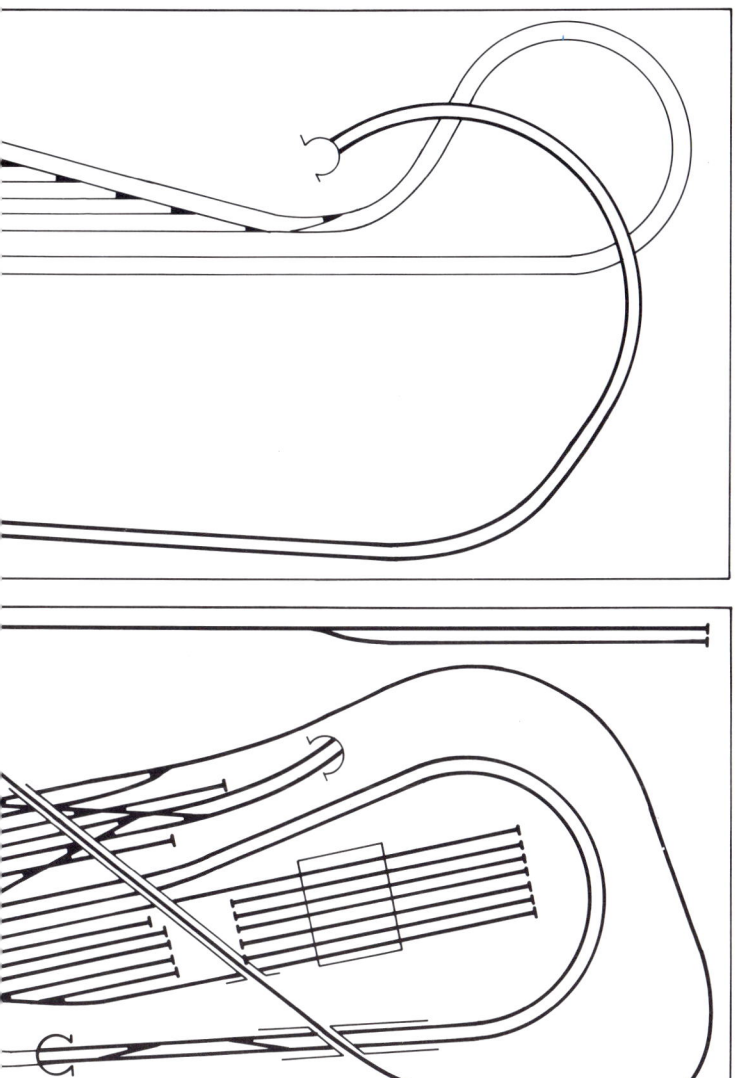

Auftraggebers zu realisieren. Als ich mich an die Entwurfsarbeit machte, sah ich aber dann doch eine Möglichkeit, die verschiedenen Dinge unter einen Hut zu bringen, und mit dem hier gezeigten Gleisplan fand ich schließlich eine Lösung. Allerdings war gleichzeitig an eine Einbindung der zahlreichen Strecken und Streckenverbindungen in eine realistisch gestaltete Landschaft in dem von mir bisher vertretenen Stil nicht möglich. Und so kam mir die Idee, das Umfeld um die Gleisanlagen herum abstrakt zu gestalten, ähnlich wie eine Dünenlandschaft, ohne Vegetation und ganz in Weiß. Auch auf Gebäude wollte ich verzichten. Lediglich am Zentralbahnhof hatte ich ein großes, ganz in Weiß gehaltenes Empfangsgebäude vorgesehen.

Um mit der eingleisigen Strecke von dem in der dritten Ebene gelegenen Zentralbahnhof in die vierte Ebene zu gelangen, mußte ich sie zunächst gegen den rechten Anlagenrand zu in weitem Bogen um das Areal des Betriebswerks herumführen. Dafür gab es keine andere Lösung, als die Gleise der gesamten Bahnhofsanlage ausgerechnet an ihrer breitesten Stelle zu überqueren. Dies konnte praktisch nur mit einer Brücke geschehen. Da aber die in engen Parallelabständen verlegten Gleise keine genügend großen Freiflächen für die erforderlichen Unterstützungen boten, mußte es eine Brücke mit sehr großer Spannweite sein.

Ein entsprechendes Vorbild fand ich in der neuen Pylon-Straßenbrücke, die von Mannheim nach Ludwigshafen über den Rhein führt. Das frei nachgebildete Modell fertigte ich aus Sperrholz, wobei ich das gleistragende Trassenstück mit einer Aluminiumleiste verstärkte, um Verzugserscheinungen vorzubeugen. Für die Verspannung verwendete ich Klingeldraht. Die kühne Archi-

Links:
Die Anlage im Rohbau, die
Gleise sind bereits verlegt.

tektur dieser supermodernen, nur durch einen Pylon gestützten Brücke erhielt ebenfalls einen blütenweißen Anstrich.

Nahezu 200 laufende Meter Gleise kamen zusammen, die ich auf Korkgleisbettungen verlegte. Die elektrische Installation wurde vom Auftraggeber vorgenommen; ich mußte lediglich die Trennstellen an den Schienen ausführen und die Anschlüsse vorbereiten.

Die dünenähnliche Geländeform entstand in meinem bewährten Verfahren aus Modellgips. Nur die Oberflächen wurden zusätzlich mit Hilfe einer angenäßten Filzplatte geglättet. Dieser Arbeitsgang war nötig, weil sich an solchen Flächen schon die geringsten Unebenheiten als häßliche Schlagschatten markieren.

Entgegen der üblichen Regel wurde jedoch die Anlage abgeholt, bevor ich sie vollendet hatte, da die elektrische Installationsarbeit im Werk am noch nicht völlig von oben abgedeckten Modell erheblich leichter ausgeführt werden konnte. Es war allerdings vorgesehen, daß die Anlage danach nochmals in mein Atelier gebracht werden sollte, damit ich die Geländeformen endgültig fertigstellen konnte.

Dies geschah auch einige Monate später. Was aber da zurückkam, war nicht mehr das schöne Schaustück, wie ich es geplant hatte. Mein Auftraggeber hatte die Anlage in Eigeninitiative durch einen Designer zusätzlich „ausschmücken" lassen. Die zwischen den Gleisen verbliebenen Freiräume waren vollgepfropft mit bunten Modellhäuschen, und um die Vegetation anzudeuten, hatte man natürliche Fichtenzweige aufgestellt, die schon kurz nach der Ankunft der Anlage halb verwelkt waren. Leider gelang es mir nicht, meinen Auftraggeber von der völligen Verfremdung meines Gestaltungskonzeptes abzubringen. Die auf diese Weise verkitschte Anlage konnte ich natürlich nicht mit meinem Namen signieren, und ich verzichtete auch auf Aufnahmen von dem Schaustück, das in keiner Weise mehr dem von mir gestalteten Design entsprach. Deshalb finden sich hier keine Abbildungen von dem vollendeten Modell. Um so interessanter erschienen mir die hier gezeigten Aufnahmen, wie sie während der Bauarbeiten in meinem Atelier entstanden sind. Die Details lassen erahnen, wie schlicht und elegant das völlig in Weiß gestaltete Schaustück gewirkt haben mag.

Vorstadtbahnhof mit Kohlenzeche

Die N-Anlage im Rohbau, die Streckenführung in Achterform ist deutlich zu erkennen.

Im Frühjahr 1986 startete die Firma Canon, einer der bekanntesten japanischen Kamerahersteller, in der Bundesrepublik Deutschland eine großangelegte Werbekampagne mit dem Ziel, eine Serie damals neu entwickelter Videokameras einzuführen. Eine der aufwendigen Maßnahmen war die praktische Vorführung dieser Kameras in einem von der Deutschen Bundesbahn gemieteten Werbewagen, der von Mai bis Oktober nach einem genau festgelegten Terminplan in den Bahnhöfen der größeren Städte jeweils für einige Tage Station machte.

Von der Firma Canon erhielt ich den Auftrag, eine Modelleisenbahnanlage zu bauen, die im Inneren dieses Werbewagens installiert werden sollte. Das Schaustück war als Objekt vorgesehen, um die Leistungsfähigkeit, vor allem aber den beachtlichen Tiefenschärfenbereich der neuen Videokameras praxisnah zu demonstrieren. Vorgegeben waren lediglich die Grundmaße von 2,20×0,90 m und eine interessante Eisenbahnlandschaft in dem typischen Stil meiner Handschrift mit zwei automatisch verkehrenden Zügen. Sie sollten möglichst langsam laufen, damit man sie mit den Kameras gut verfolgen konnte.

In Anbetracht der doch ziemlich kleinen Grundfläche, die mir für das Exponat zur Verfügung stand, entschied ich mich für eine Bahn in der Nenngröße N (Nachbildungsmaßstab 1:160). Als Motiv wählte ich eine leicht hügelige Landschaft mit einer zweigleisigen Strecke, viergleisigem Bahnhof und einer kleinen Kohlenzeche mit Gleisanschluß. Wie die Aufnahme vom Rohbau zeigt, plante ich das Gleisbild über zwei Ebenen hinweg in Form einer Acht. Durch die Untertunnelung der Wendeschleife im linken Anlagendrittel entstand jedoch das Bild einer Serpentine.

Der Zugbetrieb wurde elektronisch gesteuert, wobei in jeder Richtung ein Zugpaar verkehrte. Da die Anlage praktisch ohne die Aufsicht eines Fachmannes laufen sollte, mußte die Schaltung so einfach wie möglich sein. Deshalb wurde auf Blockbetrieb verzichtet. Vielmehr wechselten sich die in jeweils einer Richtung verkehrenden Züge ab, indem immer nur einer auf der Strecke war, während der andere im Bahnhof anhielt. Insbesondere bei Ausstellungsanlagen, die täglich bis zu acht Stunden ohne Unterbrechung betrieben werden, ist eine solche Schaltung nötig, damit die Motoren in den Lokomotiven während der Bahnhofsaufenthalte abkühlen können. Als besonders wichtig erschien es mir aber, die vollautomatische Steuerung mit Anfahr- und Bremsverzögerungen auszustatten. Und wie nötig sie waren, davon konnte ich mich überzeugen, als ich selbst während der ersten Testläufe der Anlage im Werbewaggon den Bahnhofsbetrieb durch die Optik einer Kamera mitverfolgen konnte. Ohne die Effekte des elegant langsamen Anfahrens und Bremsens wären die Aufzeichnungen der Bahnhofsszenen nicht einmal halb so gut geworden.

Beim technischen Aufbau der Anlage mußte ich daran denken, daß die Schienen einer Zweileiterbahn, die im Ausstellungsbetrieb eingesetzt wird, täglich mindestens zweimal gründlich unter Verwendung einer geeigneten Reinigungsflüssigkeit gesäubert werden müssen. Wenn eine einwandfreie Übertragung des Betriebsstromes durch starke Verschmutzungen nicht mehr gewährleistet ist, kann sogar ein Überschleifen der Schienenköpfe mit Wasserschleifpapier oder einem speziellen Reinigungsgummi (Roco) erforderlich werden. Und damit diese Arbeiten auch notfalls von Laien allerorts richtig durchgeführt werden können, plante ich auch die Trassen der im Untergrund verdeckten Strek-

Das Anlagenmittelteil mit Blick auf den Bahnhof.

ken so, daß sie an jeder Stelle von unten leicht zugänglich waren. Außerdem kann es von Vorteil sein, wenn man an den weniger gut zugänglichen Abschnitten eine abschaltbare Beleuchtung installiert.

Eine Herausforderung an die Tiefenschärfe der Kameras war der im rechten Wendebogen der Strecke plazierte Förderturm, denn hat man ihn unmittelbar vor der Linse, kann vor allem der Fachmann schnell und einfach testen, wie weit der Schärfebereich reicht, wenn gleichzeitig auch noch der Turm des Stadttores im Hintergrund in ausreichender Schärfe mit ins Bild kommt. Um auch in möglichst flachen Aufnahmewinkeln möglichst viel Landschaft auf das Band bannen zu können, war ferner die Staffelung des Motivs in zwei Ebenen wichtig. Und schließlich mußte auch ein natürlicher Hintergrund in Form eines hinterklebten Wolkenhimmelposters (Faller) vorhanden sein, damit realistisch wirkende Szenenaufnahmen gemacht werden konnten. Die hierbei geforderte harmonische Farbenzusammenstellung gelang ebenfalls zur vollen Zufriedenheit meiner Auftraggeber, nach-

Der Bahnhof mit Empfangsgebäude und Vorplatz aus der Vogelperspektive.

Detail mit dem Förderturm der Kohlenzeche.

dem ich die Farben der stets etwas zu bunt geratenen Bausatzmodelle im Patinierverfahren gealtert hatte. Auch bei der Auswahl der zur Landschaftsgestaltung verwendeten Artikel wie Bäume und Islandmoos war ich bei dieser Anlage besonders kritisch. Um unerwünschte Spots durch glänzende Plastikteile zu vermeiden, wurde außerdem jedes Bausatzmodell mit farblosem Mattlack übernebelt.

Sieben Monate war die Anlage quer durch die Bundesrepublik unterwegs. Tausende von Besuchern sahen sie, und in Hunderten von Videoaufzeichnungen, die testweise von ihr mit den neuen Canon-Kameras gemacht wurden, ist sie konserviert. Was nachher damit geschah, entzieht sich meiner Kenntnis. Wahrscheinlich wurde sie an eine Privatadresse verkauft.

Ein Schaustück ohne Eisenbahn:
Werbediorama für die Rallye Paris – Dakar

Von der bekannten Zeitschrift „Auto, Motor & Sport" erhielt ich im Jahre 1984 den Auftrag, ein Schaustück mit Wüstenpiste im Maßstab 1:12 anzufertigen. Die Piste sollte in Form eines Rundkurses und breit genug angelegt sein, so daß ein geschickter „Pilot" einen funkferngesteuerten Jeep darüber lenken konnte. Das Modell sollte während der Internationalen Touristikmesse am Ausstellungsstand meines Auftraggebers Interessenten für die Rallye Paris – Dakar werben und den Besuchern die Möglich-

vorgesehen. Am vorderen Anlagenrand sollte ein Zeiterfassungsgerät mit Digitalanzeige installiert werden.
Der Grundaufbau des Modells, der in Spantenbauweise erfolgte, bereitete mir ebensowenig Kopfzerbrechen wie das Formen der Topographie und der Felsenstrukturen mit Aluminiumgewebe und Modellgips. Und nach einigen Vorübungen gelang auch die Imitation des rotbraunen Gesteins nach guten Vorlagen, die ich mir von nordafrikanischen Gebirgszügen besorgte.

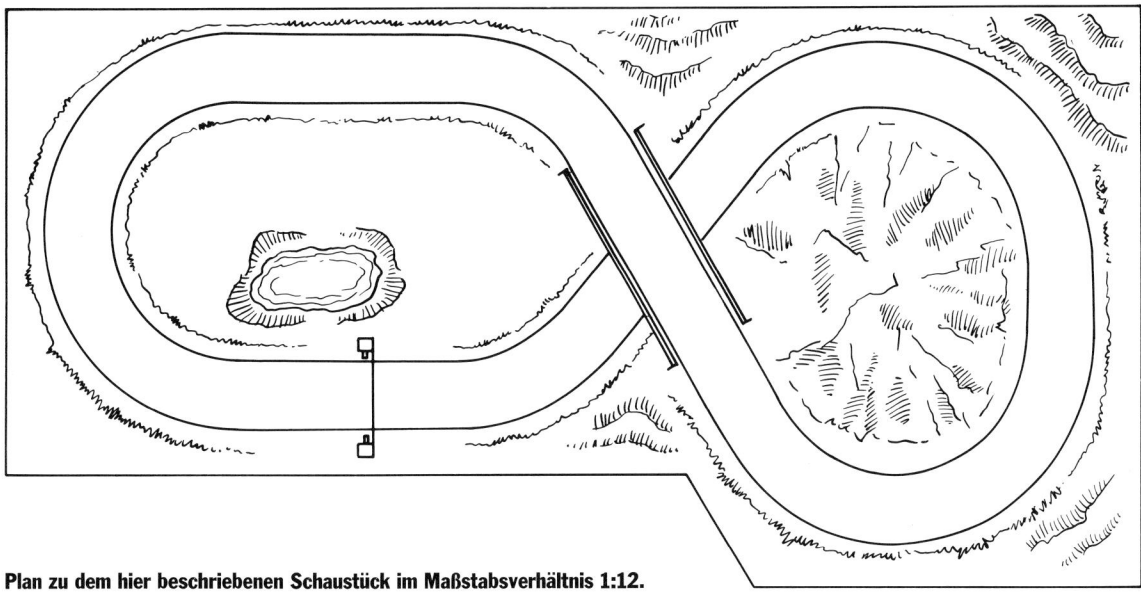

Plan zu dem hier beschriebenen Schaustück im Maßstabsverhältnis 1:12.

keit bieten, sich im Wettbewerb zu üben: Wer den Modell-Jeep, ohne von der Piste abzukommen, innerhalb einer bestimmten, ziemlich kurz bemessenen Zeitspanne über den Kurs steuerte, erhielt einen Preis. So zählte es auch mit zu meinen Aufgaben, die Piste so zu gestalten, daß es den Modell-Rallyefahrern nicht allzu leicht gemacht wurde, die für einen Preis erforderlichen Bedingungen zu erfüllen.
Für das Schaustück stand mir eine Grundfläche von knapp 5 m² zur Verfügung. Da ich die Möglichkeit hatte, für den Grundrahmen die L-Form zu wählen, fand ich auch bald einen Entwurf, der sofort akzeptiert wurde. Er sah die Pistenführung in Form einer Acht mit einer überkreuzenden Steinbogenbrücke vor. Ein größeres Gebirge innerhalb der rechten Achterschleife sollte ein kurzes Stück Piste verdecken, und im linken Teil, unmittelbar vor der Brücke, war die mit Fotozellen ausgestattete Start- und Ziellinie

Schwierigkeiten hatte ich hingegen zunächst damit, die Sandflächen einigermaßen realistisch nachzubilden. Erste Versuche mit eingefärbtem Vogelsand schlugen fehl, da sich das Färbemittel beim Einbetten stets anlöste und nach dem Auftrocknen Flecken zurückblieben. Ein Fliegerkollege erbarmte sich schließlich und brachte mir aus Westafrika eine Tüte echten Wüstensand mit, den ich in schwimmend aufgetragene Dispersionsfarbe einstreute. Damit war dieses Problem elegant gelöst.
Damit das Ganze aber nicht gar so trostlos aussah, wollte ich die Dünen im linken Anlagenteil mit ein paar Palmen beleben. Sie gelangen mir mit fünfzigadrigem Telefonkabel, das ich in entsprechend kurze Stücke teilte. Zur Gestaltung der Krone wurden die einen Enden aufgespleißt und die einzelnen Adern in die Formen der hängenden Blätter nach unten gebogen. Die Palmblätter selbst fertigte ich aus Postkartenkarton.

119

Nachdem ich sie mit der Schere zugeschnitten und mehrmals mit grüner Seidenmattlackfarbe lackiert hatte, wurden sie mit UHU-plus auf die vorgeformten Drähte geklebt. Danach übersprühte ich die fertigen Baumkronen nochmals mit der grünen Lackfarbe. Die Rohformen der Palmstämme bildeten die unveränderten Teile des Elektrokabels, das ich jedoch zunächst nochmals mit Kreppband umwickelte. Auf die sich leicht nach oben hin verjüngenden Umwicklungen trug ich letztlich noch eine dicke Spachtelschicht auf, die ich mit Hilfe eines zugespitzten Hölzchens in der typischen Palmrindencharakteristik strukturierte. Nach erfolgter Trocknung lasierte ich die Palmstämme mit dunkelbrauner Mattlackfarbe.

Nachdem das Schaustück fertiggestellt war, erfolgten selbstverständlich auch die ersten Testfahrten. Nicht einkalkuliert waren die langen Funkantennen der Automodelle, die zunächst einer Durchfahrt unter der Brücke im Wege standen. Aber da erinnerte ich mich an die amerikanischen GIs, die dieses Problem mit einer Nylonschnur zu lösen pflegten, indem sie damit die Antennen ihrer Jeeps bis auf das Niveau der Windschutzscheibenoberkante herunterbanden. Dieses Rezept war auch hier erfolgreich. Bis es mir allerdings gelang, den Kurs ohne ein einziges Zurücksetzen zu durchfahren, mußte ich einige Stunden üben. Dennoch holten sich viele Besucher während der Messetage die ausgeschriebenen Preise.

Das mit echtem Wüstensand gestaltete Werbeschaustück.

Kleinodien im Modell:
Dioramen als Studienobjekte

Über die Jahre 1985 und 1986 hinweg erarbeitete ich mehrere Schriften und Bücher, zu deren Illustration ich spezielles Bildmaterial benötigte. Da die in meinem Archiv lagernden Fotos nicht mehr dem damaligen Leistungsstand entsprachen, war ich gezwungen, eine Reihe neuer Dioramen zu bauen, um über die erforderlichen Motive für Neuaufnahmen zu verfügen. Die schönsten dieser Dioramen, die später auf den verschiedensten Ausstellungen als Schaustücke zu sehen waren, sind hier in der Folge aufgeführt.

Die erste Aufnahme (Bild 20/1) zeigt einen Ausschnitt aus einem etwas größeren Diorama, das ich für einen italienischen Modellbahnhersteller gestaltete. Das Motiv stellt eine Bahnhofsszene nach italienischem Vorbild dar. Unmittelbar hinter der letzten Weiche des viergleisigen Landbahnhofs führen die sich trennenden Schienenstränge in die beiden Tunnels des schroff ansteigenden Berges. Zweifellos wirken zwei etwas versetzt angeordnete Tunnelportale optisch besser als ein Tunnelportal, dessen Öffnung zur Aufnahme von zwei Gleisen und der Oberleitung besonders groß ausfallen müßte. Die hier im Modell vorgestellte Situation findet sich auch beim Vorbild oft, und zwar dann, wenn eine ursprünglich eingleisige Strecke in späteren Jahren zweigleisig ausgebaut wurde. Der Bau einer zweiten Röhre stellt sich nämlich meist kostengünstiger als die Erweiterung der alten. Bei einer solchen Lösung konnte außerdem auch der Betrieb auf der betreffenden Strecke während der monatelangen Bauarbeiten aufrechterhalten werden. Die sich über den Tunnelportalen auftürmenden Felsen lasierte ich in einer hellen Tönung, die in etwa der des Weißen Dolomit entsprach. Zum Einschottern der Gleise verwendete ich versuchsweise echten Steinsplitt feiner Körnung. Nicht ganz zufrieden war ich allerdings mit den Fahrleitungsmasten nach dem Vorbild der Italienischen Staatsbahn, die aus Plastik gefertigt waren und sich unter der Fahrdrahtzugspannung verbogen. Da aus diesem Grund Kurven nicht überspannt werden konnten, mußte ich das Diorama so planen, daß alle Kurvenradien im Gebirge verdeckt lagen. In diesem Zusammenhang sei erwähnt, daß es auch Original-Streckenmasten und Quertragwerke nach italienischen Vorbildern aus Metall gibt, die ich jedoch hier nicht einsetzen konnte, da mein Auftraggeber diese nicht in seinem Lieferprogramm führte. Das Beispiel verdeutlicht, daß technische Unzulänglichkeiten an seriengefertigten Artikeln oft zu einschneidenden Zugeständnissen zwingen und ggf. schon bei der Planung berücksichtigt werden müssen.

Beim zweiten Bildbeispiel (Bild Nr. 20/2) handelt es sich um einen Ausschnitt eines Dioramas, das ich für ein Katalogfoto herstellen mußte und eine Feldwegkreuzung zeigt, dessen eine Abzweigung in einen Hochwald führt. Im Hintergrund befindet sich ein eingleisiger Bahnkörper. Die hier zur Gestaltung verwendeten Nadelbäume waren die ersten Exemplare einer längeren Versuchsreihe zu einer neuen Serie, die noch von Hand mit der Schere ausgelichtet und mit speziellen Fasern nachbeflockt wurden. Das Motiv mit dem nostalgischen Zug nach dem Vorbild der Königlich Bayerischen Staatsbahn sollte vor allem den Romanti-

Ausschnitt einer Eisenbahnlandschaft nach dem Vorbild der Italienischen Staatsbahnen. (20/1)

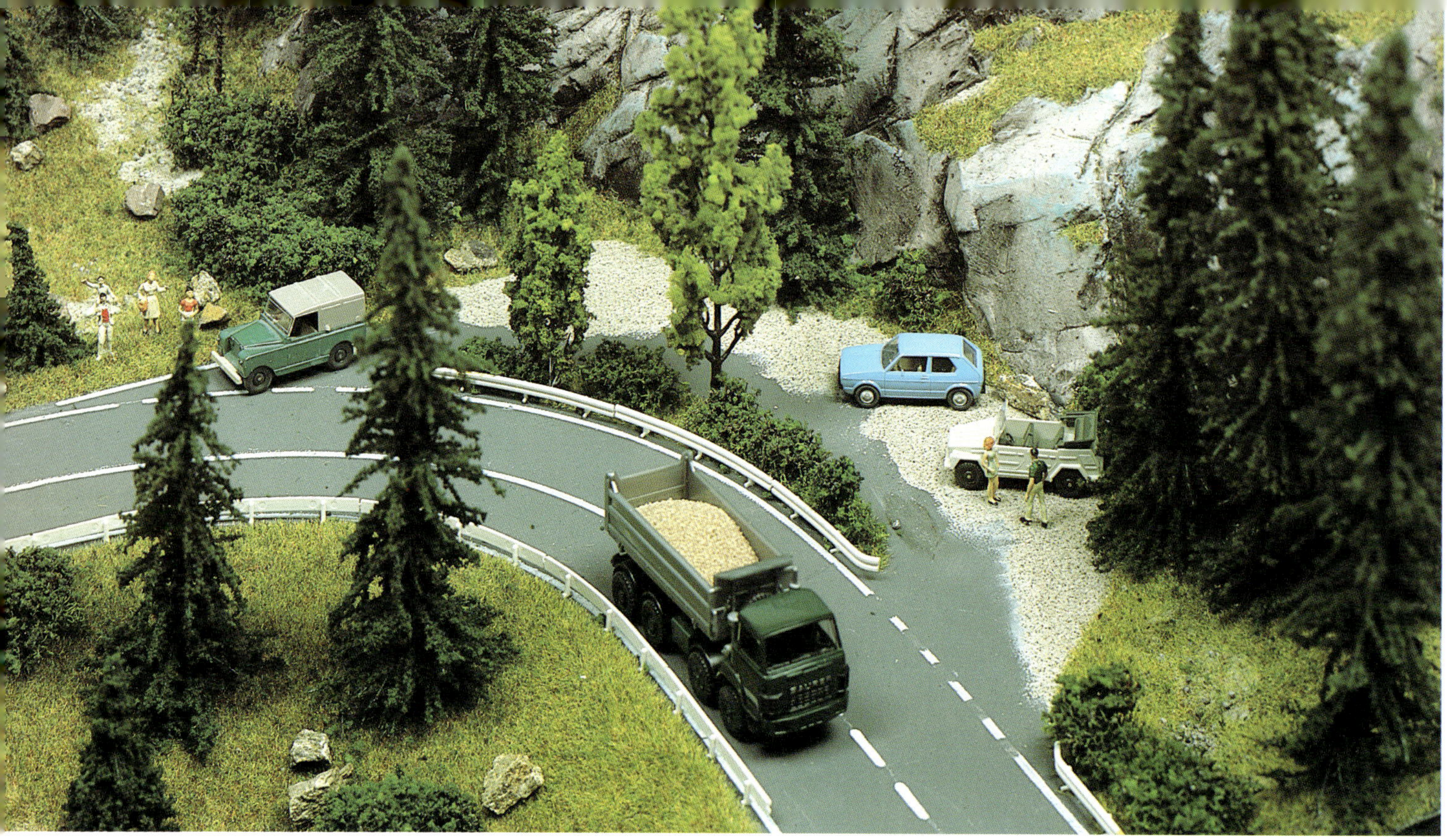

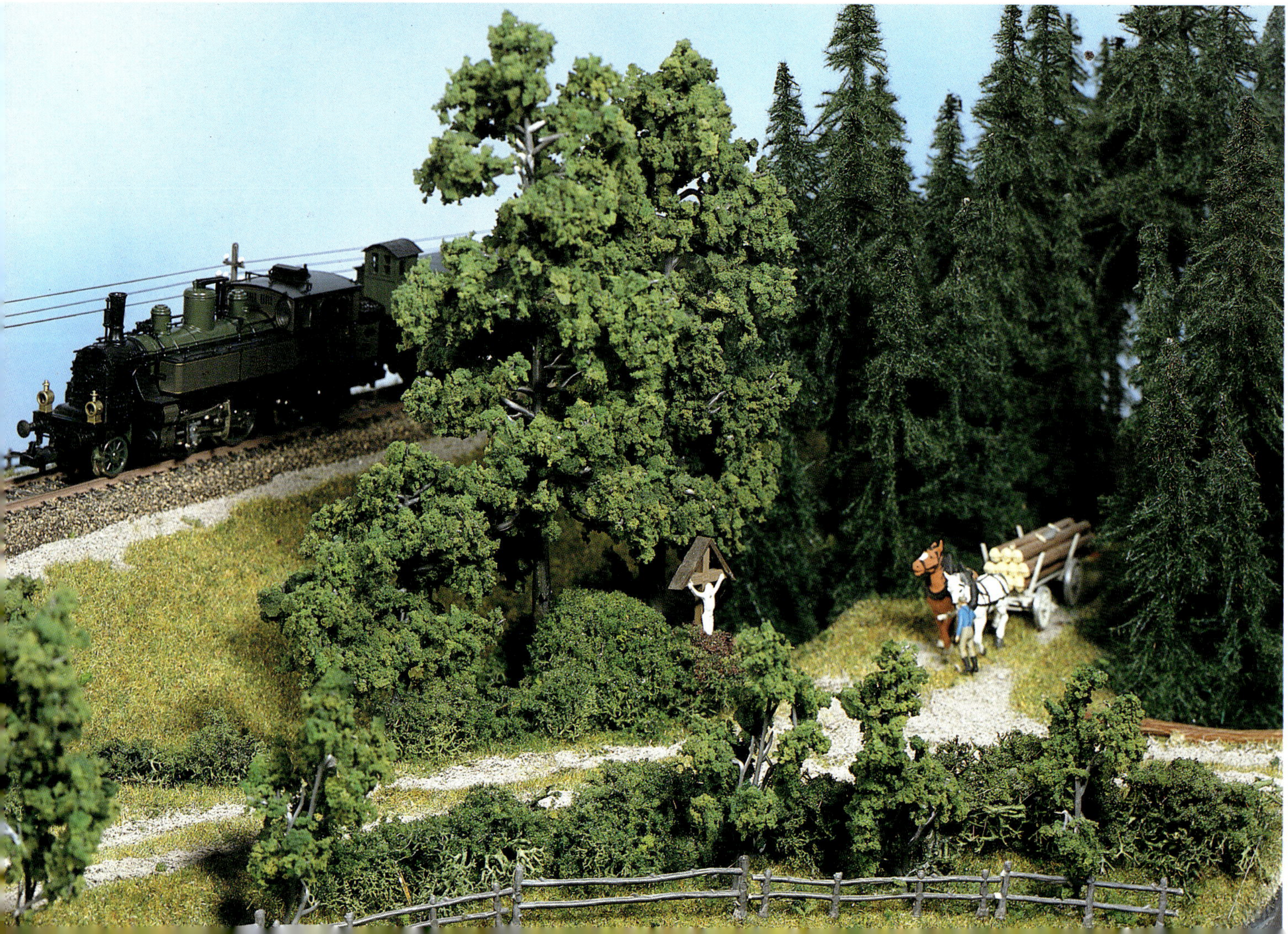

Links oben:
Parkplatz an einer Alpenstraße. (20/3)

Links unten:
Wegkreuzung mit Bahnkörper im Hintergrund. (20/2)

Oben:
Brücke mit Fluß. (20/4)

ker ansprechen. Als das kleine, nur knapp einen Viertel Quadratmeter große Diorama später auf Ausstellungen gezeigt wurde, fand es viel Beachtung. Die Fachbesucher zeigten sich besonders interessiert an dem Thema Wald, das damals noch in Ermangelung geeigneter Serienbäume recht schwierig zu realisieren war.

Mit einem weiteren Diorama (Bild Nr. 20/3) unternahm ich den Versuch, einen Rastplatz an einer Alpenstraße darzustellen. Wie die Felsstrukturen im Hintergrund zeigen, konnte ich mich zwischenzeitlich auch in der Gestaltung realistischer Felsenbilder erheblich verbessern. Hier habe ich mich bemüht, den Grünen Diorit, wie er für die südostschweizerischen Alpenregionen typisch ist, zu imitieren. Beim plastischen Herausarbeiten dieses Gesteins kommt es vor allem darauf an, die geologischen Schichtlinien mit den unregelmäßigen Kantenabbrüchen besonders stark zu betonen. Die sehr naturgetreue Farbgebung erzielte ich mit einer aus grüner Umbra hergestellten Dispersionslasur auf sehr hellem, neutralgrauem Grund. Als letztes Finish granierte ich die Verwitterungspatina mit moosgrüner Mattlackfarbe auf. Bei den hier verwendeten Bergfichten handelt es sich übrigens um die ersten Ergebnisse jahrelanger Versuche. Wenige Monate später gingen diese Modellbäume in die Serienfertigung.

Für eine Buchillustration mußte ich ein etwa 1½ m² großes Diorama in der Nenngröße Z bauen (Abbildungen 20/4 und 20/5). Das Thema war ein Bahnhof an einer eingleisigen Nebenbahnstrecke mit Anschlußgleis zu einem Steinbruch mit Brechwerk. Quer durch die Landschaft schlängelte sich ein kleiner Fluß. Am Beispiel dieses dreidimensional gestalteten Landschaftsmodells sollte die optische Wirkung der maßstäblich kleinen Fahrzeugmodelle in einem nach den Gesetzen der Farbdynamik harmonisch gestalteten Umfeld demonstriert werden. Das Motiv bot gleichzeitig eine gute Gelegenheit, ein neues Färbemittel für Baumflocken zu testen, wobei vorrangig die Verträglichkeit der Grüntönungen in Verbindung mit Farben der komplementären Bereiche von Rotbraun bis Ocker untersucht wurde. Um hierbei eine möglichst breite Skala dieser Tönungen mit ins Bild zu bringen, wählte ich ein typisches Buntsandsteingebirge mit dem oberhalb des Steinbruchs aufliegenden Lößabstich. Dieses sehr natürlich wirkende Detail gelang durch Einwischen von verschiedenen Ockertönen in den reinweiß aufgetragenen Grundanstrich.

Mit den Dioramen dieser Serie versuchte ich immer wieder, die einzelnen Details möglichst wirklichkeitsbezogen darzustellen. Es genügt nämlich keineswegs, eine bestimmte Szene lediglich interessant und nach den farbharmonischen Gesetzen richtig zu gestalten. Sie kann dennoch wirklichkeitsfremd und kitschig wirken, wenn man nicht auch gleichzeitig die Gesetze der Logik mitberücksichtigt. Ein sehr interessantes Beispiel dafür bietet der hier gezeigte Ausschnitt eines Dioramas mit Wasserfall und Schwarzwaldmühle (Abbildung Nr. 20/6). Welche nachteiligen Folgen es für das Gesamtbild dieser ansonsten sicherlich vorbildlich gelungenen Arbeit hätte, wenn beispielsweise die Form des von der Felswand herunterstürzenden Wasserschwalles nicht exakt den physikalischen Gesetzen des freien Falles entsprechen würde, liegt auf der Hand. Diese wunderbare Formen-

Oben:
Ausschnitt aus einem Z-Diorama mit Bahnhof und Steinbruch. (20/5)

Links:
Gebirgsbach mit Wasserfall und Mühle. (20/6)

dynamik, mit der uns die Natur beim Beobachten eines Wasserfalles, einer Springbrunnenfontäne oder auch nur der Wasserverwirbelungen hinter den Steinen eines Gebirgsbaches allerorts erfreut, fordert ein intensives Naturstudium neben dem rein handwerklichen Können, wenn man diese Details so gestalten will, daß sie vom Betrachter auf Anhieb als das erkannt und empfunden werden sollen, was man darstellen möchte.

Um die elegante Form des Wasserschwalles bei dem hier gezeigten Modell zu erzielen, mußte ich mir zunächst eine Schablone aus Holz anfertigen, die erst nach etlichen Korrekturen als Matrize zum Ausformen des Folienstreifens unter Wärmeanwendung verwendet werden konnte. Es hätte also in keinem Falle genügt, den zugeschnittenen Folienstreifen so einfach auf das Geratewohl anzukleben und es dann dem Schicksal zu überlassen, welche Form sich zufällig nach erfolgter Trocknung des Klebers ergibt. Ähnliches gilt auch für die Verwirbelungen hinter den Steinen und natürlichen Staustufen des Baches. Meist wirken sie im Modell unnatürlich, weil zuviel Weiß verwendet wird. Die durch die veränderte Lichtbrechung der verwirbelten Wassertröpfchen entstehende weiße Gischt bildet sich aber nur dort, wo die laminare Strömung des fließenden Wassers unmittelbar an den

Grenzflächen oder in den Strömungsschatten der Hindernisse Wirbel bildet. Diese Verwirbelungen nehmen jedoch nur kleine Flächenanteile ein, die sich an den Grenzzonen oft nur als hauchdünne Linien markieren. Deshalb gehe ich bei diesen Details immer sehr sparsam mit der weißen Farbe um und wische meist mit der Fingerkuppe nach. Auf diese Weise gelangen weißschäumende Verwirbelungen doch recht überzeugend.

Ein interessantes Studienobjekt ist ferner die hinter den Bäumen etwas versteckt liegende Wassermühle. Ihr Wasserrad wird „oberschlächtig" angetrieben, das heißt, daß das Wasser aus

würde. Ganz im Gegenteil muß die Szene so gestellt sein, daß man ein größeres Gebirge im Hintergrund erahnen kann, das in der Lage ist, die für den Mühlenbetrieb erforderlichen Mengen an Niederschlagswasser zu speichern. Ist diese Voraussetzung topographisch bedingt nicht gegeben, wird man besser ein Modell mit einem unterschlächtigen Wasserrad wählen.

Ein weiteres Diorama aus der „Schwarzwaldserie" zeigt als Motiv ein idyllisch am Bach gelegenes Taglöhnerhaus mit dem für die Hochschwarzwaldregion typischen Haubendach (Abbildungen 20 / 7 und 20 / 8). Das Gebäude schmiegt sich eng an die Wand

Das Diorama – ein Stück Landschaft im Modell. (20/7)

einem höher gelegenen Quellreservoir mit Hilfe einer hölzernen Rinne auf das Wasserrad geleitet wird und dieses antreibt. Somit muß sich das Wasserrad in der Mulde stets frei bewegen können. Um dies auch bei hohem Pegelstand eines Gewässers sicherzustellen und außerdem auch um Beschädigungen bei Hochwasserfluten zu vermeiden, erfolgt der Abfluß des zum Antrieb genutzten Wassers in den nahen Bach stets über einen Kanal, der durch ein Stauwehr gesichert ist. Ein direkt am Bach installiertes Wasserrad wäre also ein unverzeihlicher Stilbruch. Und ebenso unwirklich wäre es, wenn man eine solche Mühle mit oberschlächtigem Wasserrad unter einen kleinen Hügel plazieren

eines ehemaligen Steinbruchs an. Das Haus wird offensichtlich von einem Waldarbeiter und seiner Familie bewohnt. Der kleine Stall bietet lediglich dem üblichen Kleinvieh ausreichend Platz. Eine solche Erklärung dieses Motivs ist wichtig, da ohne sie die Szene völlig stilwidrig dargestellt wäre. Denn für ein richtiges Schwarzwaldgehöft, unter dessen Dach nicht nur die Menschen leben, sondern auch noch die Stallungen der Tiere ebenso wie die gesamten Erntevorräte untergebracht sind, wäre dieses Modell viel zu klein geraten. Und außerdem ist es bei diesem Haustyp, der sich übrigens nur in einer kleinen Region des Hochschwarzwaldes findet, die Regel, daß in den in Höhe des zweiten Stockwerks gelegenen Heuboden entweder über eine aufgeschüttete Auffahrt oder bei Hanglage über eine direkte Zufahrt mit den vollbeladenen Fuhrwerken eingefahren werden kann.

Das Mini-Schwarzwaldhaus mit Bach. (20/8)

Aber eben diese Voraussetzungen sind bei der hier dargestellten Szene einmal bedingt durch die spezielle Architektur des Gebäudemodells und nicht zuletzt auch durch dessen Standort nicht gegeben. Folglich kann es sich bei ihm nur um die Miniversion eines Schwarzwaldhauses handeln, das zwar nach den Konstruktionsprinzipien der typischen bodenständigen Architektur, jedoch in verkleinerter Ausführung gebaut wurde. Solche Miniversionen des berühmten Schwarzwaldhauses wurden früher hauptsächlich von Familien bewohnt, die kein Großvieh hielten und deren Ernährer ihr Geld als Holzfäller, Tagelöhner oder Handwerker verdienten. Heute zählen diese Mini-Schwarzwaldhäuser mit zu den begehrtesten Liebhaberobjekten. Die typische Stroh- und Schindeldeckung, wie sie an dem hier gezeigten Modell zu sehen ist, gehört allerdings schon länger als ein halbes Jahrhun-

dert der Vergangenheit an. Der hohen Brandgefahr wegen wurden diese beiden Deckungsarten bereits während der zwanziger Jahre baurechtlich verboten.

Die ausführliche Schilderung der Szene soll nochmals deutlich vor Augen führen, wie sehr es im Hinblick auf eine stilreine Arbeit darauf ankommt, daß man sich eingehend mit allen Einzelheiten eines Motivs befaßt, bevor man mit der Planung beginnt. Wenn man schon realistisch gestaltet, muß man konsequent sein, und dies gilt nicht nur für die eisenbahntechnischen Details. Ich bin

Rechts oben:
Ausschnitt aus dem Holland-Diorama – die Ölförderpumpe mit dem Kanal im Hintergrund.

Rechts unten:
Ausschnitt aus dem Holland-Diorama – Polderwerk mit Rückhalteteich und Stauwehr.

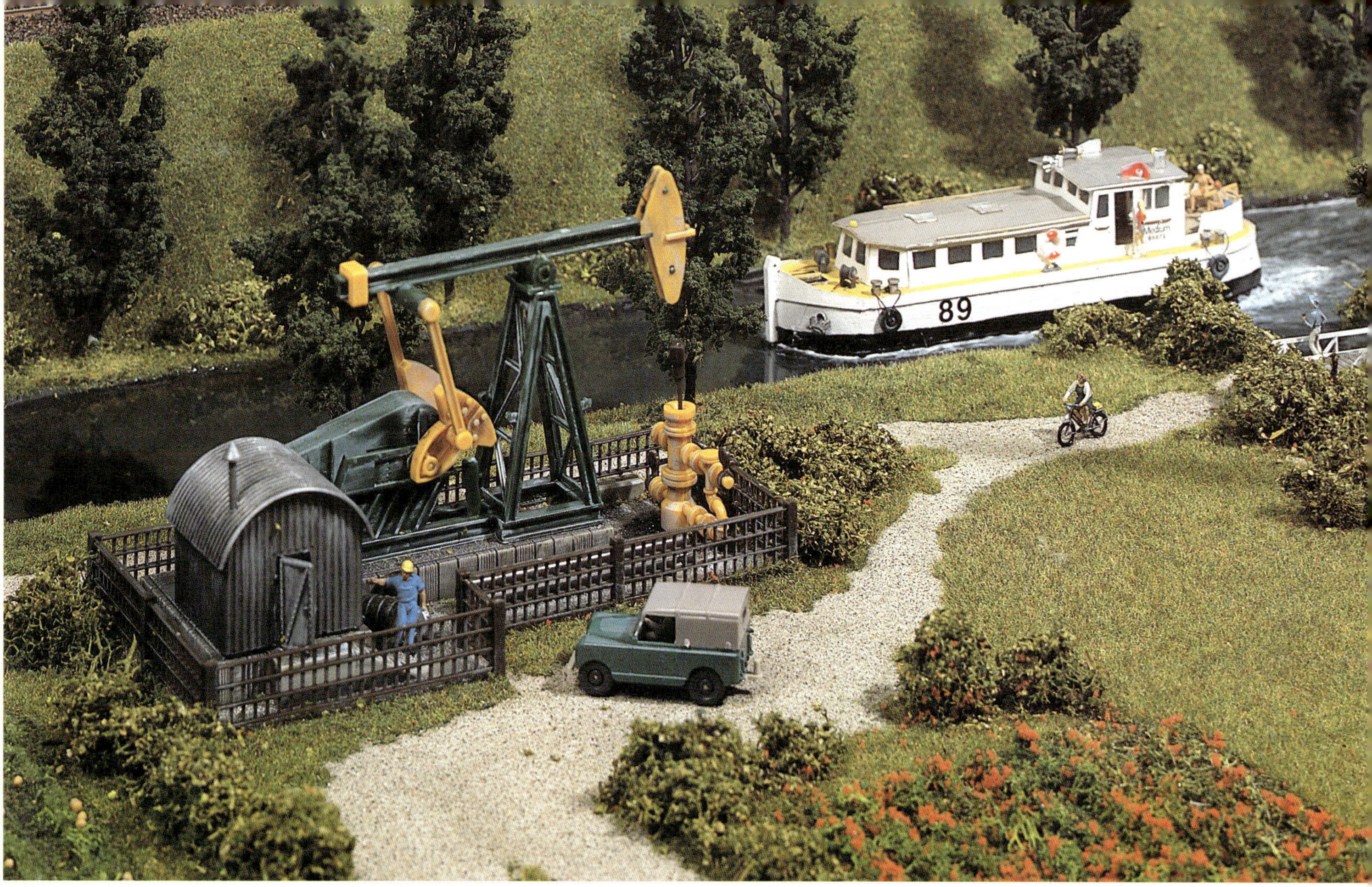
89

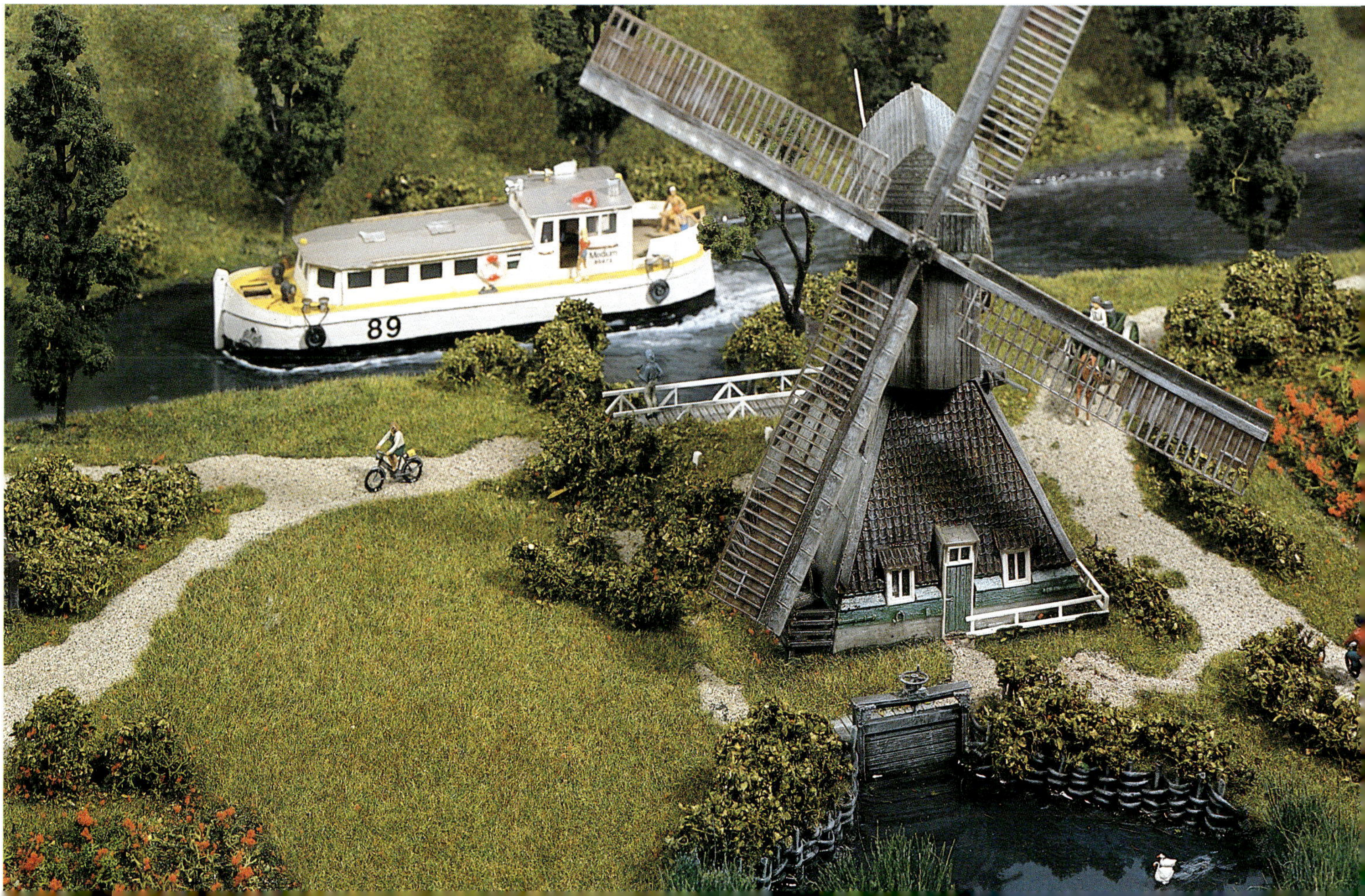
89

davon überzeugt, daß das eigentliche Geheimnis meiner Erfolge als Modelleisenbahnanlagenbauer weniger im handwerklichen Können als in der Konsequenz meiner Betrachtungsweise liegt, mit der ich die Planungsarbeiten anging.

Einem meiner bestgelungenen Dioramen gab ich den Namen „Holländische Impressionen". Ein Stück Holland also auf einer Grundfläche von nur einem knappen Quadratmeter und ein kaum noch zu widerlegender Beweis dafür, daß man auch auf kleinster Grundfläche sehr viele Details planen kann. Wenn man hierbei die Regeln der logischen Konsequenz beachtet, wird die Szene nie kitschig wirken. Das hier vorliegende Motiv zeigt einen Kanal mit einem typischen Verdränger, einem Wohnboot, wie es vielen wohlhabenden Familien als Fahrzeug für die sommerlichen Wochenendausflüge durch die einzigartigen Grachtenlandschaften dient. Parallel zum Kanal auf einem überflutungssicheren Damm liegt das Gleis einer Nebenstrecke der Niederländischen Staatsbahnen (NS), und auf einer Anhöhe dahinter

Links:
Ausschnitt aus dem Holland-Diorama – Tulpenfeld mit Polderwerk.

Unten:
Ausschnitt aus dem Holland-Diorama – Bahnkörper mit Windmühle im Hintergrund.

Ausschnitt aus dem Modell der Winterlandschaft – der Bahnhof.

dreht sich eine windbetriebene Getreidemühle in der vom Meer her wehenden Brise. Diesseits des Kanals beherrscht ebenfalls ein riesiges Windrad die Szene. Aber nicht alles, was sich in Holland im Wind dreht, ist Teil einer Getreidemühle. In diesem Fall handelt es sich um ein windbetriebenes „Polderwerk", eine Art Schöpfwerk, das der Bewässerung höher gelegener Landkulturen dient. Ein mit Mehlsäcken beladener Esel beispielsweise, der vor dieser „Mühle" posiert, wäre demnach ein blamabler Stilbruch. Richtig hingegen ist der durch ein Stauwehr abgeschottete Rückhalteteich auf der Bewässerungsseite dieses Polderwerks, wie er hier dargestellt ist und ohne den das Bewässerungssystem nicht funktionieren kann. Und durchaus üblich in dieser Landschaft sind auch die nickenden Pferdeköpfe, wie man scherzhaft die kleinen, elektrisch betriebenen Ölförderpum-

pen bezeichnet, die zur Ausbeutung der kargen Ölvorkommen in der holländischen Tiefebene benutzt werden. Die letzten drei Aufnahmen schließlich zeigen Ausschnitte eines Dioramas, das dem Thema Winter gewidmet ist. Als Motiv wählte ich eine tiefverschneite Voralpenlandschaft mit einem an einer zweigleisigen Hauptstrecke gelegenen ländlichen Bahnhof. Im Gegensatz zu den anderen in diesem Buch gezeigten Aufnahmen von Winterlandschaften liegen hier auf den Dächern dicke Schneepolster auf, und auch die Gleise sind bis auf Schienenkopfhöhe eingeschneit. Bei dieser Darstellungsart sind die Schienenzwischenräume mit entsprechend zugeschnittenen Hartschaumstreifen aufgefüttert, wobei ganz der Vorbildsituation entsprechend lediglich die für die Radführungen erforderlichen Laufrillen freiblieben. Daher beschränkt sich die Anwendung dieser Ge-

Ausschnitt aus dem Modell der Winterlandschaft – der Bahnübergang.

staltungstechnik auf Modelleisenbahnanlagen, die ausschließlich mit Zweileitergleisen ausgestattet sind.

Das hier vorgestellte Modell einer Winterlandschaft habe ich im Auftrag des Hauses Faller gebaut, um das damals neu auf den Markt gekommene Winterset im Praxisversuch zu testen. Neben Schneefarbe, Kleber, Baumspritzlingen und dem ansonsten nur schwer erhältlichen Glasdiamantin waren auch vorgeformte Eiszapfen in verschiedenen Größen beigepackt. Aber gerade beim Einsatz dieser Eiszapfen kommt es sehr darauf an, daß sie nur dort angebracht werden, wo erfahrungsgemäß das Schmelzwasser in entsprechenden Mengen abläuft, wie beispielsweise an Dachrinnenüberständen oder Firstbrettern. Bevorzugte Stellen für ausgeprägte Eiszapfenkolonien sind auch, wie in einer der

Abbildungen dargestellt, die Längsträger an Kastenbrücken, wo das Schmelzwasser in Massen abläuft. Ferner muß man beim Anbringen der Eiszapfen auch auf die konsequente Senkrechtlage achten.

Über viele Monate hinweg arbeitete ich an den Dioramen dieser Serie. Aber die Mühe lohnte sich: Sie lieferten mir die Motive für Hunderte von Aufnahmen. Einen großen Teil davon verwendete ich zur Illustration des 1986 erschienenen „Profi-Heftes" aus der bekannten Faller-Serie „Modellbau leicht gemacht", das ungeachtet der nicht sehr wohlwollenden Kritik in einer der etablierten Modellbahnzeitschriften schon im ersten Erscheinungsjahr mit einer verkauften Auflage von über 30 000 Exemplaren alle bisherigen Rekorde brach.

Ausschnitt aus dem Modell der Winterlandschaft – Bahnkörper mit Kastenbrücke und Bach.

Endstation Niagarafälle:
Nostalgische HO-Anlage mit dreigleisigem Durchgangsbahnhof

Im Sommer 1985 erhielt ich von der Firma Faller den Auftrag, eine etwa 8 m² große Modelleisenbahnanlage zu bauen, die unverkennbar meine Handschrift trägt. Das Thema war mir freigestellt, doch sollten möglichst viele Bausatzmodelle aus dem aktuellen Liefersortiment gezeigt werden. Vorgesehen war die Anlage zunächst als repräsentatives Schaustück im firmeneigenen Stand auf der Nürnberger Spielwarenmesse im Jahre 1986. Ferner war sie über eine Saison hinweg für die großen internationalen Modellbahnausstellungen eingeplant. Danach sollte sie zum Verkauf ausgeschrieben werden. Mit diesem Auftrag wollte mir das Haus Faller gleichzeitig die Gelegenheit geben, mein Bildarchiv mit aktuellen Anwendungsfotos aufzufüllen, wie ich sie dringend benötigte, um die neuen Hefte der Serie „Modellbau leicht gemacht" zu illustrieren.

Es war zunächst nicht ganz einfach, ein geeignetes Thema zu finden, das mir die Möglichkeit bot, eine so große Anlage stilrein ausschließlich mit den Gebäudebausätzen aus dem hauseigenen Angebot auszustatten. Nach langem Überlegen und Abwägen entschied ich mich schließlich für ein Anlagenmotiv mit Kleinstadtbahnhof an einer eingleisigen, dampfbetriebenen Strecke. Und als zeitgeschichtliche Epoche nahm ich mir die sechziger Jahre, die Epoche 3, zum Vorbild.

Innerhalb des sichtbaren Anlagenbereichs plante ich die Strecken mit einem dreigleisigen Durchgangsbahnhof im Zentrum, der zur Aufnahme von Zügen bis zu einer Gesamtlänge von 1,30 m ausgelegt war. Dem Bahnhof angegliedert war eine kleine Dampflokbasis mit zweiständigem Lokschuppen und Kleinbekohlungsanlage. Von der in weitem Bogen talwärts führenden Strecke zweigte ein zweigleisiger Industrieanschluß in das Areal einer Eisengießerei ab. In der unteren, verdeckt gelegenen Ebe-

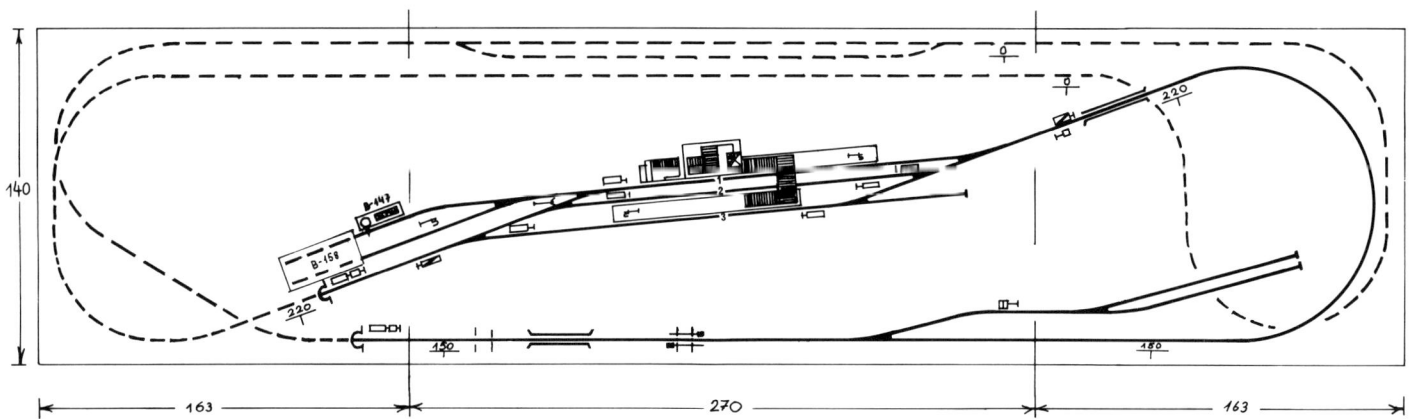

Oben: Der Gleisplan zur Faller-Messeanlage '86.   **Unten: Gestaltungsplan mit Ladegleis als Variante.**

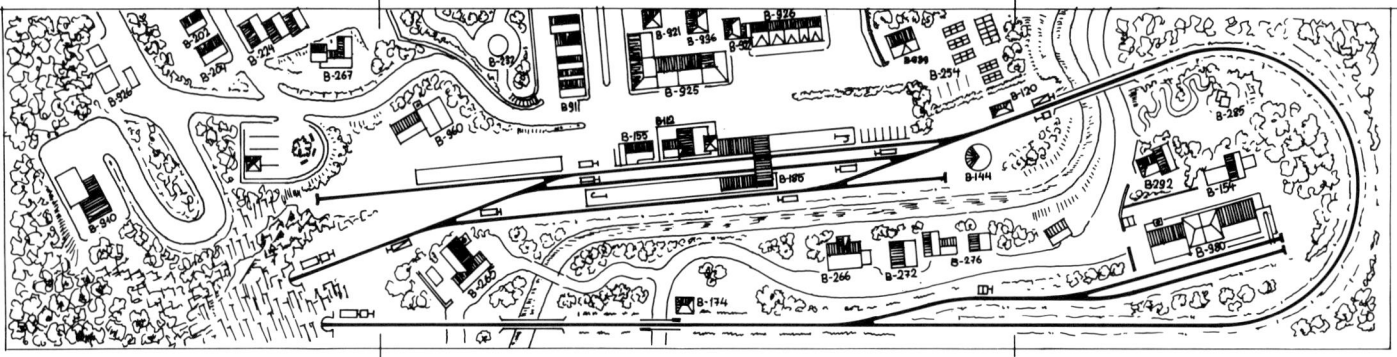

Ausschnitte der Anlage im Rohbau.

Der Bahnhof aus der Vogelperspektive.

ne plante ich eine Wendeschleife und einen zweigleisigen Ausweichbahnhof ein. Den Anlagenrahmen in den Grundmaßen 5,90 × 6,00 m konzipierte ich dreiteilig, wobei ich die Trennfugen so plante, daß sie die Bahnhofsgleise im mittleren Element nicht durchschnitten. Auf diese Weise konnte das Anlagenmittelteil mit dem kompletten Bahnhof auch als eigenständiges Diorama zum Aufbau einer Fotostaffage verwendet werden.

Mit dem Konzept zu dieser Anlage verfolgte ich wiederum das Ziel, möglichst viele interessante und in der Anlagenbaupraxis verwertbare Anwendungsvorschläge im Zusammenhang mit dem Einsatz von Gebäudebausätzen aus dem Faller-Programm zu bieten. So plante ich beispielsweise die Bahnhofsanlage nach einer Vorbildsituation, wie sie wohl um die Jahrhundertwende in ihren Ursprüngen hätte entstehen sein können. Das Empfangsgebäude mit Güterhalle entsprach genau den damals üblichen Einrichtungen eines „Bahnhofs mit gemischtem Dienst". Unter

dieser Bezeichnung versteht man in der Fachsprache des Eisenbahners die Personen- und Güterabfertigung in Personalunion durch die gleiche Dienststelle. Deshalb sind auch die beiden Abfertigungsbereiche räumlich nicht getrennt: Empfangsgebäude und Güterhalle stehen in unmittelbarer Nachbarschaft nebeneinander. Entsprechend ist auch der Bahnhofsvorplatz gestaltet: mit Verladerampe und einer ausreichend bemessenen Zufahrt für die Zubringerfahrzeuge.

Mit zu den wichtigsten Einrichtungen eines Personenbahnhofs zählen aber die Bahnsteige. Sie müssen so beschaffen sein, daß den Reisenden ein bequemer und sicherer Zustieg zu den Zügen möglich ist, was der Anfänger beim Planen seiner Modelleisenbahnanlage oft nicht berücksichtigt. Insbesondere bei Durchgangsbahnhöfen müssen die Bahnsteige auf Trittbretthöhe und vor allem breit genug ausgeführt sein. Da der übliche Parallelgleisabstand hierfür nicht ausreicht, ist es erforderlich,

Links:
Blick von der Nagelfabrik über den linken Bahnhofskopf hinweg auf die Stadt.

Rechts oben:
Der rechte Bahnhofskopf mit Bahnsteigübergang.

Rechts unten:
Die kleine Dampflokbasis mit der evangelischen Kirche im Hintergrund.

sogenannten „Hebelstellwerk" aus über Seilzüge mechanisch bewegt. Die in Seilrollen geführten „Stolperdrähte", wie die Seilzüge von den Eisenbahnern scherzhaft bezeichnet wurden, waren zusammen mit den dazugehörenden Spannwerken aus dem Bild der Bahnhöfe jener Zeit nicht wegzudenken. Die historisch getreu nachgebildeten Seilzüge auf dieser Anlage entstanden aus brauner Nähseide und die Führungsrollen aus Schienenverbindungslaschen, die über Stahlstifte geschoben wurden.

Mit zum selbstverständlichen Bild einer solchen historischen Bahnhofsanlage gehören auch die Wasserkräne an den Bahnsteigenden. In allen Bahnhöfen an den dampfbetriebenen Strecken waren sogar spezielle Gelenkwasserkräne vorgeschrieben, da die vor die Personenzüge gespannten Dampfloks mit Rücksichtnahme auf die Sicherheit der Reisenden nach dem Stillstand nicht nochmals bewegt werden durften. Und wo Wasserkräne installiert waren, mußte auch ein Wasserturm vorhanden sein, der das aufbereitete Kesselspeisewasser in ausreichender Menge vorrätig hielt. Auch diese Einrichtungen finden sich in dem hier vorgestellten Modell. Da jedoch das dritte Gleis als Umfahrgleis gedacht war, genügten zwei Gelenkwasserkräne jeweils an den Bahnsteigenden zwischen Gleis 1 und 2. Ein weiterer Wasserkran findet sich vor dem Lokschuppen gegenüber der Bekohlungsanlage.

Unmittelbar am Bahnhofsvorplatz, lediglich durch die Straße getrennt, drängten sich meinem Konzept entsprechend bereits die ehrwürdigen Bürgerhäuser um den Marktplatz des kleinen Städtchens. Und dies entspricht auch ganz den Verhältnissen der im Modell nachempfundenen Vorbildsituation. Demnach hatte sich das Städtchen ziemlich weit in die Talaue vorgeschoben, schon lange bevor die Bahnlinie gebaut wurde. Um Platz für die Bahnhofsanlage zu schaffen, blieb nur noch die Umleitung des Baches als Lösung, während das zur Aufnahme der Gleise erforderliche Terrain auf das Straßenniveau der Stadt aufgefüllt werden mußte. Und damit das Ganze auch hielt, war eine steile Mauer erforderlich, die teilweise sogar den Saum des neu angelegten Bachbettes bildete. Um das Mauerwerk vor Auswaschungen zu schützen, war es erforderlich, die Bahnhofsanlage zu kanalisieren. Über die zahlreichen, im oberen Drittel der Mauer austretenden Rohre wurde das Regenwasser direkt in den Bach geleitet. Doch damals, um die Jahrhundertwende, hatte man mit Zement noch wenig Erfahrung, und die lediglich mit Kalkmörtel vermauerten Sandsteine sogen das Wasser aus dem Bach wie ein Schwamm in sich auf. Damit wurden auch Stoffe aus dem Erdreich mit aufgenommen, die Steine und Mörtel im unteren Drittel der Mauer chemisch zersetzten. Dem drohenden Abrutsch der künstlich aufgefüllten Terrasse konnte man einige Jahrzehnte später nur noch durch eine umfassende Betonsanierung begegnen. So ergab sich das im Wechsel von Beton und Sandstein ge-

die Gleise mit entsprechend größeren Abständen zu verlegen, wo Bahnsteige vorgesehen sind. Bei der hier gezeigten Anlage wurde der Bahnsteig zwischen Gleis 2 und 3 eingefügt, um den Reisenden den Zustieg zu den Zügen auf allen Gleisen zu ermöglichen. Das Problem der Verbindung vom Empfangsgebäude zu dieser Bahnsteiginsel habe ich mit einer Bahnsteigbrücke gelöst, deren Architektur stilistisch ausgezeichnet in mein Konzept paßte.

Der gewählten zeitgeschichtlichen Epoche entsprechend stattete ich den Bahnhof mit Formsignalen aus. Zwei davon stehen übrigens an der falschen Gleisseite, eine Situation, die auch beim Vorbild vor allem in kleineren Bahnhöfen relativ häufig anzutreffen war, wenn der Platz zwischen zwei parallel geführten Gleisen nicht ausreichte. Dort wo das Signal dem allgemeinen Reglement entsprechend stehen sollte, informierte in diesem Fall eine Schachbretttafel (Signal Ne 4) den Lokomotivführer über den geänderten Standort.

Die Flügel oder Scheiben dieser Vorsignale wurden von einem

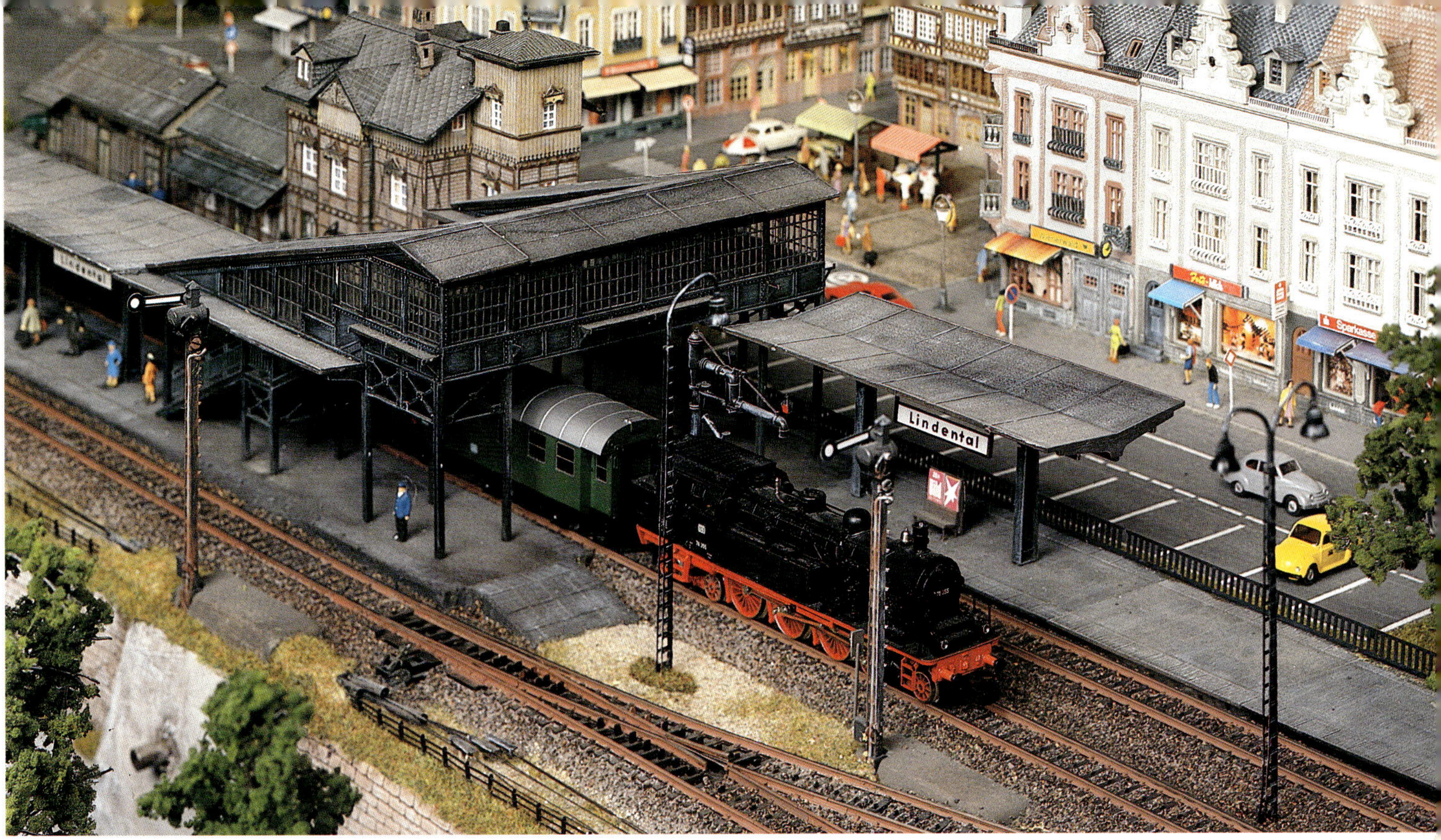
Lindental

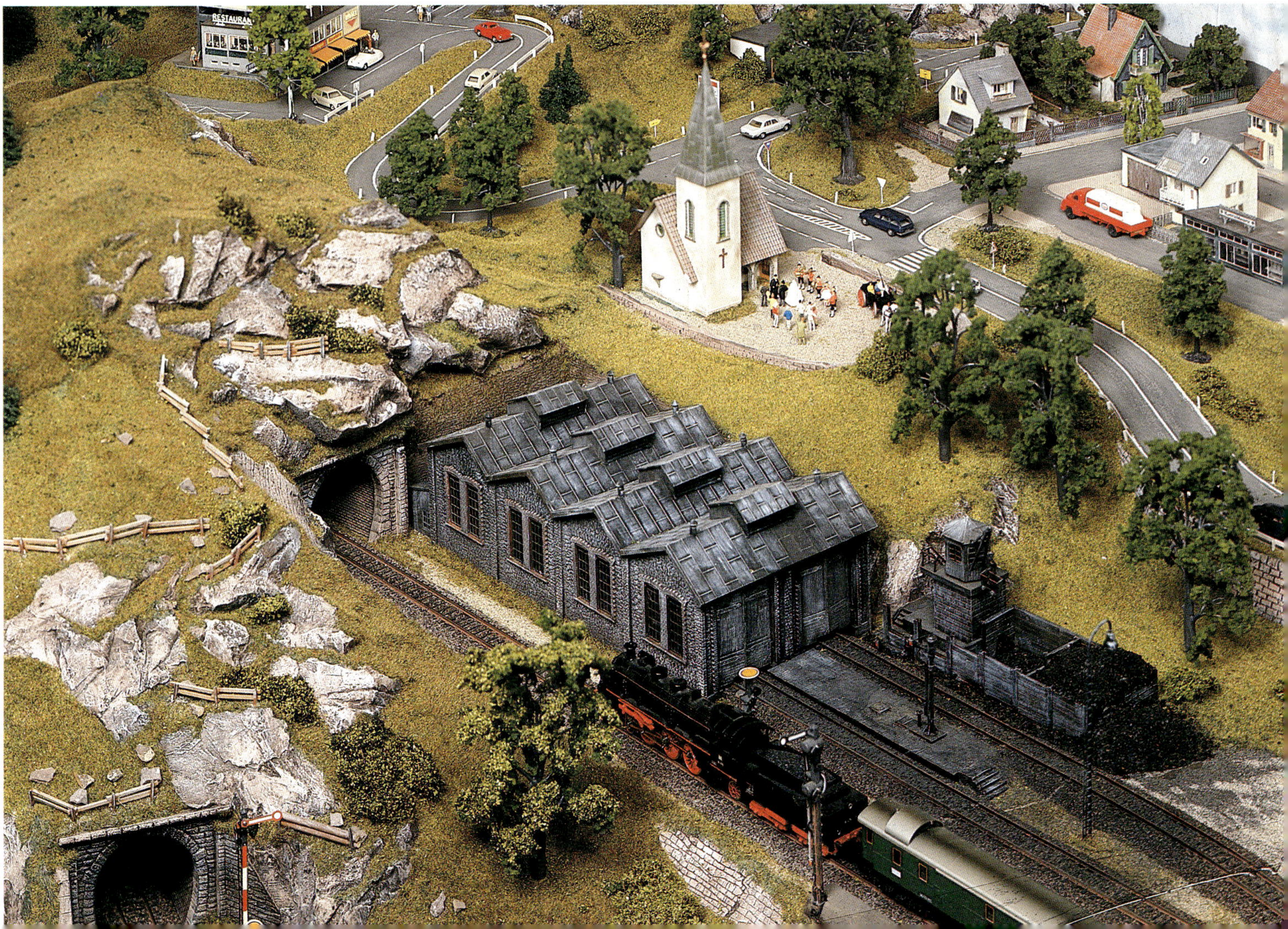

Die Eisengießerei mit Gleisanschluß.

formte Bild der gewaltigen Stützmauer, wie es sich an der Peripherie der mittleren Ebene des Anlagenmodells präsentiert.

Natürlich ist diese Geschichte frei erfunden. Aber sie ist in ihrer Art eine Geschichte, wie sie der aufmerksame Naturbeobachter mit der Zeit aus den spezifischen Merkmalen einer Landschaft herauszulesen versteht und wie er sie in letzter Konsequenz dann auch lernt, selbst und aus der eigenen Phantasie heraus zu schreiben. Die Handschrift des Modellbauers ist nun einmal die Wiedergabe seiner Geschichte im dreidimensional geformten

Bild. Und dieses Bild kann immer nur so gut sein wie seine Geschichte, die der Künstler imstande ist, dem Betrachter seines Werkes zu vermitteln.

Und so erzählt eigentlich jedes Detail dieser Anlage seine Geschichte. Wie das Wehr beispielsweise, das kurz vor dem 90°-Bogen, mit dem sich das kanalisierte Bachbett der Stützmauer entlang windet, das Wasser zu einem Reservoir anstaut. Diese Vorrichtung mit maschinell betriebenem Schieber gehört zu der unweit in der Aue gelegenen Eisengießerei, die ständig Wasser für die Produktionsprozesse benötigt, und zwar in Mengen, die das örtliche Leitungsnetz nicht liefern könnte. Das meiste davon ist Kühlwasser, das direkt aus dem Bach entnommen und nach

Die untertunnelte Felsnase.

Gebrauch auch gleich wieder hineingeleitet wird. Um auch dann über ausreichende Reserven zu verfügen, wenn der Bach während länger dauernder Trockenperioden wenig Wasser führt, ist das Stauwehr von großer Wichtigkeit für diese Fabrik.

Dem Bachbett entlang windet sich eine lediglich befestigte Schotterstraße, die ganz dem ländlichen Charakter der naturbelassenen Aue im Vordergrund der Anlage entspricht. Sie führt am Fabrikkomplex und drei Bauernhäusern vorbei über die Bahnlinie hinweg. Kurz vor dem durch Schranken gesicherten Bahn-übergang zweigt ein Weg zu einer zweiten, kleineren Fabrik ab, die Drahtstifte herstellt.

Im rechten Anlagenteil, unmittelbar hinter der letzten Weiche der mittleren Ebene, führt die eingleisige Strecke zunächst über eine Stahlträgerbogenbrücke und gleich danach durch ein kurzes Tunnel hindurch, bevor sie sich in kühnem Bogen um die Weinberge herumwindet. Die Frage ist natürlich berechtigt, warum die einstigen Eisenbahningenieure dieses Hindernis des dort ansteigenden Juragebirges untertunnel und nicht einfach weggesprengt haben, was doch sicherlich der kostengünstigere Weg gewesen wäre. Oder ging es hier ausnahmsweise einmal nur darum, die etwas langweilige Landschaft in dieser Ecke um ein

Ein Nahverkehrszug umrundet den Weinberg.

Tunnel zu bereichern, wo eigentlich überhaupt keines sein dürfte? Nein, meine Geschichte hat da eine andere Antwort: Während des ersten Jahrhunderts der Eisenbahngeschichte hatten die Streckenbaumeister ein sehr viel feinfühligeres Verhältnis zur Natur als die der jüngeren Generationen. Und damals wäre es durchaus denkbar gewesen, daß auch einmal ein wenig mehr Geld ausgegeben wurde, um ein so schönes Naturdenkmal, wie diese Felsnase beispielsweise, in seiner Substanz zu erhalten. In die dem Jurafelsen vorgelagerten Weinberge gelangt man auf

einem tief ausgefahrenen Feldweg, der neben der Villa des Fabrikbesitzers von der großen Schotterstraße abzweigt. Bevor der Weg ansteigt, führt er an einem Tor vorbei, das den Eingang zu einem weit in das Bergesinnere getriebenen Stollen bildet. Es ist ein sogenannter Eiskeller, in dem in früherer Zeit, als es noch keine Eismaschinen gab, das während der Winterszeit aus dem Bach gebrochene Eis als Jahresvorrat für die kleine, in Bahnhofsnähe gelegene Brauerei gelagert wurde. Auch hinter der Brauerei gibt es einen solchen Keller. Er führt unter der zur Oberstadt hinaufziehenden Straße hindurch und wird auch heute noch zum Einlagern des frisch gebrauten Gerstensaftes genutzt.
Über den Vorplatz der Brauerei hinweg gelangt man zur Bekoh-

Die kleine Brauerei mit dem Schloßpark im Hintergrund.

lungsanlage der ehemaligen kleinen Dampflokbasis. Ursprünglich war hier einmal eine kleine Tenderlokomotive beheimatet, die den örtlichen Verschiebedienst bewältigte. Während der sechziger Jahre waren die dampfbetriebenen Rangierlokomotiven jedoch längst ausgemustert und durch die rentableren Diesellokomotiven ersetzt worden. Der Lokschuppen samt Bekohlungsanlage ist heute im Besitz der am Ort ansässigen Eisenbahnfreunde. Insofern ist es also auch kein Stilbruch, wenn hier ab und zu auch einmal eine Museumslokomotive in ihrer Origi-

nallackierung der Länderbahnzeit auf den Gleisen steht.
Jenseits der in die Oberstadt führenden Straße, bereits auf dem Niveau der dritten Ebene, liegt ein ehemaliger Schloßpark mit einer Häusergruppe der einstigen Domänenverwaltung. Die Grünfläche mit alten Baumbeständen und einem modernen Springbrunnen ist heute jedermann zugänglich. Links vom Park, der über eine Treppe auch von der Altstadt aus erreichbar ist, liegt das Neubaugebiet der Oberstadt mit Kirche, und an der Straßengabel zweigt nochmals nach links ein asphaltiertes Sträßchen ab, das sich in einer kühnen S-Kurve zum Nobelhotel hinauf windet, dem höchsten Punkt der Anlage.
Bei der Ausstattung des Schaustückes achtete ich sehr darauf,

Das Nobelhotel auf der Anhöhe im linken Anlagenteil.

daß möglichst alle Details auf die gewählte zeitgeschichtliche Epoche abgestimmt waren. Und dies galt nicht nur für die auf der Anlage verkehrenden Züge, sondern auch für die Modellfahrzeuge auf den Straßen. Erstmals wurden hier auch historische Straßenverkehrszeichen aus jener Zeit aufgestellt, die heute längst nicht mehr gültig sind.

Drei Züge verkehrten in vollautomatischem Betrieb, gesteuert über die elektronischen Regelgeräte 6600 von Märklin. Über ein Jahr lang nutzte das Haus Faller die Anlage wie vorgesehen als

Schaustück auf mehreren Ausstellungen. Dann wurde sie verkauft. Der neue Eigentümer rüstete die Steuerung auf Digitalbetrieb um und verschickte das von mir nochmals aufpolierte Modell per Schiff in die Neue Welt. In einer Ausstellungshalle auf der kanadischen Seite der Niagarafälle fand sie als Schauanlage ihr endgültiges Domizil.

Zwei Spuren – ein Motiv:
Hochgebirgsanlage mit Stausee und Bahnkraftwerk

Diese Anlage war meine erste, die ich für einen privaten Auftraggeber baute. Vorgegeben war räumlich bedingt lediglich die Anlagenlänge von 6,00 m und eine Tiefe von 1,35 m. Thema und Gestaltung blieben mir freigestellt. Mein Auftraggeber war ein Fan von Schweizer Bahnen und hatte bereits eine beachtliche Sammlung von Modellfahrzeugen in den Nenngrößen H0 und H0m nach Vorbildern der SBB und der Rhätischen Bahn. Deshalb war er auch sofort damit einverstanden, als ich ihm ein Schweizer Thema mit zwei Modellbahnspuren vorschlug.

Diese Idee kam mir insofern gelegen, als ich hier ein Hochgebirgsmotiv wählen konnte, das mir die Trassenführung in drei Ebenen gestattete. So plante ich die erste Ebene für die Vollspurtrasse nach dem Vorbild der Schweizerischen Bundesbahn (SSB) und die zweite und dritte Ebene für die Schmalspurtrasse nach dem Vorbild der Rhätischen Bahn (RhB).

Als ich noch mit der Planungsarbeit beschäftigt war, entdeckte ich während eines Routinefluges über den Schwarzwald ein kleines Stauwehr, das offensichtlich zu einem abgelassenen Stausee gehörte, der jedoch auf keiner Fliegerkarte verzeichnet war. Sofort kam mir der Gedanke, dieses Motiv mit in die Anlagenkonzeption zu übernehmen, denn ich wollte sowieso ein Gewässer in irgendeiner Form mit ins Bild bringen und hatte hierbei das Problem, die große Höhendifferenz, die sich durch die unterführende SBB-Strecke zwangsläufig ergab, glaubhaft darzustellen. Und ich wollte es diesmal unbedingt vermeiden, dieses Problem wiederum mit einem Wasserfall zu lösen.

Schon am nächsten Tag versuchte ich, mit einem kleinen Sportflugzeug den Ort zu lokalisieren. Ich fand das Objekt nur wenige Kilometer südöstlich des kleinen Schwarzwaldstädtchens Furtwangen. Und kaum vierundzwanzig Stunden später stand ich bereits vor dem Wehr. Als eine der ersten Stahlbetonkonstruktionen dieser Art wurde es im Jahre 1923 erbaut, um die Linach anzustauen. Dieses unscheinbare Wiesenbächlein lieferte einst so viel Energie, daß man damit die Höllentalbahn hätte betreiben können. Das Kraftwerk, kaum größer als ein heutiges Einfamilienhaus, fand ich gut 2 km weiter unten im Tal, als ich den Druckröhren folgte, die einst das angestaute Naß aus dem Stausee in die beiden Turbinen leiteten.

Als ein gutes Jahrzehnt nach der Inbetriebnahme des Kraftwerks die Höllentalbahn elektrifiziert wurde, erhielt es den Status eines Bahnstromnotkraftwerks. Im Falle eines Zusammenbruchs des Verbundnetzes hätte das Linacher Kraftwerk durch direkte Zuschaltung an das Bahnstromnetz den elektrischen Betrieb auf der strategisch wichtigen Höllentalstrecke aufrechterhalten können. Aber schon bald nach Ende des Zweiten Weltkrieges war das umweltfreundliche Wasserkraftwerk in Konkurrenz mit den dampfbetriebenen nicht mehr rentabel genug. Während der sechziger Jahre wurde es schließlich stillgelegt. Inzwischen ist auch der Stausee verschwunden. Nur die Staumauer ist noch zu

Blick auf das Gebirge im linken Anlagenteil.

sehen oder treffender gesagt, die Ruine des einst so stolzen Bauwerks, von dem man glaubte, es würde als seinerzeit modernste technische Errungenschaft Jahrhunderte überdauern.

Anhand der noch vorhandenen Substanz konnte ich mir jedoch ein ziemlich genaues Bild von der Anlage machen, wie sie unmittelbar nach ihrer Inbetriebnahme ausgesehen haben mag, und ich fand, daß sie als Thema in entsprechend geänderter Form ausgezeichnet in mein Gestaltungskonzept der Schweizer Eisenbahnlandschaft hineinpaßte. Denn wie man weiß, gibt es

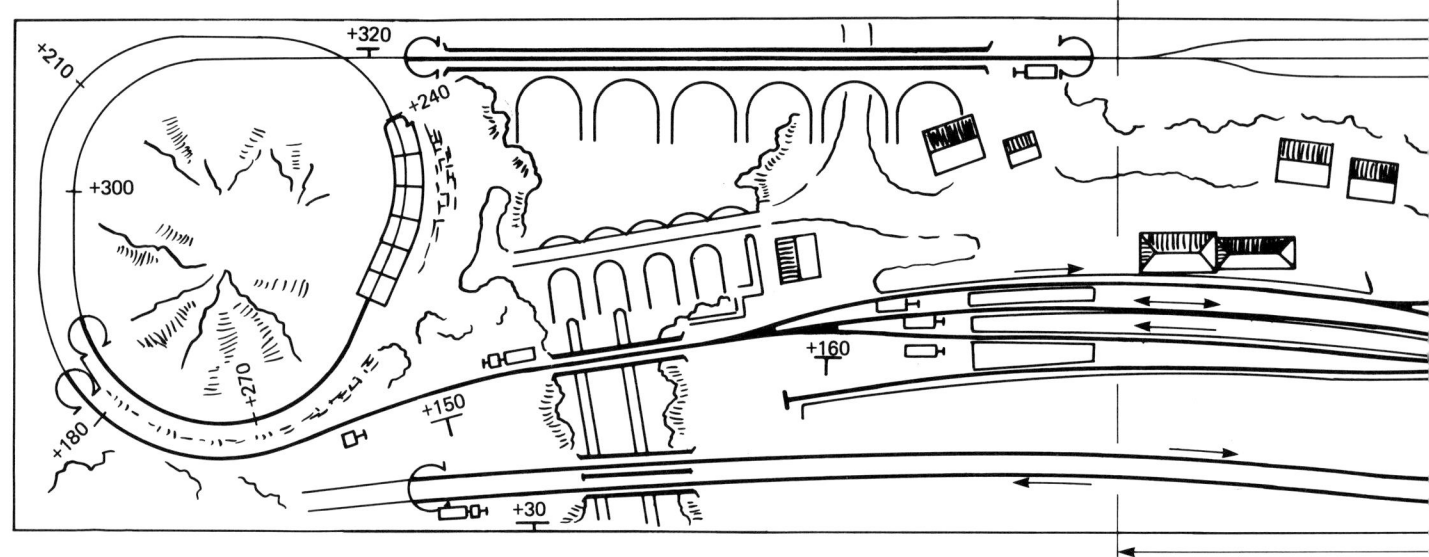

Oben: Gleisplan zur HO-Hochgebirgsanlage. **Unten: Gleisplan zur Vollspurbahn in der unteren Ebene mit Schattenbahnhof.**

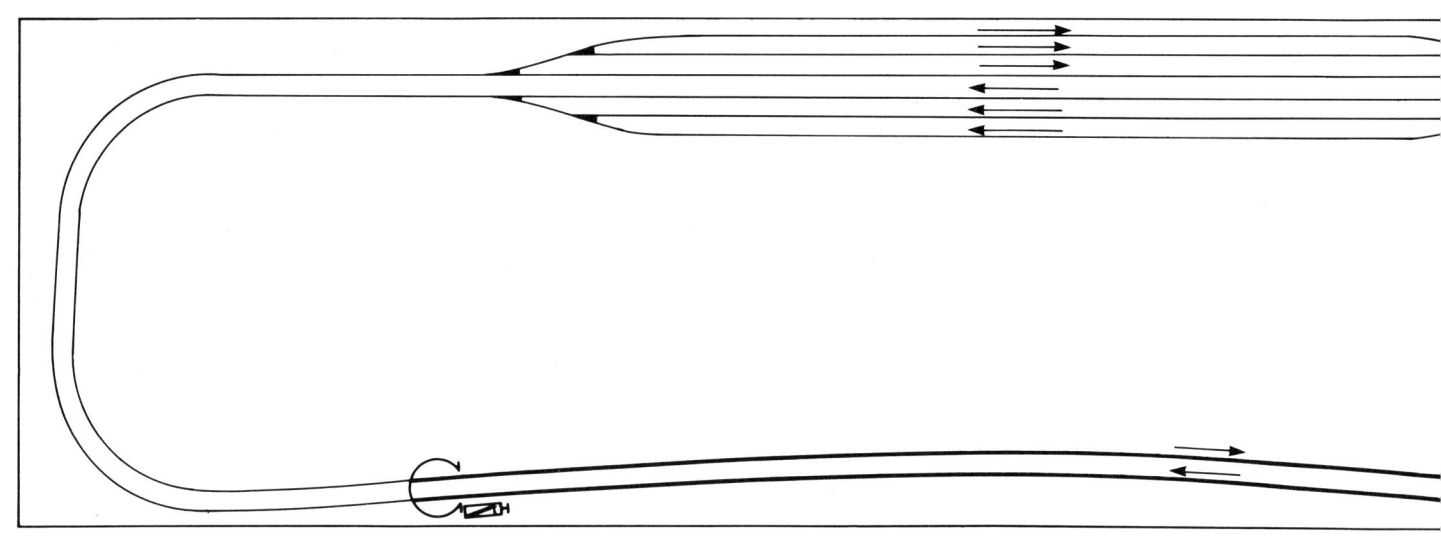

auch heute noch in der Schweiz eine ganze Reihe von kleinen Wasserkraftwerken, die im Katastrophenfall die Sicherung der Bahnstromversorgung unabhängig vom Verbundnetz übernehmen könnten.

Somit stand also das Thema fest: eine Hochgebirgslandschaft mit Stausee und Bahnstromkraftwerk. Das sich quer durch die Anlage ziehende Tal mit dem Stausee plante ich im linken Teil der zweiteiligen Rahmenkonstruktion. Im Gegensatz zum Vorbild im Linachtal verlegte ich jedoch das Turbinenhaus unmittelbar unter die Staumauer. Drei aus der Staumauer austretende Druckrohre mündeten in die Turbineneinlaufschächte. Bei dem kaminartigen Vorbau rechts an der Staumauer handelt es sich um den nahezu maßstäblich detailgenau vom Vorbild übernommenen Syphon, der es den Fischen ermöglichte, die große Höhendifferenz dieser

künstlichen Staustufe zu überwinden. Da in der engen Talsohle keine Zufahrt zum Turbinenhaus angelegt werden konnte, war ferner die Imitation eines Lastenaufzugs erforderlich, der im Winkel von 45 Grad vom Niveau der dritten Ebene zur Maschinenhausrampe hinunterführt. Da auch Bahnstromkraftwerke grundsätzlich an das Verbundnetz angeschlossen sind, um Energieüberschüsse abgeben zu können, finden sich auch hier im Modell die entsprechenden Freileitungsmasten.

Rechts vom Kraftwerk, im Zentrum der Anlage, plante ich die Station der Rhätischen Bahn. Unmittelbar nach dem Austritt der eingleisigen Schmalspurstrecke aus dem rechten Tunnel begann der Bahnhofsbereich mit drei Durchgangsgleisen und einem Ladegleis. Ein zusätzliches Nebengleis stellte den Anschluß zu einem nahe gelegenen Steinbruch her. Vom Bahnhof nach links

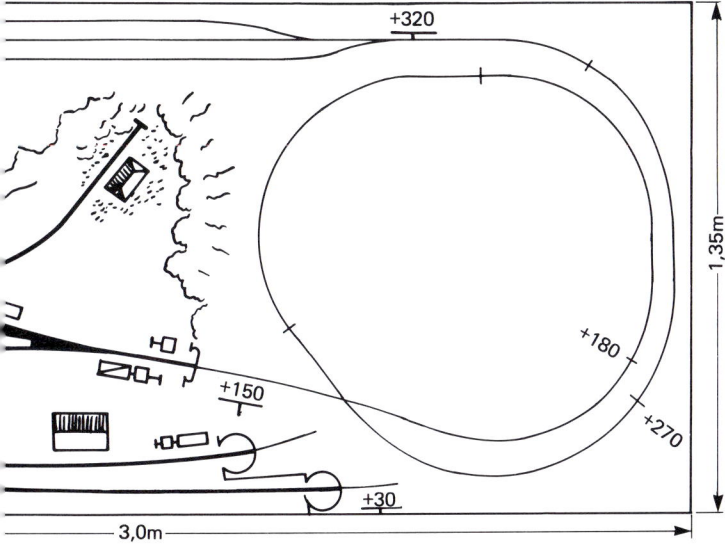

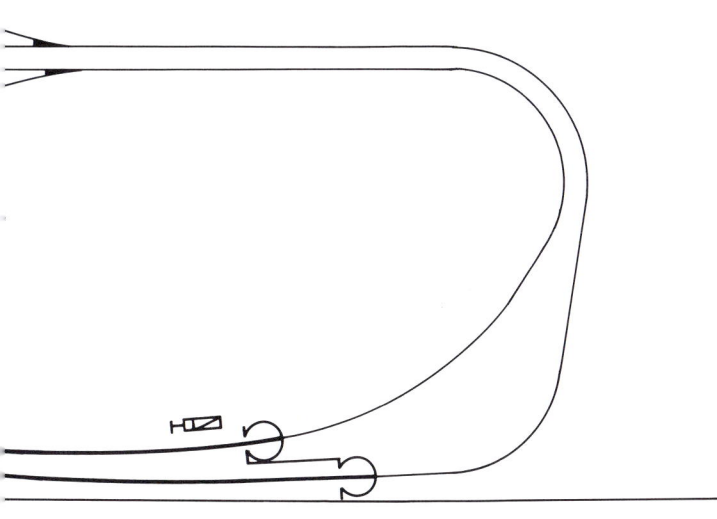

Die Staumauer mit Turbinenhaus.

weg führte die Strecke zunächst auf einer Kastenbrücke über das Tal, um danach in Form einer Doppelwendel auf das Niveau der dritten Ebene anzusteigen. Die nach dem Gerwigschen Prinzip gewendelte Strecke war nur teilweise untertunnelt. Ein besonders durch Steinschlag gefährdetes Streckenstück erhielt zusätzlich eine Lawinenschutzüberdachung.

In Höhe der dritten Ebene trat das Gleis wieder aus dem Berg. Gleich hinter dem Tunnelportal führte die Strecke über einen großen gemauerten Viadukt, der das ganze Tal einschließlich des Stausees überspannte. Und einige Zentimeter dahinter erwartete schon wieder eine Tunnelröhre die Züge zur Einfahrt ins Gebirge, in dessen Innerem sich ein dreigleisiger Schattenbahnhof verbarg. Auch nach der Ausfahrt aus diesem „unterirdischen Speicherbahnhof" blieben die Züge im Berg, wenn sie im Uhrzei-

gersinn weiterfuhren, bis sie sich über die rechten Doppelwendel wieder auf das Niveau der mittleren Ebene heruntergeschraubt hatten.

Vor dem Bahnhof fand sich noch genügend Platz für ein Sägewerk, dessen eigenes Schmalspurgleis (6,5 mm) direkt bis an das Ladegleis der Rhätischen Bahn reichte. Ein Stockwerk tiefer verlief die Trasse der zweigleisigen Vollspurbahn in elegantem, weitem Bogen zwischen den in der unteren Ebene gelegenen Tunnels. Das Streckenbild dieser Vollspurbahn bestand aus einem doppelgleisigen Oval mit sechsgleisigem Schattenbahnhof, der unter dem Stausee hindurchführte und mit Gleislängen von bis zu drei Metern fast den ganzen hinteren Raum unter dem Gebirge im rechten Anlagenteil einnahm. Die Gleise reichten zur Aufnahme der längsten Schnellzuggarnituren aus.

143

Der Stausee mit Staumauer und dem großen Viadukt im Hintergrund.

Zur Steuerung und Kontrolle der beiden Bahnen verwendete ich erstmalig ein elektronisches Gleisbildstellwerk, das ich selbst mitentwickelt hatte. Dennoch wurde viel Elektronik für den halb- und wahlweise auch vollautomatischen Betrieb mit eingebaut, wie beispielsweise automatisches Einfädeln in die Gleisharfen der Bahnhöfe und wahlweise zuschaltbarer vollautomatischer Verkehr der Schmalspurbahn mit Fahrtrichtungswechsel.

Ein Gestaltungsproblem ergab sich durch die hohe Anzahl der Tunnels, die sich der Konzeption entsprechend leider nicht redu-

zieren ließ. Um der gefürchteten Uniformität zu begegnen, habe ich versucht, jedes Tunnelportal in einer anderen Art individuell zu gestalten. So habe ich in der unteren Ebene nur das linke Tunnelportal zur Aufnahme beider Gleise geplant, während ich den Bahnkörper gegen das rechte Felsmassiv hin auseinanderzog und die Strecken einzeln in die versetzt angeordneten Portale einer Doppelröhre hineinführte. Das rechte Tunnelportal in der mittleren Ebene erhielt einen Anbau, in dem das Stellwerk untergebracht sein könnte, und auch die anderen Tunnels an der

Die Station der Rhätischen Bahn.

Schmalspurstrecke unterschieden sich durch ihre speziellen Stützmauern wesentlich voneinander. Alle Tunnelkonstruktionen habe ich aus Sperrholz gefertigt und mit HEKI-dur verkleidet. In gleicher Weise entstanden auch die Staumauer, der große, über den Stausee führende Viadukt, die Brückenpfeiler und letztlich auch die Burgruine am Hang des rechts ansteigenden Gebirgszuges.

Es versteht sich von selbst, daß eine solche Landschaft nur auf der Basis eines stabilen Spantengerüsts aufgebaut werden

konnte. Schon der Zugänglichkeit zu den unterführenden Strekken wegen wäre ein anderer Aufbau nicht in Frage gekommen. Und auch die Gebirge formte ich in meinem bewährten Verfahren mit Aluminiumgewebe und Modellgips. Lediglich bei der Lasurarbeit an den doch recht hellen Felspartien versuchte ich es mit einer neuen Technik, wobei ich nicht, wie sonst üblich, einen deckenden Zwischenanstrich in der hellsten Gesteinsfarbe aufbrachte, sondern statt dessen zweimal farblos mit verdünntem Dispersionsbinder grundierte. Die unter der Lasur mehr oder weniger stark durchscheinende Eigenfarbe des Gipsuntergrundes verhinderte das Entstehen allzu heller Flächen beim Überwischen mit verdünnter Lasurfarbe.

Den Gewässerspiegel stellte ich mit Gießharz her. Da dieses mit der aus HEKI-dur verkleideten Staumauer in direkten Kontakt kam, mußte ich das Harz in mehreren dünnen Schichten in den aus Modellgips gefertigten Gewässergrund eingießen, um Erwärmungen zu vermeiden. Der schönen Spiegelungen wegen verzichtete ich auf die Imitation von Wellen.

Mit dem Einverständnis des Auftraggebers wurde diese Anlage während der Spielwarenmesse 1987 in Nürnberg und im gleichen Jahr nochmals während der internationalen Modellbahnausstellung in Köln öffentlich gezeigt. Außerdem war sie in zwei bekannten Fernsehsendungen zu sehen.

Das Sägewerk mit dem rechten Tunnelportal in der mittleren Ebene.

Die schöne Burg am Gebirgshang im rechten Anlagenteil.

Mosellandschaft mit zweigleisiger Eisenbahnbrücke und Hafenanlage

Offensichtlich kamen meine Anlagen, die das Haus Faller auf den internationalen Messen und Ausstellungen zeigte, beim Publikum gut an, denn kaum war die Internationale Spielwarenmesse 1986 zu Ende, hatte ich schon den Auftrag für das nächste Schaustück in der Tasche. Für die Ausführung standen mir wiederum nur knapp zwei Monate zur Verfügung, denn von den Messeneuheiten, die ja noch möglichst mit in die Anlagenkonzeption aufgenommen werden sollten, erhielt ich die Handmuster erst Anfang Dezember.

Diesmal waren es eine große H0-Kirche und die Gartenstadt-Siedlungshäuser, die als Neuheiten in das Anlagenkonzept integriert werden sollten. Ansonsten war mir das Thema freigestellt. Zufällig ergab sich während der Zeit meiner Vorplanungen ein Zusammentreffen mit einem Hersteller, der vorhatte, eine Serie H0-Binnenschiffsmodelle als Bausätze auf den Markt zu bringen. Er bot mir an, die Prototypen zur Verfügung zu stellen, falls ich mich bei der geplanten Messeanlage für ein entsprechendes Motiv entscheiden könnte. Schon wenige Stunden nach diesem Gespräch hatte ich einen Flug nach Luxemburg, und hier war es zunächst die Saar als einer der kleinsten schiffbaren Flüsse, die mich interessierte. Als ich dann aber einen Abstecher durch das Moseltal bis zur Mündung bei Koblenz unternahm, war ich so begeistert, daß ich den Entschluß faßte, ein kleines Stückchen dieses gottgesegneten Landes im Modell wiederzugeben.

Meine erste Idee, eine bestimmte Vorbildszene so getreu nachzubilden, wie ich es bei meinen Erstlingswerken „Geislinger Steige" und „Loreley" unternommen habe, gab ich aber bald auf, denn ich entdeckte bereits während meines ersten kurzen Überfluges aus einem Kilometer Höhe eine solche Fülle von phantastischen Motiven, daß ich mich nicht nur auf ein einziges beschränken wollte. Ganz im Gegenteil war mir diesmal mehr daran gelegen, auf der zur Verfügung stehenden Fläche möglichst viele typische Moselmotive in harmonischem Nebeneinander zu zeigen, wie beispielsweise eine der entzückenden kleinen Hafenanlagen, ein historisches Festungsstädtchen, Weinberge am Südhang, eine Burgruine und natürlich auch eine Eisenbahnbrücke. Während eines zweiten Überfluges machte ich dann eine ganze Serie von Luftbildaufnahmen aus relativ niedriger Flughöhe. Bei der Planungsarbeit benutzte ich sie jedoch kaum. Ich hatte mir die charakteristischen Merkmale dieser Landschaft so eingeprägt, daß ich die meisten Details aus dem Gedächtnis ins Modell umsetzen konnte. Es war auch gar nicht so schwer, geeignete Gebäudebausätze im Faller-Programm zu finden, die in die Landschaft hineinpaßten. Und dort, wo es einige Schwierigkeiten gab, konnte man mit entsprechenden architektonischen Veränderungen nachhelfen, etwa beim alten Stadttor hinter der Anlegestelle.

Der Rohentwurf zu dieser idyllischen Mosellandschaft entstand dann in Gemeinschaftsarbeit mit dem Hersteller der Modellschiffe, der heute unter der Marke „Werkhaus Wassermanngasse" firmiert. Dieses Unternehmen fertigte mir dann auch die Schiffs-

Der Moselbogen mit Mäuseturm aus der Vogelperspektive.

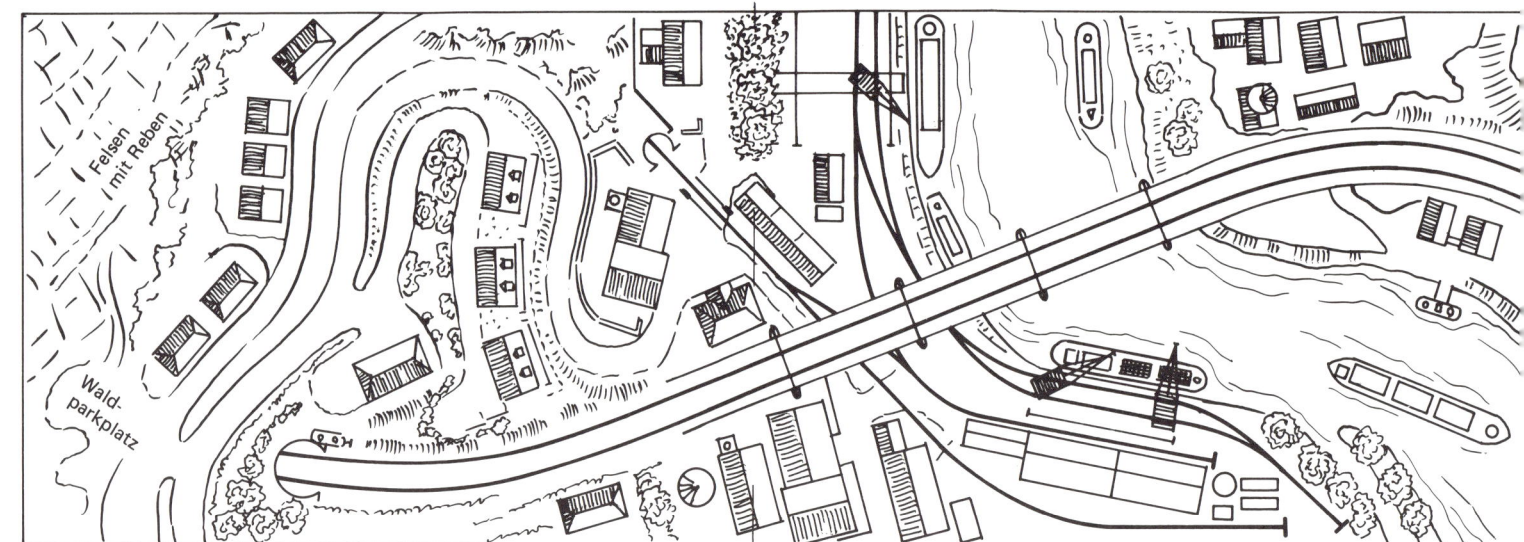

Oben: Der Stückguthafen mit Brücke.　　　**Unten:** Landschaftsplan zur Faller-Messeanlage '87.

Felsen mit Reben

Wald-parkplatz

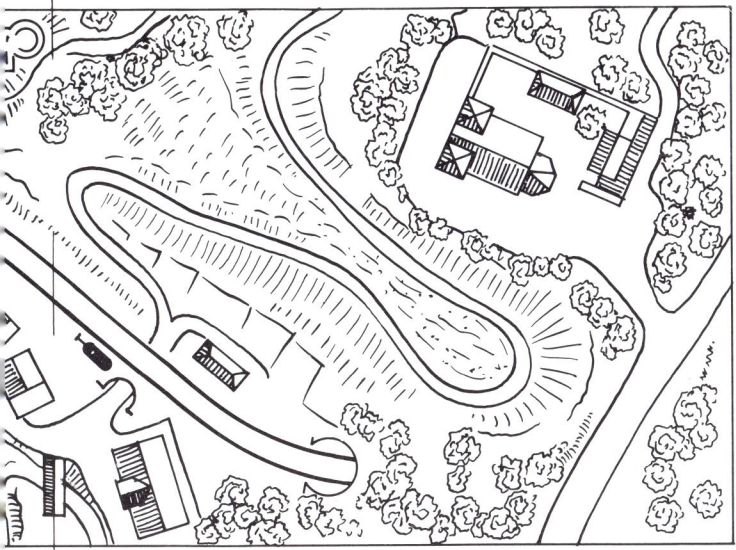

Die Ruine einer mittelalterlichen Raubritterburg.

modelle nach Vorbildern, wie sie auf der Mosel verkehren. Auch in ihren Größen waren diese Modelle speziell auf die Verhältnisse des Anlagenentwurfs zugeschnitten.

Unserem Konzept entsprechend zog sich der schon fast realistisch breite Flußbogen quer durch das Mittelstück der dreiteiligen Anlage. An seinem rechten Ufer planten wir einen kleinen Industriehafen mit Mole, Kränen, Lagerhallen und zwei Fabriken. Für das linke Ufer hatten wir ein typisches altes Moselstädtchen mit Anlegestelle für ein Fährboot vorgesehen, und eine in kühnem Bogen geschwungene, doppelgleisige Eisenbahnstrecke sollte in der zweiten Ebene das ganze Tal überqueren.

Zunächst galt es einmal, eine Konstruktion zu finden, die dem Charakter einer Moselbrücke entsprach und lang genug war, um den Flußbogen samt der Hafenbahngleise zu überspannen. Sie gelang letztlich mit 16 Stahlträgerbrücken-Elementen aus dem Faller-Bausatz-Sortiment, die paarweise mit zwischenliegender Holzleiste zu einer doppelgleisigen Trägereinheit zusammengebaut wurden. Die zwischengeleimte Holzleiste bot gleichzeitig eine günstige Möglichkeit, die Doppelauslegermasten der elektri-

Die Klosteranlage inmitten der Weinberge.

vorderen Lagerhallen und Treibstofftanks das Bild beherrschten. Unmittelbar hinter der großen Fabrik zog sich die Straße in einer weiten S-Kurve den Berg zu den Häuserzeilen der Arbeitersiedlung hinauf. Hier fand sich eine günstige Gelegenheit, die neuen Gartenstadthäuser in einer sehr wirklichkeitsnahen Darstellung in das Konzept zu übernehmen.

Im rechten Anlagenteil dominierte romantisches Moselmilieu. Vor der Böschung der Bahntrasse bot das schmale Ufer nur Platz für eine historische Häuserreihe mit der Gemeindeschule, der Hammerschmiede, einem Bauernhaus und dem alten Wehrturm. Auch diese Situation ist für eine Mosellandschaft dort typisch, wo sich der Fluß während der Millionen Jahre nur eine schmale Pforte durch das harte Urgestein graben konnte. Aber hinter der Bahnunterführung weitete sich die Uferzone zu einer Breite, die ausreichte, um die Stadtkirche mit Vorplatz und einigen Fachwerkhäusern einzuplanen. Auf der Anhöhe des unmittelbar hinter dem Stadtkern steil ansteigenden Felsens schien uns der richtige Platz für eine Burgruine, und weiter rechts ergab sich schließlich mit dem ansteigenden Terrain eine willkommene Möglichkeit, den sonnenverwöhnten Südhang mit ausgedehnten Weinbergen, sozusagen als Markenzeichen dieser Mosellandschaft, darzustellen. Mitten durch die gepflegten und durch zahlreiche Mauern gestützten Rebterrassen schlängelte sich ein tief ausgefahrener Feldweg von der Bahntrasse bis zu den letzten Zeilen hinauf. Er endete in einer Wendeschleife, die um den Aussichtspavillon herumführte. Und ganz oben auf der Höhe fand sich letztlich ein geradezu idealer Platz für die Klosteranlage mit Wallfahrtskirche und den obligaten Ökonomiegebäuden.

Technisches Neuland war für mich die Gestaltung des breiten Gewässers, denn einerseits wollte ich gerne Gießharz verwenden, auf der anderen Seite ging es hier aber nicht ohne eine wellenbewegte Wasseroberfläche, die mir bis dato noch an keinem Modell richtig gelungen war. Bei allen bisher verwendeten Harzen fielen die während des Erstarrungsprozesses einmodellierten Wellen wieder zurück, und das nachträgliche Aufträufeln von UHU-Alleskleber erbrachte auch keine befriedigende Flächen-

schen Fahrleitung zu befestigen. Die gemauerten Brückenköpfe und Strompfeiler wurden aus Sperrholz hergestellt und mit HEKI-dur verkleidet.

Das Schienennetz der Anlage bestand lediglich aus einer doppelgleisigen Strecke, die sich unter der Mosel zu einem Oval vereinigte. Zwei in den Außenteilen der Anlage installierte Wendeln überwanden die Höhendifferenz von knapp 25 cm bis zum Nullniveau mit einer Steigung von 3,5‰. Zwei Ausweichgleise in der untersten Ebene ermöglichten ferner einen vollautomatisch gesteuerten Zugwechsel. Das Anschlußgleis der Hafenbahn hatte keine Verbindung zur Hauptstrecke. Hier waren nur Rangierfahrten vorgesehen, die durch eine elektronische Pendelautomatik gesteuert wurden.

Die Kaianlagen im kleinen Hafen mit den drei Brückenkränen und Ladegleisen entsprachen den Vorbildern, wie man sie zur Verladung von Stückgut und Sand an der Mosel häufig vorfindet. Ein riesiger Sandberg und Bürobaracken im Umfeld der Kranbrücke kennzeichneten das Milieu im hinteren Teil, während im

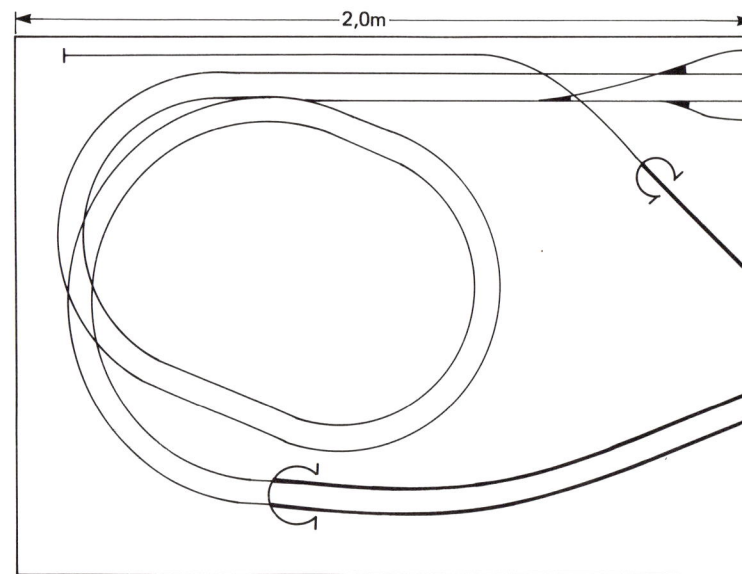

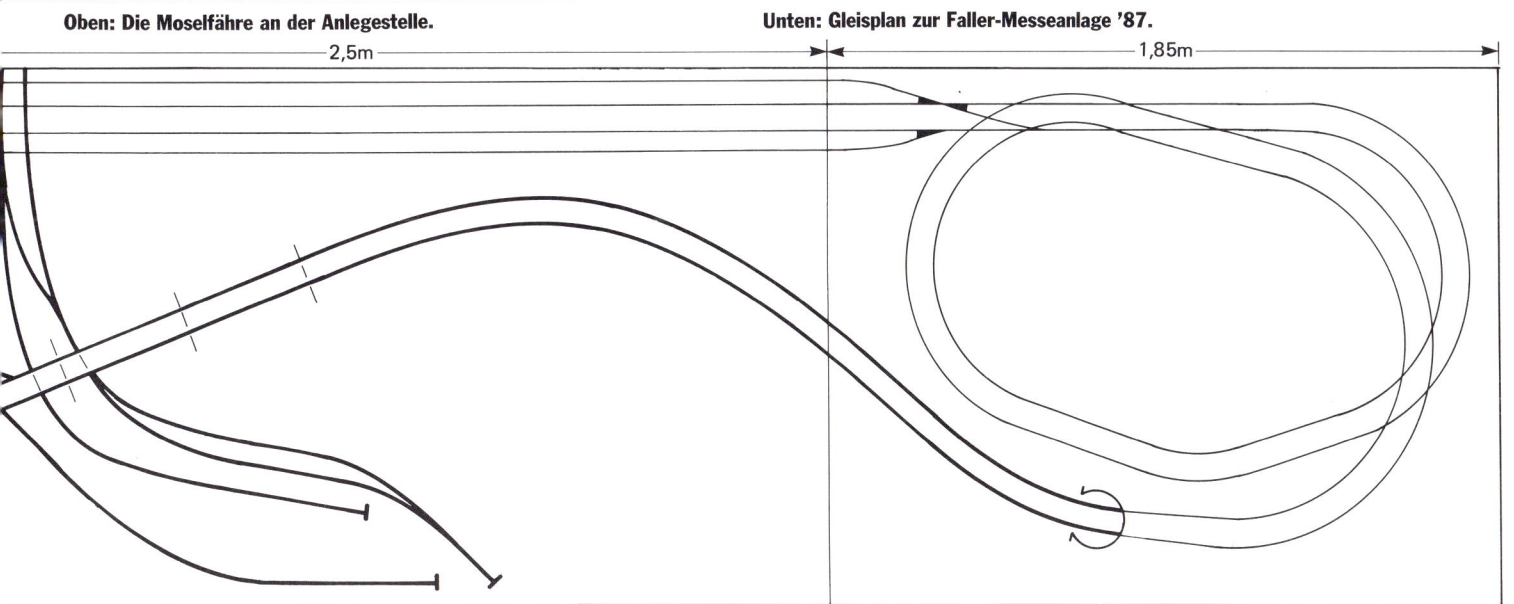

Oben: Die Moselfähre an der Anlegestelle.

Unten: Gleisplan zur Faller-Messeanlage '87.

2,5m

1,85m

wirkung. Nach etlichen Versuchen gelang es mir hier erstmals, auch dieses Problem zu lösen. Zunächst formte ich das Flußbett aus Modellgips und bemalte es nach erfolgter Trocknung mit schwarzblauer Dispersionsfarbe. Dann fixierte ich die Modellschiffe an ihren vorgesehenen Standorten mit Heißkleber und goß anschließend das Gießharz in mehreren Etappen ein, bis das für die Wasseroberfläche geforderte Niveau erreicht war. Das Eingießen in mehreren Arbeitsgängen war deshalb erforderlich, weil bei zu großer Füllhöhe des eingebrachten Gießharzes in einem Arbeitsgang auch die Reaktionswärme während des Aushärtevorganges derart zunehmen kann, daß die aus Pappe und Balsaholz gefertigten Schiffe hätten verbrennen können.

Nachdem die zuletzt aufgebrachte Harzschicht durchgehärtet war, hatte ich zunächst eine spiegelglatte Oberfläche. Die Wellenstruktur modellierte ich anschließend mit UHU-plus-Endfest auf. Dieses artverwandte Zweikomponentenmaterial haftete auf der spiegelglatten Gießharzfläche ausgezeichnet. Da es aber in seiner Verarbeitungskonsistenz wesentlich dickflüssiger ist, verliefen die aufmodellierten Wellenkämme nicht vollständig und ergaben auf diese Weise die gewünschten Strukturen. Auch die durch die Schiffsschrauben hervorgerufenen Verwirbelungen am Heck der Schiffe und die Bugwellen ließen sich mit etwas dickerem Auftrag ausgezeichnet formen.

Nachdem jedoch die aufmodellierten Wellenstrukturen ausgehärtet waren, wirkte die Fläche durch verschiedene Glanzstufen uneinheitlich. Erst nach nochmaligem Überziehen mit farblosem Einkomponenten-DD-Lack, wie er in der Möbelindustrie verwendet wird (Clou-Einkomponenten-DD-Lack), war ich mit dem Ergebnis zufrieden. Die weißen Schaumkronen an den Wasserverwirbelungen wischte ich mit weißer Plakatfarbe nachträglich auf. Sowohl die Burg als auch der alte Wehrturm hatten Vorbilder, die ich beim Auswerten meiner Luftbilder herausfand und ziemlich frei mit HEKI-dur-Modellbauplatten nachgestaltete. Auch hier probierte ich eine neue Technik aus, indem ich die aufgeprägten Mauerwerkstrukturen stellenweise mit quarzmehlhaltigem Füllspachtel überzog. So entstanden Oberflächen, die verwitterte Glattputzfassaden mit teilweise freiliegendem Mauerwerk ausgezeichnet imitierten.

Ich persönlich halte das Modell „Moselidylle", wie es offiziell registriert ist, für eine der schönsten Modelleisenbahnanlagen, die ich je gebaut habe. Offenbar schätzt auch mein Auftraggeber diese Arbeit sehr, denn in der Chefetage des Hauses Faller hat man sich entgegen der üblichen Regel dafür entschieden, die Anlage nicht zum Verkauf auszuschreiben, sondern sie im werkseigenen Ausstellungsraum als Schaustück zu nutzen.

Faller-Messeanlage 1988:
Dampf-Bahnbetriebswerk Neckarstadt

Die Behandlungsgleise des Dampflokomotiv-Betriebswerkes mit Blick auf die Drehscheibe am Kopf der Anlage.

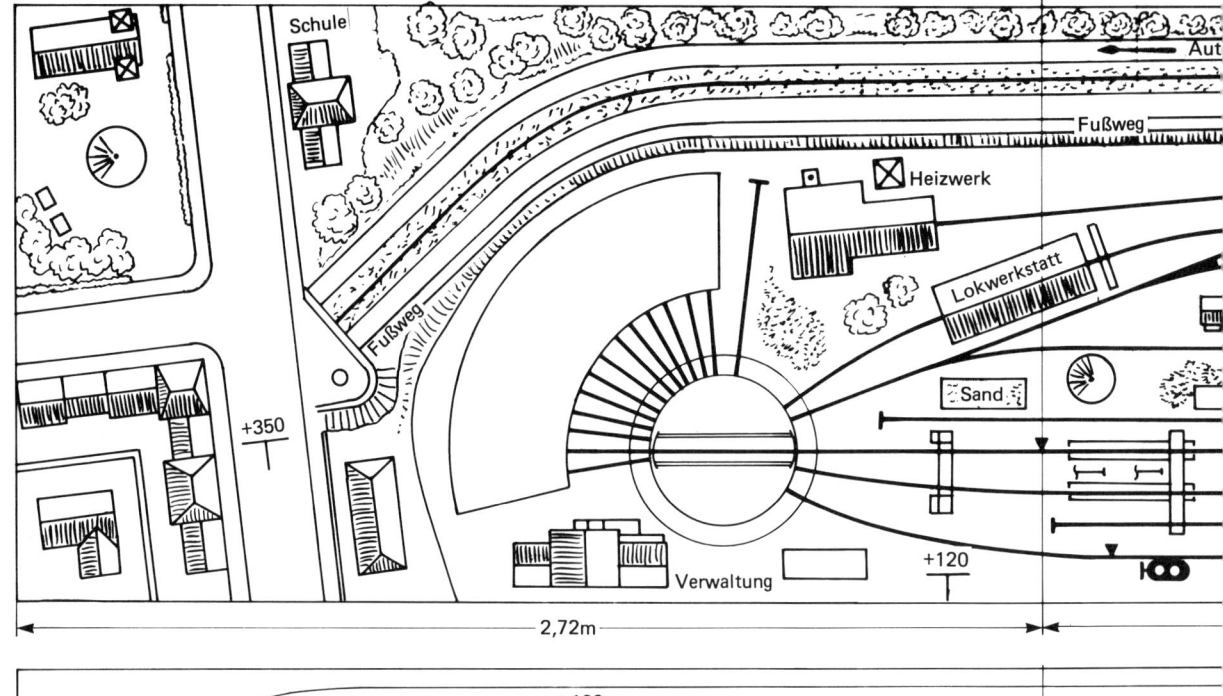

Gleisplan zur Faller-Messeanlage '88 – obere Ebene.

Schule

Aut

Fußweg

Heizwerk

Lokwerkstatt

Fußweg

Sand

+350

Verwaltung

+120

2,72m

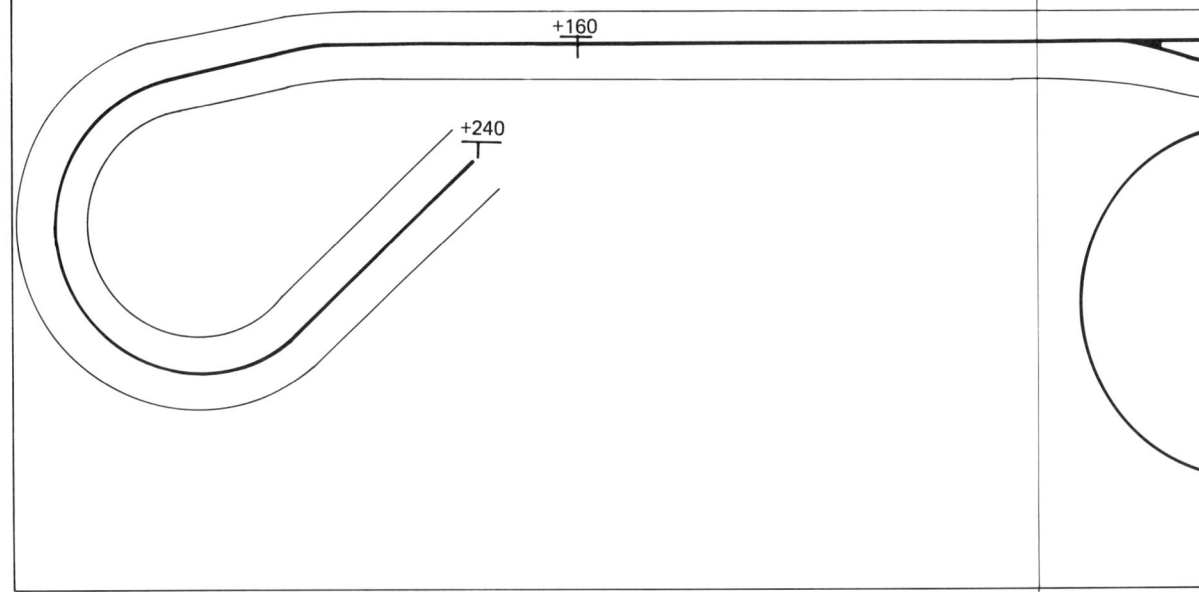

Gleisplan zur Faller-Messeanlage '88 – untere Ebene mit den Schattenbahnhöfen.

+160

+240

Auch für die Spielwarenmesse 1988 erhielt ich vom Haus Faller den Auftrag, ein großes Schaustück zu gestalten, allerdings zusammen mit einem ganzen Paket von Vorgaben, die nicht leicht unter einen Hut zu bringen waren. Nachdem mein Auftraggeber das Zubehör zum Bahnbetriebswerk durch eine Tankanlage für schweres Heizöl, einen wunderschönen neuen Lokschuppen, ein Heizwerk, ein Reiterstellwerk und ein Rohrausblasgerüst mit Kompressorhaus praktisch vervollständigt hatte, wurde ein klassisches Dampfbetriebswerk mittlerer Größe als Hauptthema gewünscht. Ferner brachte Faller in jenem Jahr selbstfahrende Lastkraftwagen in der Nenngröße H0 auf den Markt, die natürlich auch auf der Anlage laufen sollten, und die neuen Gartenstadt-

Siedlungshäuser sollten nochmals gezeigt werden. Letztlich durfte ich auch die Großstadtfeuerwache nicht vergessen, die ich schon vor längerer Zeit als Modellvorschlag nach dem Vorbild der alten Mannheimer Hauptfeuerwache eingebracht hatte und die erstmals zur Spielwarenmesse 1987 als H0-Bausatzmodell vorgestellt worden war.

Schon bald hatte ich einen brauchbaren Entwurf für ein größeres Dampflokomotiv-Betriebswerk in Form einer historischen Versorgungsbasis für kohle- und ölgefeuerte Dampflokomotiven mit Drehscheibe und zwölfständigem Ringlokschuppen, mit Werkstätten, Heizwerk und Betriebsverwaltung. Eine zweigleisige Strecke führte in den in der unteren Ebene verdeckt gelegenen

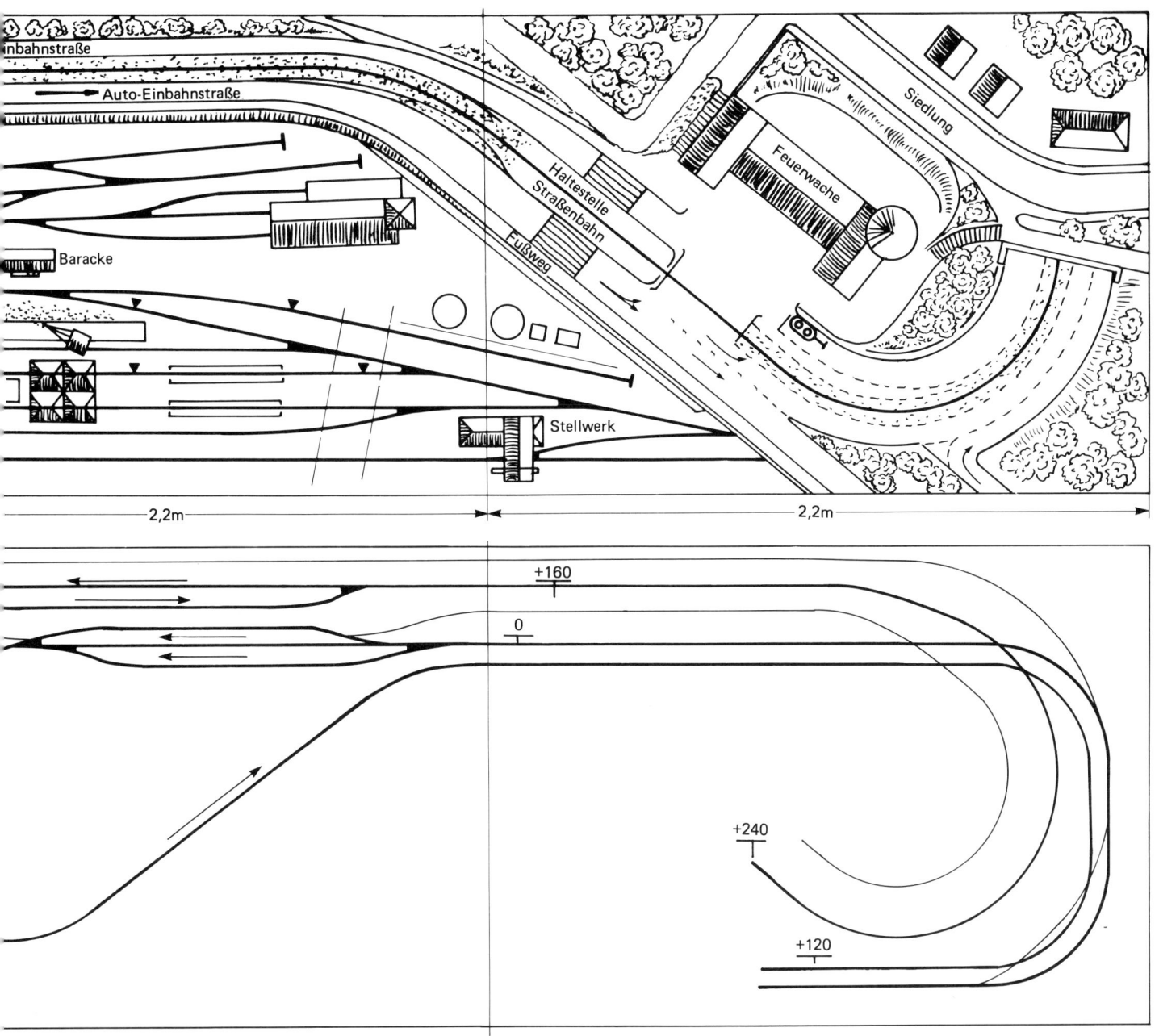

dreigleisigen Schattenbahnhof. Wie bei meinem ersten Bw-Modell, das ich für Faller gebaut hatte, plante ich auch hier einen vollautomatisch gesteuerten Demonstrationsbetrieb. Drei Schlepptenderlokomotiven sollten in bestimmten Abständen die Anlage durchlaufen. Vorgesehen waren Aufenthalte an allen Behandlungsstationen und das Wenden auf der Drehscheibe. Außerdem sollte eine Dampflokomotive mit Öltender auf dem Gleis der Ölbetankungsanlage automatisch gesteuerte Rangierfahrten ausführen.

Um die gesamte Dampflokbasis mit allen erforderlichen Stationen und Einrichtungen streng nach historischem Vorbild darstellen zu können, benötigte ich eine Grundfläche von mindestens 5,00×1,10 m. Da ich aber auch noch Platz zum Einplanen der doppelspurigen Fahrbahnen für die Straßenfahrzeuge benötigte und die Großstadtfeuerwache samt Siedlungshäusern nicht einfach in eine Ecke drängen konnte, kam ich mit der mir sonst im Faller-Messestand zur Verfügung stehenden Länge von sechs Metern nicht hin. Erst als mir nach langem Ringen eineinhalb Meter mehr zugestanden wurden, gelang mir ein brauchbares Konzept, das in der dritten Ebene eine hufeisenförmig um das Bahnbetriebswerk herum angeordnete Vorstadt vorsah mit Feuerwache, Park, Arbeitersiedlungen, einer Straßenbahn und großzügig angelegten Straßen, auf denen die neuen Fahrzeuge verkehren konnten.

Die Hauptfeuerwache mit Straßenbahnhaltestelle und Gartenstadtsiedlung im Hintergrund.

Durch die dritte eingeplante Ebene hatte ich unter Nutzung der gesamten Tiefe von 1,50 m nun genügend Fläche zur Verfügung, so daß ich neben den vorgegebenen Fahrbahnen für die Straßenfahrzeuge auch noch Platz für eine eingleisige Straßenbahnlinie fand. Durch die Aufnahme der Straßenbahn in das Gestaltungskonzept gelang es mir nämlich, den Vorplatz der Großstadtfeuerwache mit der vorgelagerten Verkehrsinsel fast genauso zu planen, wie er einst im Original vorhanden war, als das herrliche Jugendstilbauwerk noch seiner ursprünglich zugedachten Zweckbestimmung diente.

Als die Mannheimer Feuerwache im Jahre 1904 erbaut und in Dienst gestellt wurde, war sie die erste ihrer Art in Europa, die ausschließlich für die Aufnahme motorisierter Feuerwehrfahrzeuge konzipiert wurde. Anstelle der Pferdeställe, die vordem zu den üblichen Einrichtungen der Feuerwachen mit bespanntem Gerätepark zählten, gab es hier großzügig ausgestattete Fahrzeughallen, Tankstelle im Hof, Unterhaltungswerkstätten und Wachräume für das Bereitschaftspersonal, die unmittelbar über den Fahrzeughallen lagen. Diese erstmalig mit dieser Feuerwache verwirklichte Konzeption ermöglichte es den diensthabenden Feuerwehrleuten, im Alarmfall über spezielle Rutschen ihre Einsatzfahrzeuge in Sekundenschnelle zu besetzen. Der mächtige, imposante Turm hatte gleich drei Funktionen zu erfüllen: In seiner obersten Stube hatte die ständig besetzte Brandwache von einst einen uneingeschränkten Rundumblick über die Stadt, unterhalb der Wachstube gab es eine Vorrichtung zum Trocknen der Schläuche mit Warmluft, so daß auch bei Frost eine schnelle Schlauchtrocknung sichergestellt werden konnte,

Die Arbeitersiedlung mit Kirmesszene im linken Anlagenteil.

und letztlich waren an den Innenwänden verschiedene Geräte installiert, die der Übung und sportlichen Ertüchtigung der Mannschaften dienten.

Die Mannheimer Hauptfeuerwache galt aber seinerzeit nicht nur als die modernste Großstadtfeuerwache Europas. Erbaut von den beiden bekannten Jugendstilarchitekten Rohrer und Pippart, war sie gleichzeitig die schönste der Welt. Bis 1975 wurde sie als Hauptfeuerwache genutzt, und bis gegen das Ende der fünfziger Jahre hatte sie gleich zwei Bahnhöfe in ihrer unmittelbaren Nachbarschaft. Gegenüber dem Hallenvorplatz, just in der Höhe, wo bei meinem Modell die Betonmauer die Grenze zum Bahnbetriebswerk bildet, lag einst ein fünfgleisiger Kopfbahnhof der

Deutschen Bundesbahn und der Turmseite gegenüber, in etwa dort, wo ich den Park plante, war der Endbahnhof der OEG-Überlandlinie Mannheim – Weinheim (1000-Millimeter-Spur) angesiedelt.

Als im Jahre 1975 die Berufsfeuerwehr auszog, konnten die Denkmalpfleger buchstäblich in letzter Minute verhindern, daß das in seiner Substanz völlig gesunde Bauwerk der Spitzhacke zum Opfer fiel. Heute wird die Alte Mannheimer Feuerwache als Begegnungsstätte für Musikfans genutzt, und während der letzten Jahre hat sich auch das Umfeld völlig verändert. Die beiden Bahnhöfe sind längst eingeebnet, und unmittelbar hinter dem ehrwürdigen Gebäude türmen sich wolkenkratzerähnliche Wohnsilos.

In meinem Modell hingegen habe ich den einstigen Status der Feuerwache erhalten. Beim Original gab es allerdings nie eine ähnliche Siedlung in der Nachbarschaft. Um sowohl die Straßenbahn als auch die Fahrstraßen, auf denen die Modellautos verkehren sollten, unterführen zu können, mußte ich das Terrain hinter der Feuerwache anheben. Der Optik wegen durfte ich jedoch dort keine Stadthäuser aufstellen, deren Giebel den Turm der Feuerwache überragt hätten. So ergab sich auf diesem erhöhten Terrain ausreichend Platz für eine Gartenstadtsiedlung nach historischem Vorbild. Die Dächer der eineinhalbstöckigen Häuser werden vom Turm der Feuerwache noch deutlich überragt und bilden zusammen mit dem, was von den Fassaden zwischen den Bäumen noch zu erkennen ist, einen geradezu idealen Hintergrund in typischem Vorstadtcharakter.

Wie bereits erwähnt, sollten mit dieser Anlage auch die selbstfahrenden H0-Straßenfahrzeuge vorgestellt werden, die Faller neu auf den Markt brachte. Bei den mir zur Verfügung gestellten Prototypen handelte es sich um Lastwagen mit einem Mini-Elektromotor, dem ein NC-Akkusatz den nötigen Strom für eine Betriebszeit von etwa acht Stunden lieferte. Die Führung erfolgte durch einen im Straßenbelag eingelassenen Stahldraht, dem ein kräftiger, an der Spurstangenlenkung angebrachter Magnet folgte. Da es zu diesem Zeitpunkt die später als Zubehör angebotenen Fahrbahndecken mit eingelassenem Stahldraht noch nicht gab, mußte ich die etwa 25 cm langen Drahtstücke in die aus 8 mm dickem Sperrholz hergestellten Fahrbahntrassen einlassen und die Flächen abschließend mit sandgefüllter Spachtelmasse so glätten, daß ein störungsfreier Lauf gewährleistet war. Leider reichte der Platz in der Tiefe nicht für eine zweigleisige Straßenbahntrasse. So plante ich die Fahrbahnen, auf denen die Autos verkehren sollten, als Einbahnstraßen. Dazwischen lag das Straßenbahngleis, das von zwei Straßenbahnzügen in beiden Richtungen befahren werden sollte.

Ein zweigleisiger Schattenbahnhof im Untergrund ermöglichte den vollautomatisch gesteuerten Zugwechsel.

Auch am linken Anlagenrand, wo die Straße mit dem Trambahngleis in einer Unterführung verschwindet, bildete der Anschnitt einer Vorstadtszene mit Arbeitersiedlung den Abschluß, allerdings etwas abweichend von dem hier im Original gezeigten Anlagenplan. Auf dem freien Platz bot sich ferner auch die Gelegenheit, ein Volksfest mit Riesenrad, Kettenkarussell und verschiedenen Buden darzustellen.

Zentrales Anlagenthema war aber das große Bahnbetriebswerk, das ich mit allen Einrichtungen plante, wie sie für die ehemaligen Dampflokbasen üblich waren. Die beiden Versorgungsgleise mit Untersuchungsgruben, die Bekohlungsanlage, Entschlackungsanlage mit den Wasserkränen und Druckluftbesandungsanlage waren so angelegt, daß die Streckenlokomotiven im klassischen Ein-Richtungs-Betrieb alle Behandlungsstationen und in der richtigen Arbeitsreihenfolge durchlaufen konnten. Am Kopf dieser Gleise lag die Drehscheibe mit dem zwölfständigen Ringlokschuppen. Über diese Drehscheibe konnten die bereitgestellten Lokomotiven direkt auf das Ausfahrgleis ebenso wie auf die Zubringergleise zum Heizwerk und den Reparaturwerkstätten geleitet werden. Das Gebäude der Betriebsverwaltung fand seinen Platz links von der Drehscheibe am vorderen Anlagenrand.

Dieses Dampflokomotiv-Betriebswerk verfügte auch über ein spezielles Gleis zur Versorgung von ölgefeuerten Dampflokomotiven, das allerdings nicht direkt angefahren werden konnte. Neben dem Ölkran und den Vorratsbehältern für schweres Heizöl war dieses Gleis auch mit einer Besandungsanlage und

Rechts (von links oben nach rechts unten):
Die Drehscheibe aus der Vogelperspektive.
Die Entschlackungsanlage mit den beiden Gelenkwasserkränen.
Die Drehscheibe mit dem zwölfständigen Ringlokschuppen.
Das Versorgungsgleis für ölgefeuerte Dampflokomotiven mit Ölkran und Besandungsanlage.

selbstverständlich auch mit einem Gelenkwasserkran ausgestattet, damit die mit Öl aufgetankten Lokomotiven nicht auch noch die Bekohlungsgleise durchlaufen mußten. Lediglich die Entschlackungsgrube fehlte, die man hier nicht benötigte. Beim Planen solcher Gleise muß man auch an die Straßenzufahrt zu den Öltanks denken. Zwar wurden die Ölvorräte in der Regel auf dem Schienenwege ergänzt, eine Zufahrt war aber stets aus Gründen des Brandschutzes vorgeschrieben. Bei dem hier gezeigten Modell war sie durch Schränken gesichert.

Im Gegensatz zu dem ersten Bahnbetriebswerk, das ich für das Haus Faller baute, war dieses Modell auf Wechselstrombetrieb ausgelegt. Lediglich die Straßenbahn fuhr mit Gleichstrom. Die Steuerung beider Systeme erfolgte vollautomatisch über elektronische Module. An allen Behandlungsstationen, wo ein Aufenthalt vorgesehen war, sorgten Anfahr- und Bremsmodule für realistisch verzögertes Bremsen und Anfahren. Allerdings war es anfänglich kaum möglich, die drei am automatischen Durchlauf der Anlage beteiligten Lokomotiven gleichen Typs und Fabrikats so zu steuern, daß sie präzis dort anhielten, wo es den Arbeitsabläufen an den einzelnen Stationen entsprechend korrekt gewesen wäre, wie zum Beispiel in der Bekohlungsanlage mit dem Tender unmittelbar unter dem Schacht einer Bunkertasche. Die Laufeigenschaften der Lokomotiven waren zu unterschiedlich. Erst als uns der Servicedienst des Hauses Märklin in die Lokomotiven den neuen Fünfsternantrieb mit der Reguliervorrichtung im Tender einbaute, war ein einwandfreier Betriebsablauf möglich. Selbstverständlich war auch die Drehscheibe in die Automatik mit einbezogen. Nachdem die Dampfloks das Bekohlungsgleis durchlaufen hatten, wurden sie auf der Drehscheibe gewendet und in Vorausfahrtrichtung auf das Ausfahrgleis geleitet.

Mit einem rechnete mein Auftraggeber allerdings nicht, nämlich damit, daß Millionen Fernsehzuschauer die unter der Bezeichnung „Bahnbetriebswerk Neckarstadt" registrierte Anlage schon drei Monate vor der Anfang Februar stattfindenden Spielwarenmesse im Rohbau zu sehen bekamen, als ich am 1. Dezember 1987 bei Robert Lembke zu Gast war. Sicherlich beneideten mich damals viele Menschen um meinen Beruf des „Modelleisenbahnanlagenbauers", den das Team zu erraten hatte. Doch wenn erst einmal, wie bei mir, das Hobby zum Beruf geworden ist, wenn das Wollen zum Muß wird, weicht auch das einstige Freizeitvergnügen dem unerbittlichen Leistungsdruck des beruflichen Wettbewerbs. Wer danach strebt, mir nachzueifern, dem möchte ich doch auf Grund meiner eigenen Erfahrung zu bedenken geben, daß man während des professionellen Engagements Stück für Stück des einst so lieb gewordenen Steckenpferdes verliert. Und mit zunehmendem Bekanntheitsgrad wächst nicht nur die Zahl der Bewunderer, sondern auch die der Kritiker, Neider und Trittbrettfahrer, die schon dafür sorgen, daß die Freude an den mitunter doch recht mühsam erkämpften Erfolgen nicht ungetrübt bleibt. Hätte ich nochmals die Wahl, ich würde es mir wirklich ernsthaft überlegen.

EISENBAHNGESCHICHTE IM BILD

Georg Wagner

Die DB heute

Eisenbahn zwischen Flensburg und Freilassing.
Mehr als eine Lokomotivdokumentation – detaillierte
Bildtexte mit Zusatzinformationen über Fahrzeugein-
satz, betriebliche Besonderheiten, Streckenführung
und landschaftliche Charakteristika u.v.m.
192 Seiten, 182 Farbfotos, 7 farbige Karten, gebunden
ISBN 3-440-05168-4

Überall dort, wo es Bücher gibt!

franckh

Klaus Fader

Die Rhätische Bahn in Farbe

Klaus Fader beschreibt kurz die Geschichte
der Rhätischen Bahn, schildert die Entwicklung der einzelnen Teilstrecken und erläutert
die technischen Besonderheiten. 160 Aufnahmen zeigen das gesamte Streckennetz
dieser kühnen Gebirgsbahn mit ihren architektonischen und landschaftlichen Schön-
heiten.
158 Seiten, 162 Abb., gebunden
ISBN 3-440-05923-5

Georg Wagner

Österreichs Bahnen damals und heute

Hier stellt der Autor die Veränderungen dar,
denen die Eisenbahn in Österreich von 1837
an unterworfen war. Gleichzeitig dokumen-
tiert er mit historischen Aufnahmen und aktuellen Fotos die Veränderungen der Landschaft durch die Entwicklung des Schienen-
verkehrs.
144 Seiten, 196 meist farbige Fotos,
gebunden   ISBN 3-440-05718-6

Udo Paulitz

Dampf auf der Emslandstrecke

Dieser Farbbildband zeigt eine der bekanntesten Eisenbahnstrecken und ist ein Doku-
ment der letzten Jahre dampfbetriebenen
Zugbetriebs bei der Deutschen Bundesbahn.
Udo Paulitz hat 170 der schönsten Farbdias
ausgewählt, die die längst vergangene Epoche noch einmal lebendig werden lassen.
159 Seiten, 170 Abbildungen, gebunden
ISBN 3-440-05910-3

Franckh'sche Verlagshandlung · Stuttgart